Michael F. Feldkamp

Der Deutsche Bundestag – 100 Fragen und Antworten

2. Auflage

Nomos

Die Deutsche Bibliothek verzeichnet diese Publikation in
der Deutschen Nationalbibliografie; detaillierte bibliografische
Daten sind im Internet über http://dnb.ddb.de abrufbar.

ISBN 978-3-8329-5608-0

2. Auflage 2013
© Nomos Verlagsgesellschaft, Baden-Baden 2013. Printed in
Germany. Alle Rechte, auch die des Nachdrucks von Auszügen,
der fotomechanischen Wiedergabe und der Übersetzung,
vorbehalten. Gedruckt auf alterungsbeständigem Papier.

Liebe Leserin, lieber Leser!

„Der Deutsche Bundestag – 100 Fragen und Antworten" erscheint bereits in einer zweiten Auflage. Zum einen fand dieses Buch lebhaftes Interesse, zum anderen liegt es auch in der Natur der Sache: Denn alle vier Jahre wird der Deutsche Bundestag neu gewählt und somit ist auch das „Verfallsdatum" eines solchen Buches, das aktuelle Informationen zum Bundestag liefern will, mit Ablauf bzw. Beginn einer neuen Wahlperiode erreicht. Wiederum ist dieses aus einem Suddelbuch hervorgegangene Werk eine Zusammenstellung vieler wichtiger und unwichtiger Fragen über den Deutschen Bundestag, die Sie, verehrte Leserin und verehrter Leser, interessieren, interessieren könnten oder interessieren sollten.

Die Antworten auf die Fragen **interessieren** Sie, weil Sie sich das Buch gekauft haben!

Die Antworten **könnten** Sie **interessieren**, weil Ihnen jemand dieses Buch geschenkt hat, der glaubte, Ihnen damit eine Freude machen, Ihr Interesse wecken oder Ihre Neugierde befriedigen zu können!

Die Antworten **sollten** Sie **interessieren**, weil der Bundestag das Herzstück unserer Demokratie ist. Und: Weil Demokratie uns doch alle angeht!

So handelt dieses Buch vom Deutschen Bundestag, seinen Mitgliedern, seinen Gremien, seinen Gebäuden, seiner Verwaltung, seiner Geschichte, seinen Menschen – mithin: Es wird mancher Blick hinter die Kulissen gewagt.

Dieses Buch, hervorgegangen aus einer persönlichen Sammlung von Fragen aus und um den Bundestag herum, soll Ihnen ein Wegbegleiter durch den Deutschen Bundestag sein. Es vereinigt wissenswertes und nicht-wissenswertes sowie nüchterne Zahlen mit amüsanten Anekdoten über den Bundestag, ohne den Anspruch erheben zu wollen, erschöpfend zu sein.

Vieles ist in einschlägigen Publikationen enthalten. Manches konnte – freilich nicht ungeprüft – der zeitgenössischen Tagespresse entlockt werden. Somit steht in diesem Buch nichts, was nicht schon einmal irgendwo anders gesagt oder publiziert worden ist. Der Reiz, den dieses Büchlein ausmacht, ist die Zusammenstellung des vielfältigen und weit verstreuten Wissens um den Bundestag. In dieser Zusammenstellung verspricht das Buch einen einmaligen Zugang zu Geschichte und Gegenwart des Bundestages, seiner Symbolik, seiner Selbstdarstellung, seinen Aufgaben und seinen Mitgliedern. Es soll ein Buch sein, in dem geblättert und gelesen sowie nachgeschlagen und nachgefragt werden kann. Es bietet mehr als nur 100 Fragen und Antworten!

Michael F. Feldkamp   Berlin, Januar 2013

Inhaltsverzeichnis

1. **Der Deutsche Bundestag – ein Parlament** 15

   Woher stammt das Wort „Parlament" und was ist ein Parlament? 15
   Was kennzeichnet den modernen Parlamentarismus? 15
   Seit wann gibt es den Deutschen Bundestag? 16
   Welche Aufgaben und Funktionen hat der Deutsche Bundestag? 16
   Was steht über den Deutschen Bundestag im Grundgesetz? 17

2. **Parteien und Wahlen** 22

   Wie lange dauert eine Wahlperiode? 22
   Worin besteht der Unterschied zwischen „Wahlperiode" und „Legislaturperiode"? 23
   Was bedeutet allgemeine, unmittelbare, freie, gleiche und geheime Wahl? 23
   Wie hat sich das Wahlrecht in Deutschland historisch entwickelt? 24
   Welche Sonderregelungen gab es für die Bundestagswahlen 1949 und 1953? 26
   Welche Sonderregelungen gab es für die erste gesamtdeutsche Bundestagswahl 1990? 27
   Welche Parteien haben bisher für den Bundestag kandidiert? 27
   Welche Parteien waren bisher im Bundestag vertreten? 32
   Wie hoch war die Wahlbeteiligung bei den Bundestagswahlen? 40
   Wie fielen Wahlergebnisse und Mandatsverteilung im Bundestag aus? 43
   Wann erreichten die Fraktionen ihren höchsten und wann ihren niedrigsten Mandatsanteil im Bundestag? 60

3 Fraktionen und Gruppen — 61

Was sind Fraktionen? — 61
Was sind Gruppen? — 61
Seit wann gibt es Fraktionen? — 62
Worin besteht der Unterschied zwischen Fraktionsdisziplin und Fraktionszwang? — 65
Wurde im Bundestag jemals Fraktionszwang ausgeübt? — 65
Warum darf es keinen Fraktionszwang geben? — 66
Warum ist Fraktionsdisziplin überhaupt notwendig? — 66
Wie verhält sich ein Abgeordneter, wenn er eine Mehrheitsentscheidung seiner Fraktion nicht mitträgt? — 67
Für welche Abstimmungen wurde die Fraktionsdisziplin aufgehoben? — 68
Wie viele Fraktionsausschlüsse gab es? — 71
Welche Rechte hat ein fraktionsloser Abgeordneter im Bundestag? — 71

4. Die Mitglieder des Deutschen Bundestages — 73

Wer kann Mitglied des Bundestages werden? — 73
Wie hoch ist die gesetzliche Zahl der Mitglieder des Bundestages? — 73
Was hatte es mit den Berliner Abgeordneten auf sich? — 78
Welches sind die häufigsten Vornamen der Abgeordneten? — 80
Wie hoch ist der Frauenanteil im Bundestag? — 81
Wie hoch ist der Frauenanteil im Bundestag im Vergleich zu den Parlamenten in der Europäischen Union (EU)? — 86
Wie hoch ist der Altersdurchschnitt im Bundestag? — 87
Welcher Abgeordnete gehörte am längsten dem Bundestag an? — 88
Welcher Abgeordnete kann auf die kürzeste Mandatszeit zurück blicken? — 88
Welcher Abgeordnete verließ als erster den 1949 konstituierten 1. Deutschen Bundestag? — 89
Wer war jüngste/r Abgeordnete? — 89

Wer war älteste/r Abgeordneter?	89
Wie lange ist ein Abgeordneter im Durchschnitt Mitglied des Bundestages?	89
Aus welchen Gründen scheidet ein Abgeordneter aus dem Bundestag aus?	90
Wie viele Nachrücker kamen in den Bundestag?	91
Wie viele Abgeordnete gab es seit 1949?	91
Welche Schulbildung haben die Abgeordneten?	92
Welcher Konfession oder Religion gehören die Abgeordneten an?	93
Gab es jüdische Abgeordnete?	94
Gibt es Abgeordnete mit Doppelpass?	95
Wie viele Bürger vertritt im Durchschnitt ein Abgeordneter im Bundestag und anderen europäischen Parlamenten?	95
Warum entspricht die Zusammensetzung des Bundestages nicht der sozialen Zusammensetzung der Bevölkerung?	97
Welche Berufe haben die Abgeordneten?	99
Welche Besonderheiten weist die Berufsstatistik des Bundestages seit der Wiedervereinigung auf?	101
Wie viele Abgeordnete sind Mitglied einer Gewerkschaft?	103
Gab oder gibt es Abgeordnete, die für die Staatssicherheit der DDR (Stasi) arbeiteten?	105
Was gibt die „Rosenholz-Datei" für die Erforschung der Geschichte des Bundestages her?	107

5. Bundestagspräsident und Alterspräsident — 111

Welche Aufgaben hat der Bundestagspräsident?	111
Wer waren die bisherigen Bundestagspräsidenten?	112
Welcher Bundestagspräsident wurde mit dem höchsten Stimmenanteil gewählt?	120
Kann ein Bundestagspräsident abgesetzt werden?	122
Wer waren die Vizepräsidenten des Deutschen Bundestages?	123

Wofür bedarf es eines Alterspräsidenten? 126
Können außer den Alterspräsidenten, Präsidenten oder Vizepräsidenten auch „normale" Abgeordnete eine Plenarsitzung leiten? 129

6. Plenum – Abstimmungen – Ordnungsrufe 130

Wie lange dauert eine Plenarsitzung durchschnittlich? 130
Wie lange dauerte die kürzeste Bundestagssitzung? 134
Wie lange dauerte die längste Bundestagssitzung? 134
Warum sitzen die Abgeordneten von DIE LINKE. links außen, die FDP rechts außen und die Grünen in der Mitte? 136
Warum sitzen manchmal nur so wenige Abgeordnete im Plenum? 138
Wie viele namentliche Abstimmungen gab es im Bundestag? 138
Woher hat der „Hammelsprung" seinen Namen? 139
Wird im Bundestag anders gelacht als außerhalb? 140
Auf welche drei Arten wird im Bundestag gelacht? 141
Warum wird auf der Regierungsbank nie applaudiert? 143
Darf im Bundestag Unsinn geredet werden? 143
Warum durfte der Showmaster Thomas Gottschalk nicht im Bundestag reden? 144
Wann dürfen Gäste im Parlament sprechen? 144
Was bedeutet „Würde des Parlaments"? 148
Gibt es eine Kleiderordnung im Bundestag? 148
Warum wurde das „A...loch"-Zitat von Joschka Fischer von 1984 nicht im Stenographischen Bericht des Bundestages protokolliert? 150
Wofür erhielt Kurt Schumacher den ersten Sitzungsausschluss im Bundestag? 151
Ist der Zwischenruf erlaubt? 154
Welche Ordnungsmaßnahmen kann ein Parlamentspräsidenten verhängen? 154
Wofür gab es Ordnungsrufe im Bundestag? 156

Wer bekam wie viele Ordnungsrufe, Rügen und Zurückweisungen unparlamentarischer Äußerungen?	168
Wie viele Abgeordnete wurden von der Teilnahme an der Sitzung ausgeschlossen?	172
Alkohol und Drogen im Bundestag?	174
Was sind „Saaldiener"?	177
Warum tragen die Saaldiener einen Frack?	177
Seit wann gibt es weibliche Saaldiener?	178
Gibt es ein Parlamentszeremoniell?	178
Welche protokollarische Rangordnung wird im Bundestag befolgt?	179

7. Aus dem Arbeitsalltag eines Abgeordneten — 181

Was erscheint Abgeordneten bei ihrer Arbeit im Bundestag besonders wichtig?	181
Wie sieht der perfekte Abgeordnete aus?	181
Wer ist Jakob Maria Mierscheid?	182
Dürfen Abgeordnete auch Ferien machen?	183

8. Gesetzgebung — 185

Wie viele Gesetze wurden bisher im Bundestag behandelt?	185
Kann man auch in drei Tagen ein Gesetz einbringen und verabschieden?	191
Gibt es Gesetzentwürfe, die nie Gesetz wurden?	193

9. Kontrolltätigkeit – Petitionen – Wehrbeauftragter — 195

Welche Möglichkeiten hat der Bundestag, die Regierung zu kontrollieren?	195
Wann wurde von der Vertrauensfrage Gebrauch gemacht?	197
Wie oft wurde ein Antrag mit einem konstruktiven Misstrauensvotum im Bundestag eingebracht?	198
Wie viele Petitionen gab es bisher?	199

Welche Aufgabe hat der Wehrbeauftragte des Deutschen
Bundestages? 201

10. Haushalt und Diäten 203

Was sind „Diäten"? 203
Wie hoch waren die Diäten im Laufe der Geschichte des
Bundestages? 207

11. Reichstags- und Bundestagsgebäude 210

An welchen Orten tagte der Deutsche Bundestag bisher? 210
Worin liegt die Symbolkraft des Reichstagsgebäudes
begründet? 211
Welches sind die markanten Daten aus der Geschichte
des Reichstagsgebäudes? 211
War die Verlegung eines Regierungssitzes neu in der
Geschichte? 212
Warum wurde Wolfgang Thierse „Plenarbereichsleiter"
genannt? 213
Wie umfangreich war das Umzugsgut, das von Bonn
nach Berlin transportiert wurde? 214
Wie hoch waren die Baukosten für Bau und Umbauten
des Reichstagsgebäudes seit 1894? 214
Wie groß ist das Reichstagsgebäude von Norman Foster? 214
Ist das Reichstagsgebäude geschrumpft? 215
Wie groß ist die Kuppel des Reichstagsgebäudes im
Vergleich zu anderen Kuppelbauten? 215
Wer stellte den Bundestagsadler her? 216
Wird im Reichstagsgebäude der Bundestagsadler von
Ludwig Gies oder Norman Foster gezeigt? 216
Welche Räume stehen Abgeordneten und
Bundestagsverwaltung in den drei Zweckbauten des
Bundestages zur Verfügung? 217
Wie hoch sind die Besucherzahlen im Deutschen
Bundestag? 218
„Bannmeile" oder „Befriedeter Bezirk"? 220

Seit wann gibt es einen Andachtsraum im Bundestag?	221
12. Bundestagsverwaltung und Bibliothek	**222**
Wie viele Menschen arbeiten im Bundestag?	222
Welcher Staat verfügt über die größte Parlamentsbibliothek?	222
Wo informiere ich mich, wenn ich mehr über den Bundestag wissen möchte?	223
Register	**227**

1. Der Deutsche Bundestag – ein Parlament

Woher stammt das Wort „Parlament" und was ist ein Parlament?

Das Wort „Parlament" kam aus dem Lateinischen (*parlare*) über das Französische (*parler*) ins Deutsche (*parlieren*). Zunächst hieß es Besprechung, Rede, Versammlung, aber auch Beratung in öffentlichen Dingen. In Frankreich war es seit Mitte des 13. Jahrhunderts die Bezeichnung für einen ständigen Gerichtshof in Paris. In England wurde seit dem 17. Jahrhundert die Versammlung der Volksvertreter Parlament genannt, die sich in ein Oberhaus und ein Unterhaus teilte. Deswegen war das eingedeutschte Wort „parlamentarisch" noch bis in die Mitte des 19. Jahrhunderts als Synonym für den Ausdruck „ständisch" oder „der Ständeversammlung angehörig" verwandt. Auch die Frankfurter Nationalversammlung 1848/49 wurde als „Parlament" bezeichnet und seit dem steht der Begriff in Deutschland für eine Versammlung von Volksvertretern.

Was kennzeichnet den modernen Parlamentarismus?

Wenn heute von „Parlamentarismus" gesprochen wird, meinen wir ein Regierungssystem, in dem das Herzstück ein aus freien Wahlen hervorgegangenes Parlament ist, das maßgeblich an der Staatswillenbildung beteiligt ist und über verfassungsmäßig garantierte Hoheitsrechte bei der Gesetzgebung, der Aufstellung des Haushalts, sowie der Regierungs- und Verwaltungskontrolle verfügt. Deswegen wird in Deutschland schon für die Kaiserzeit (bis 1918) von Parlamentarismus gesprochen, aber erst für die Weimarer Republik (bis 1933) von einem „parlamentarischen Regierungssystem" gesprochen; es wurde durch Gesetz vom 28. August 1918 eingeführt. Seitdem ist „Parlamentarismus" wesentlicher Bestandteil der Demokratie in Deutschland. Nicht jedoch in der DDR 1949-1989 und in der NS-Diktatur 1933-1945, die wiederum im Gegensatz zur DDR für sich erst gar nicht beanspruchte, eine Demokratie gewesen zu sein.

Seit wann gibt es den Deutschen Bundestag?

Der Bundestag wurde verfassungsrechtlich mit dem „Grundgesetz für die Bundesrepublik Deutschland" vom 23. Mai 1949 geschaffen. Das Grundgesetz hatte der Parlamentarische Rat zuvor am 8. Mai 1949 beschlossen, wurde am 12. Mai 1949 von den westlichen Alliierten genehmigt und trat zu mitternächtlicher Stunde vom 23. auf den 24. Mai 1949 in Kraft. Mittels eines Wahlgesetzes der Ministerpräsidenten der deutschen Länder zum ersten Bundestag und zur ersten Bundesversammlung der Bundesrepublik Deutschland vom 15. Juni 1949 wurde als Termin der Wahl der Abgeordneten des 1. Deutschen Bundestages der 14. August 1949 festgelegt. Am 7. September 1949 konstituierte sich der 1. Deutsche Bundestag.

Welche Aufgaben und Funktionen hat der Deutsche Bundestag?

Fünf zentrale Aufgaben und Funktionen hat der Bundestag:
- Der Deutsche Bundestag ist **Gesetzgebungsorgan** (Art. 77 Abs. 1 Satz 1 Grundgesetz). Hier werden alle Gesetze, die der Bundestag, der Bundesrat und insbesondere die Bundesregierung einbringen, verabschiedet.
- Der Bundestag hat **Kreationsfunktion**. Er wählt den Bundeskanzler, löst ihn gegebenenfalls im Wege des konstruktiven Misstrauensvotums ab. Die Mitglieder des Deutschen Bundestages sind auch Mitglieder der Bundesversammlung, die mit den Wahlmännern aus den Ländern den Bundespräsidenten wählen. Der Bundestag wählt mittelbar die Richter des Bundesverfassungsgerichts und der obersten Bundesgerichte, er wählt seit 1985 auf Vorschlag der Bundesregierung den Präsidenten und den Vizepräsidenten des Bundesrechnungshofs. Schließlich wählt er seine Mitglieder in den Gemeinsamen Ausschuss (Art. 53 a Grundgesetz), dessen Vorsitzender der Bundestagspräsident ist, in den Vermittlungsausschuss, in die Parlamenta-

rische Versammlung des Europarates sowie in eine Reihe anderer, außerparlamentarischer sowie internationaler Gremien.
- Der Bundestag ist **Kontrollorgan**. Die Kontrolle umfasst alle Aktivitäten der Bundesregierung. Die Bundesregierung ist verpflichtet in den Plenar- und Ausschusssitzungen, insbesondere auch in Untersuchungsausschüssen, alle erforderlichen Informationen zu geben. Auch die Großen Anfragen und Kleinen Anfragen, die mündlichen Anfragen und Aktuellen Stunden dienen der Kontrolle der Regierung und werden deswegen insbesondere von den Oppositionsfraktionen in Anspruch genommen.
- Der Bundestag hat das **Budget-Recht**. Er bewilligt die Staatsausgaben. Bereits die Haushaltsbewilligung ist als vorbeugende Kontrolle der Regierungstätigkeit anzusehen; noch mehr gilt dies für die spätere Rechnungsprüfung, die das Parlament mit Hilfe des Bundesrechnungshofes vornimmt.
- Der Bundestag ist plakativ umschrieben **„Forum der Nation"**. Dahinter verbirgt sich seine Aufgabe, die bei den politischen Kräften häufig gegensätzlichen Auffassungen und Lösungsmodelle zu allen wesentlichen Fragen der Nation öffentlich darzustellen. Denn nur im Parlament liegt die gesetzliche Möglichkeit, die Meinung von Mehrheiten und Minderheiten zu vertreten und zu diskutieren. Es ist Aufgabe der im Parlament wirkenden politischen Kräfte, die unterschiedlichen Meinungen und Strömungen zu artikulieren, in die Politik zu integrieren und sie nach demokratischen Regeln zu realisieren.

Was steht über den Deutschen Bundestag im Grundgesetz?

Der Abschnitt „III. Der Bundestag" im Grundgesetz für die Bundesrepublik Deutschland vom 23. Mai 1949 (BGBl. S. 1), zuletzt geändert durch Art. 1 des Gesetz vom 29. Juli 2009 (BGBl. I S. 2248):

III. Der Bundestag

Artikel 38 [Wahl]
(1) Die Abgeordneten des Deutschen Bundestages werden in allgemeiner, unmittelbarer, freier, gleicher und geheimer Wahl gewählt. Sie sind Vertreter des ganzen Volkes, an Aufträge und Weisungen nicht gebunden und nur ihrem Gewissen unterworfen.
(2) Wahlberechtigt ist, wer das achtzehnte Lebensjahr vollendet hat; wählbar ist, wer das Alter erreicht hat, mit dem die Volljährigkeit eintritt.
(3) Das Nähere bestimmt ein Bundesgesetz.

Artikel 39 [Wahlperiode – Zusammentritt – Einberufung]
(1) Der Bundestag wird vorbehaltlich der nachfolgenden Bestimmungen auf vier Jahre gewählt. Seine Wahlperiode endet mit dem Zusammentritt eines neuen Bundestages. Die Neuwahl findet frühestens sechsundvierzig, spätestens achtundvierzig Monate nach Beginn der Wahlperiode statt. Im Falle einer Auflösung des Bundestages findet die Neuwahl innerhalb von sechzig Tagen statt.
(2) Der Bundestag tritt spätestens am dreißigsten Tage nach der Wahl zusammen.
(3) Der Bundestag bestimmt den Schluss und den Wiederbeginn seiner Sitzungen. Der Präsident des Bundestages kann ihn früher einberufen. Er ist hierzu verpflichtet, wenn ein Drittel der Mitglieder, der Bundespräsident oder der Bundeskanzler es verlangen.

Artikel 40 [Präsidium – Geschäftsordnung]
(1) Der Bundestag wählt seinen Präsidenten, dessen Stellvertreter und die Schriftführer. Er gibt sich eine Geschäftsordnung.
(2) Der Präsident übt das Hausrecht und die Polizeigewalt im Gebäude des Bundestages aus. Ohne seine Genehmigung darf in den Räumen des Bundestages keine Durchsuchung oder Beschlagnahme stattfinden.

Artikel 41 [Wahlprüfung]
(1) Die Wahlprüfung ist Sache des Bundestages. Er entscheidet auch, ob ein Abgeordneter des Bundestages die Mitgliedschaft verloren hat.
(2) Gegen die Entscheidung des Bundestages ist die Beschwerde an das Bundesverfassungsgericht zulässig.
(3) Das Nähere regelt ein Bundesgesetz.

Artikel 42 [Öffentliche Sitzungen – Mehrheitsbeschlüsse]
(1) Der Bundestag verhandelt öffentlich. Auf Antrag eines Zehntels seiner Mitglieder oder auf Antrag der Bundesregierung kann mit Zweidrittelmehrheit die Öffentlichkeit ausgeschlossen werden. Über den Antrag wird in nichtöffentlicher Sitzung entschieden.
(2) Zu einem Beschlusse des Bundestages ist die Mehrheit der abgegebenen Stimmen erforderlich, soweit dieses Grundgesetz nichts anderes bestimmt. Für die vom Bundestage vorzunehmenden Wahlen kann die Geschäftsordnung Ausnahmen zulassen.
(3) Wahrheitsgetreue Berichte über die öffentlichen Sitzungen des Bundestages und seiner Ausschüsse bleiben von jeder Verantwortlichkeit frei.

Artikel 43 [Zitier-, Zutritts- und Anhörungsrecht]
(1) Der Bundestag und seine Ausschüsse können die Anwesenheit jedes Mitgliedes der Bundesregierung verlangen.
(2) Die Mitglieder des Bundesrates und der Bundesregierung sowie ihre Beauftragten haben zu allen Sitzungen des Bundestages und seiner Ausschüsse Zutritt. Sie müssen jederzeit gehört werden.

Artikel 44 [Untersuchungsausschüsse]
(1) Der Bundestag hat das Recht und auf Antrag eines Viertels seiner Mitglieder die Pflicht, einen Untersuchungsausschuss einzusetzen, der in öffentlicher Verhandlung die erforderlichen Beweise erhebt. Die Öffentlichkeit kann ausgeschlossen werden.
(2) Auf Beweiserhebungen finden die Vorschriften über den Strafprozess sinngemäß Anwendung. Das Brief-, Post- und Fernmeldegeheimnis bleibt unberührt.
(3) Gerichte und Verwaltungsbehörden sind zur Rechts- und Amtshilfe verpflichtet.
(4) Die Beschlüsse der Untersuchungsausschüsse sind der richterlichen Erörterung entzogen. In der Würdigung und Beurteilung des der Untersuchung zugrunde liegenden Sachverhaltes sind die Gerichte frei.

Artikel 45 [Ausschuss für die Angelegenheiten der Europäischen Union]
Der Bundestag bestellt einen Ausschuss für die Angelegenheiten der Europäischen Union. Er kann ihn ermächtigen, die Rechte des Bundestages gemäß Artikel 23 gegenüber der Bundesregierung wahrzunehmen.

Artikel 45a [Ausschüsse für Auswärtiges und Verteidigung]
(1) Der Bundestag bestellt einen Ausschuss für auswärtige Angelegenheiten und einen Ausschuss für Verteidigung.
(2) Der Ausschuss für Verteidigung hat auch die Rechte eines Untersuchungsausschusses. Auf Antrag eines Viertels seiner Mitglieder hat er die Pflicht, eine Angelegenheit zum Gegenstand seiner Untersuchung zu machen.
(3) Artikel 44 Absatz 1 findet auf dem Gebiet der Verteidigung keine Anwendung.

Artikel 45b [Wehrbeauftragter]
Zum Schutze der Grundrechte und als Hilfsorgan des Bundestages bei der Ausübung der parlamentarischen Kontrolle wird ein Wehrbeauftragter des Bundestages berufen. Das Nähere regelt ein Bundesgesetz.

Artikel 45c [Petitionsausschuss]
(1) Der Bundestag bestellt einen Petitionsausschuss, dem die Behandlung der nach Artikel 17 an den Bundestag gerichteten Bitten und Beschwerden obliegt.
(2) Die Befugnisse des Ausschusses zur Überprüfung von Beschwerden regelt ein Bundesgesetz.

Artikel 45d [Kontrolle der nachrichtendienstlichen Tätigkeit]
(1) Der Bundestag bestellt ein Gremium zur Kontrolle der nachrichtendienstlichen Tätigkeit des Bundes.
(2) Das Nähere regelt ein Bundesgesetz.

Artikel 46 [Indemnität und Immunität der Abgeordneten]
(1) Ein Abgeordneter darf zu keiner Zeit wegen seiner Abstimmung oder wegen einer Äußerung, die er im Bundestage oder in einem seiner Ausschüsse getan hat, gerichtlich oder dienstlich verfolgt oder sonst außerhalb des Bundestages zur Verantwortung gezogen werden. Dies gilt nicht für verleumderische Beleidigungen.
(2) Wegen einer mit Strafe bedrohten Handlung darf ein Abgeordneter nur mit Genehmigung des Bundestages zur Verantwortung gezogen oder verhaftet werden, es sei denn, dass er bei Begehung der Tat oder im Laufe des folgenden Tages festgenommen wird.
(3) Die Genehmigung des Bundestages ist ferner bei jeder anderen Beschränkung der persönlichen Freiheit eines Abgeordneten oder zur Ein-

leitung eines Verfahrens gegen einen Abgeordneten gemäß Artikel 18 erforderlich.
(4) Jedes Strafverfahren und jedes Verfahren gemäß Artikel 18 gegen einen Abgeordneten, jede Haft und jede sonstige Beschränkung seiner persönlichen Freiheit sind auf Verlangen des Bundestages auszusetzen.

Artikel 47 [Zeugnisverweigerungsrecht]
Die Abgeordneten sind berechtigt, über Personen, die ihnen in ihrer Eigenschaft als Abgeordnete oder denen sie in dieser Eigenschaft Tatsachen anvertraut haben, sowie über diese Tatsachen selbst das Zeugnis zu verweigern. Soweit dieses Zeugnisverweigerungsrecht reicht, ist die Beschlagnahme von Schriftstücken unzulässig.

Artikel 48 [Kandidatur – Mandatsschutz – Entschädigung]
(1) Wer sich um einen Sitz im Bundestage bewirbt, hat Anspruch auf den zur Vorbereitung seiner Wahl erforderlichen Urlaub.
(2) Niemand darf gehindert werden, das Amt eines Abgeordneten zu übernehmen und auszuüben. Eine Kündigung oder Entlassung aus diesem Grunde ist unzulässig.
(3) Die Abgeordneten haben Anspruch auf eine angemessene, ihre Unabhängigkeit sichernde Entschädigung. Sie haben das Recht der freien Benutzung aller staatlichen Verkehrsmittel. Das Nähere regelt ein Bundesgesetz.

2. Parteien und Wahlen

Wie lange dauert eine Wahlperiode?

Wahlperiode wird die Amtsperiode einer gesetzgebenden Volksvertretung, eines Parlamentes, genannt. Die Dauer einer Wahlperiode ist gesetzlich festgelegt. Sie beträgt für den Deutschen Bundestag vier Jahre. Es besteht die Möglichkeit, wie 1972, 1983 und 2005 geschehen, durch vorzeitige Auflösung des Bundestages eine Wahlperiode zu verkürzen.

Für die 1. bis 7. Wahlperiode galt die Bestimmung des Art. 38 Abs. 1 Grundgesetz, der zufolge die Wahlperiode „vier Jahren nach dem ersten Zusammentritt oder mit seiner Auflösung" endet. Mit Änderung des Art. 39 Abs. 1 mit Gesetz vom 23. August 1976 wurde das Ende der Wahlperiode flexibler gestaltet.

Die Wahlperioden des Deutschen Bundestages					
Wahlperiode	Wahltag	Konstituierung	Ende der Wahlperiode	Dauer der Wahlperiode in Wochen	„parlamentslose" Zeit bis zur nächsten Wahlperiode
1.	14.8.1949	7.9.1949	7.9.1953	209	28 Tage
2.	6.9.1953	6.10.1953	6.10.1957	209	8 Tage
3.	15.9.1957	15.10.1957	15.10.1061	209	1 Tag
4.	17.9.1961	17.10.1961	17.10.1965	209	1 Tag
5.	19.9.1965	19.10.1965	19.10.1969	209	–
6.	28.9.1969	20.10.1969	22.9.1972	153	82 Tage
7.	19.11.1972	13.12.1972	13.12.1976	209	–
8.	3.10.1976	14.12.1976	4.11.1980	203	–
9.	5.10.1980	4.11.1980	29.3.1983	125	–
10.	6.3.1983	29.3.1983	18.2.1987	203	–
11.	25.1.1987	18.2.1987	20.12.1990	200	–
12.	2.12.1990	20.12.1990	10.11.1994	203	–
13.	16.10.1994	10.11.1994	26.10.1998	207	–
14.	27.9.1998	26.10.1998	17.10.2002	208	–

| Die Wahlperioden des Deutschen Bundestages ||||||
Wahlpe-riode	Wahltag	Konstituie-rung	Ende der Wahlperi-ode	Dauer der Wahlperi-ode in Wochen	„parlamentslose" Zeit bis zur nächsten Wahlperiode
15.	22.9.2002	17.10.2002	18.10.2005	157	–
16.	18.9.2005	18.10.2005	27.10.2009	208	–
17.	27.9.2009	27.10.2009			

Worin besteht der Unterschied zwischen „Wahlperiode" und „Legislaturperiode"?

In Deutschland ist mit der Weimarer Reichsverfassung vom 11. August 1919 (Artikel 27, 31, 35 und 40) der zuvor übliche Begriff „Legislaturperiode" durch den Terminus „Wahlperiode" abgelöst worden. Das Grundgesetz und auch der Bundestag hielt an dem Begriff „Wahlperiode" 1949 fest.

Auch wenn beide Begriffe das Gleiche meinen, nämlich die Phase, in der der Bundestag tagt, so weist „Legislaturperiode" auf die gesetzgebende Tätigkeit hin, während „Wahlperiode" die Begrenztheit eines Parlaments von einer Wahl zur nächsten impliziert.

Was bedeutet allgemeine, unmittelbare, freie, gleiche und geheime Wahl?

Eine Wahlentscheidung hat dann ihre legitimierende Wirkung, wenn das Wahlrecht von der Bevölkerung als gerecht und sachgemäß empfunden wird. Im Artikel 38 des Grundgesetzes sind so genannte Wahlrechtsgrundsätze festgelegt worden, die der Reichsverfassung von 1918 entnommen wurden und – für Männer – bis in das Jahr 1849 zurückreichen (denn Frauen haben in Deutschland erst seit 1919 und Soldaten gar erst nach 1945 Wahlrecht). Die Wahlgrundsätze bilden die Grundlage einer jeden Wahl. Der Art. 38 Grundgesetz lautet:

> „Die Abgeordneten des Deutschen Bundestages werden in allgemeiner, unmittelbarer, freier, gleicher und geheimer Wahl gewählt."

Näher betrachtet heißt:

Allgemein: Das Wahlrecht steht mit Vollendung des 18. Lebensjahres allen Staatsbürgern zu, die nicht entmündigt sind und nicht ihre bürgerlichen Ehrenrechte durch ein Gerichtsurteil verloren haben.

Unmittelbar: Die Wählerinnen und Wähler wählen ihren Bundestagsabgeordneten direkt. Es werden bei der Wahl keine Wahlmänner und/oder Wahlfrauen zwischengeschaltet.

Frei: Es darf auf Wählerinnen und Wähler von keiner Seite ein irgendwie gearteter Druck ausgeübt werden zu Gunsten oder zu Ungunsten des einen oder des anderen Kandidaten oder zu einer Wahlenthaltung.

Gleich: Jede abgegebene Stimme hat das gleiche Gewicht für die Zusammensetzung des Bundestages. Das Stimmengewicht der Wahlberechtigten (Zählwertgleichheit der Stimmen) darf nicht abhängig gemacht werden von Besitz, Einkommen, Steuerleistung, Bildung, Religion, Rasse, Geschlecht und politischer Einstellung.

Geheim: Niemand darf durch Kontrolle erfahren, wie ein anderer gewählt hat. Allenfalls dürfen Wählerinnen und Wähler selbst bekannt geben, wem sie ihre Stimme gegeben haben. Die geheime Wahl muss rechtlich und organisatorisch gewährleistet sein. Sie sichert die freie Wahlentscheidung der Wahlberechtigten und erfolgt mittels Stimmzettel.

Wie hat sich das Wahlrecht in Deutschland historisch entwickelt?

19. Jahrhundert: Die Landtage in Deutschland werden meist nach dem absoluten Mehrheitswahlrecht gewählt. In Preußen bestand das **Dreiklassenwahlrecht** (ein sogenanntes Privilegienwahlrecht) mit einem indirekten Wahlverfahren bis 1918: Die Wählerschaft war nach der Höhe ihrer Steuerzahlungen in drei Abteilungen eingeteilt; die Wähler mussten öffentlich die Wahlmänner wählen. Das Stimmengewicht des Wählers richtete sich nach der Zahl der Mitwähler in der jeweiligen Steuerklasse.

1867/1871: Der Reichstag des Norddeutschen Bundes führt das allgemeine, gleiche, unmittelbare und geheime Wahlrecht ein. Diese **Wahlrechtsgrundsätze** werden auch für das Wahlrecht zum Reichstag des 1871 gegründeten Deutschen Reiches übernommen. Wählbar und wahlberechtigt waren die mindestens 25 Jahre alten Männer, nicht jedoch die Frauen. Wurde die absolute Mehrheit nicht erreicht, so entschied eine Stichwahl zwischen den beiden Bewerbern, die die meisten Stimmen auf sich vereinigen konnten. Die 397 Wahlkreise im Deutschen Reich von 1871 bis 1918 waren so geschnitten worden, dass auf 100.000 Einwohner (entsprechend der Volkszählung von 1864) ein Mandat im Reichstag entfiel. Jeder Bundesstaat enthielt entsprechend seiner Bevölkerungszahl Mandate im Reichstag.

1903:	Einführung von **Wahlumschlägen** und **Wahlkabinen**; **Wahlgeheimnis** und **Wahlfreiheit** werden garantiert.
1913:	Verbindliche Regelung hinsichtlich der Beschaffenheit von **Wahlurnen**.
1918:	Wahlrecht für **Frauen**.
1919:	Weimarer Reichsverfassung vom 11. August 1919 schafft für alle Reichstags-, Landtags- und Gemeindewahlen die allgemeinen **Verfassungsgrundlagen**. Die allgemeine, gleiche, unmittelbare, freie und geheime Wahl wird garantiert.

Die Einführung des Verhältniswahlrechts ermöglichte die Berücksichtigung jeder Stimme, brachte aber die Gefahr einer starken Aufsplitterung der Mandate mit sich, da auch kleine Parteigruppen Abgeordnete entsenden konnten. Das erschwerte wiederum eine Mehrheitsbildung in den Parlamenten.

Bis 1945:	**Soldaten** blieben bis 1945 vom aktiven und passiven Wahlrecht ausgeschlossen, sie konnten weder wählen, noch gewählt werden.
1949:	Die Ministerpräsidenten der elf deutschen Länder verabschieden am 15. Juni 1949 ein Wahlgesetz mit der **Fünf-Prozent-Sperrklausel**.
1953:	Einführung des Zweitstimmensystems. Mit der **Erststimme** wird der Bundestagskandidat gewählt, mit der Zweitstimme eine Partei gewählt. Die **Zweitstimme** ist **nicht zweitrangig**. Sie entscheidet vielmehr, wie viele Mandate eine Partei im neuen Bundestag erhält.
1956:	Einführung der **Briefwahl**.
1969:	Senkung des Mindestalters für das **passive Wahlrecht** von 25 auf 21 Jahre.
1970:	Senkung des Mindestalters für das **aktive Wahlrecht** von 21 auf 18 Jahre.
1972:	Herabsetzen des Alters für das **passive Wahlrecht** von 21 Jahren auf 18 Jahre.
1985:	Ablösung des **d'Hondt**'schen Höchstzählverfahrens durch den Verrechnungsmodus der mathematischen Proportion von **Hare/Niemeyer**, das kleinere Parteien begünstigt.
1985:	Einführung des Wahlrechts für die im Ausland lebenden Deutschen.

1990: Erste **gesamtdeutsche Wahl** am 2. Dezember 1990.
2002: Umfassende Neuzuschneidung der Wahlkreise aufgrund der Verkleinerung der Mandatszahlen des 15. Deutschen Bundestages.
2008: Einführung der Berechnungsmethode nach Sainte-Laguë/Schepers bei Verteilung der Sitze auf die Landeslisten.

Welche Sonderregelungen gab es für die Bundestagswahlen 1949 und 1953?

Das Wahlgesetz zum ersten Bundestag und zur ersten Bundesversammlung vom 15. Juni 1949 (§ 5 Abs. 1) machte das passive Wahlrecht davon abhängig, ob der Bewerber nach dem am 8. Mai 1949 geltenden Recht des Landes, in dem er kandidierte, zum Landtag wählbar wäre. Alle Landeswahlgesetze schlossen zu diesem Zeitpunkt Personen von der Wählbarkeit aus, die im Sinne der von der Militärregierung erlassenen Rechtsvorschriften, den sogenannten Entnazifizierungsvorschriften belastet waren. Die mit dem Ausschluss ganzer Personengruppen verbundene Verletzung der Grundrechte blieb ohne Folgen, weil Art. 139 Grundgesetz die Fortgeltung der Entnazifizierungsvorschriften anordnete. Am 15. Dezember 1950 ersuchte der Bundestag die Bundesregierung, darauf hinzuwirken, dass die Entnazifizierung in den Ländern zum Abschluss gebracht werde. Das Wahlgesetz zum zweiten Bundestag vom 8. Juli 1953 verbot nun die Wählbarkeit der Hauptschuldigen und der Belasteten. 1953 trat das letzte in einem Bundesland erlassene Entnazifizierungsabschlussgesetz in Kraft. Damit verlor Art. 139 Grundgesetz seine Wirkung. Die Möglichkeit, ohne Verletzung der Wahlgrundrechte die Wählbarkeit zu regeln, schuf das Bundeswahlgesetz vom 7. Mai 1956. Während der ersten beiden Wahlperioden hatte sich der Bundestag in insgesamt sieben Fällen mit dem Vorwurf des Engagements eines Abgeordneten in oder für eine NS-Organisation befasst, ohne tatsächlich aber eine Überprüfung von Abgeordneten vorzunehmen. Immerhin legte der Abgeordnete *Franz Richter*, alias Fritz Rössler (DRP, WAV), am 21. Februar 1952 sein Mandat nieder, nachdem der Vorwurf erhoben worden war, er habe sich in einer nationalsozialistischen Organisation betätigt.

Welche Sonderregelungen gab es für die erste gesamtdeutsche Bundestagswahl 1990?

Für die ersten gesamtdeutschen Wahlen am 2. Dezember 1990 erfuhr das Bundeswahlgesetz tief greifende Änderungen. Insbesondere auf der Grundlage des Einigungsvertrags vom 31. August 1990 (BGBl. I S. 889) wurden manche Sonderregelungen getroffen, die nur als Übergangs- oder Maßgaberegelungen gelten sollten. Das vereinte Deutschland wurde in zwei Wahlgebiete, die alten und die neuen Länder, eingeteilt. Auf jede der beiden Wahlgebiete wurde die Fünf-Prozentklausel bezogen, nur so gelang den Parteien BÜNDNIS 90/DIE GRÜNEN und der PDS, der Nachfolgepartei der SED, im Jahre 1990 der Einzug in den Deutschen Bundestag. Darüber hinaus waren Listenvereinigungen von verschiedenen Parteien und politischen Vereinigungen mit Sitz im Gebiet der ehemaligen DDR zugelassen.

Welche Parteien haben bisher für den Bundestag kandidiert?

Das nachfolgende alphabetische Verzeichnis aller für den Bundestag bisher kandidierenden Parteien enthält keine Wählergruppen und Einzelbewerber.

Partei (in alphabetischer Reihung der Partei-Akronyme)	Kandidatur für die Wahl zur:
5%-BLOCK – 5%-BLOCK Partei	8. WP
50Plus – 50Plus-Bürger- und Wählerinitiative für Brandenburg	16. WP
AB 2000 – Partei der Alternativen Bürgerbewegung 2000 Deutschland	14. WP
ADF – Aktion Demokratischer Fortschritt	6. WP
AGFG – Allianz für Gesundheit, Frieden und soziale Gerechtigkeit	16. WP
ADM – Allianz der Mitte	17. WP
APD – AUTOFAHRER- und BÜRGERINTERESSEN PARTEI DEUTSCHLANDS	13. -14. WP
APPD – Anarchistische Pogo-Partei Deutschlands	14., 16. WP
ASD – Alle Sozialversicherten und Rentner Deutschlands (Rentnerpartei)	11. WP

Partei (in alphabetischer Reihung der Partei-Akronyme)	Kandidatur für die Wahl zur:
AUD – Aktionsgemeinschaft Unabhängiger Deutscher	5., 8. WP
AUFBRUCH – Aufbruch für Bürgerrechte, Freiheit und Gesundheit (AUFBRUCH)	15. WP
AVP – Aktionsgemeinschaft VIERTE PARTEI	8. WP
B90/Gr – Bündnis 90/Grüne-BürgerInnenbewegungen	12. WP
BdD – Bund der Deutschen, Partei für Einheit, Frieden und Freiheit	3. WP
BFB – BUND FREIER BÜRGER – OFFENSIVE FÜR DEUTSCHLAND – Die Freiheitlichen	14. WP
BGD – Bund für Gesamtdeutschland, Ostdeutsche, Mittel- und Westdeutsche Wählergemeinschaft – DIE NEUE DEUTSCHE MITTE	13 WP
BP – Bayern-Partei (in der 3. WP: FU Föderalistische Union (Bayernpartei – Zentrum)	1.-3., 6., 11.-17. WP
BSA – Bund Sozialistischer Arbeiter, deutsche Sektion der Vierten Internationale	12., 13. WP
Bürgerpartei	9. WP
BüSo – Bürgerrechtsbewegung Solidarität (in der 13. WP: Bürgerrechtsbewegung Solidarität)	13.-17. WP
BWK – Bund Westdeutscher Kommunisten	10. WP
C.B.V. – Christliche Bayerische Volkspartei (Bayerische Patriotenbewegung)	8.-11. WP
CDU – Christlich Demokratische Union (Deutschlands)	1.-17. WP
CHANCE 2000	14. WP
CM – CHRISTLICHE MITTE – Für Deutschland nach GOTTES Geboten	12.-17. WP
CSU – Christlich-Soziale Union (in Bayern e.V.)	1.-17. WP
CVP – Christliche Volkspartei	5. WP
DDD – Bund der Deutschen Demokraten	12. WP
DEMOKRATEN – DIE DEMOKRATEN	13. WP
Deutschland Ab jetzt … Bündnis für Deutschland (in der 16. WP Zusatz: Partei für Volksabstimmung und gegen Zuwanderung ins „Soziale Netz", in der 17. WP: Ab jetzt … Bündnis für Deutschland, für Demokratie durch Volksabstimmung)	14.-17. WP
DFP – Deutsche Freiheitspartei	9. WP

Partei (in alphabetischer Reihung der Partei-Akronyme)	Kandidatur für die Wahl zur:
DFU – Deutsche Friedens-Union	4.-5. WP
DFWG – Deutsche Friedens-Wahlgemeinschaft	3. WP
DG – Deutsche Gemeinschaft	3., 4. WP
DIE FRAUEN – Feministische Partei DIE FRAUEN	14.-16. WP
Die Linke. – Die Linkspartei. PDS	16.-17. WP
Die PARTEI – Partei für Arbeit, Rechtsstaat, Tierschutz, Elitenförderung und basisdemokratische Initiative	16. WP
Die Violetten – Alternative spirituelle Politik im neuen Zeitalter	15., 17. WP
DKP – Deutsche Konservative Partei	1. WP
DKP – Deutsche Kommunistische Partei	9.-15., 17. WP
DMP – Die Mittelstandspartei	14. WP
DNS – Nationale Sammlung	2. WP
DP – Deutsche Partei (Deutsche Partei/Freie Volkspartei)	1-3. WP
DPD – DEMOKRATISCHE PARTEI DEUTSCHLANDS	14. WP
DRP – Deutsche Reichspartei	1.-4. WP
DSU – Deutsche Soziale Union	12.-16. WP
DU – Deutsche Union	9. WP
DV – Deutsche Volkspartei	6. WP
DVD – Demokratische Volkspartei Deutschland	17. WP
DVP – Demokratische Volkspartei	1.-2. WP
DVP – Deutsche Volkspartei	13 WP
DVU – DEUTSCHE VOLKSUNION	14., 17. WP
EAP – Europäische Arbeiterpartei	8.-10. WP
EFP – Europäische Föderalistische Partei (seit 12. WP Zusatz: – Europa Partei)	5., 7., 12. WP
EP – Europa Partei	6. WP
EVD – Europäische Volksbewegung Deutschlands	1. WP
Familie – Deutsche Familien-Partei	11. WP
FAMILIE – FAMILIEN-PARTEI DEUTSCHLANDS	14.-17. WP
FAP – Freiheitliche Deutsche Arbeiterpartei	11. WP
FBU – FREIE BÜRGER UNION	13 WP
FDP (bzw. 9.-14. WP: F.D.P.) – Freie Demokratische Partei	1.-17. WP

Partei (in alphabetischer Reihung der Partei-Akronyme)	Kandidatur für die Wahl zur:
FORUM NEUES FORUM	14. WP
FP Deutschland – Freiheitliche Partei Deutschlands	14., 15. WP
FRAUEN – Frauenpartei	11., 12. WP
Frei Union	17. WP
FSU – Freisoziale Union – Demokratische Mitte	5.-7., 11., 13., 14. WP
FWD – Freie Wähler Deutschland	17. WP
FWS – Freie Wählergemeinschaft Stuttgart	2. WP
GB/BHE – Gesamtdeutscher Block/BHE	2.-3. WP
GDP – Gesamtdeutsche Partei (DP-BHE)	4., 6. WP
GIM – Gruppe Internationaler Marxisten	8. WP
GRAUE – DIE GRAUEN – Graue Panther (in der 12. WP: DIE GRAUEN Initiiert vom Senioren-Schutz-Bund „Graue Panther" e.V. „SSB-GP")	12.-16. WP
GRÜNE – Die Grünen	9.- 12. WP
GRÜNE/AL – Die Grünen/Alternative Liste für Demokratie und Umweltschutz	12. WP
GRÜNE/GAL – DIE GRÜNEN/Grün-Alternative Liste	12. WP
GRÜNE – BÜNDNIS 90/DIE GRÜNEN	13.-17. WP
GVP – Gesamtdeutsche Volkspartei	2. WP
HP – Humanistische Partei	11., 14.-16. WP
HUMANWIRTSCHAFTSPARTEI	16. WP
KBW – Kommunistischer Bund Westdeutschland	8.-9. WP
KPD – Kommunistische Partei Deutschlands	1., 2., 8., 10., 12., 13., 15. WP
LD – Liberale Demokraten, die Sozialliberalen	13. WP
Liga (Vierte Internationalisten)	12. WP
LIGA – CHRISTLICHE LIGA Die Partei für das Leben	12. -13. WP
Mittelstand – Deutscher Mittelstand (Union Deutscher Mittelstandsparteien – UDM)	3. WP
MLPD – Marxistisch-Leninistische Partei Deutschlands	11.-14., 16.-17. WP
Mündige Bürger – Die Mündigen Bürger	11., 12. WP
NATURGESETZ – DIE NATURGESETZ-PARTEI, AUFBRUCH ZU NEUEM BEWUSSTSEIN	13., 14. WP

Partei (in alphabetischer Reihung der Partei-Akronyme)	Kandidatur für die Wahl zur:
NBayG – Notgemeinschaft Bayerisches Grenzland	2. WP
Nichtwähler – Partei der Nichtwähler	14. WP
NPD – Nationaldemokratische Partei Deutschlands	5.-17. WP
ödp bzw. ÖDP – Ökologisch-Demokratische Partei (ödp)	10.-15., 17. WP
Offensive D – Partei Rechtsstaatlicher Offensive	16. WP
ÖKO-UNION DEUTSCHE SOLIDARITÄT, Union für Umwelt- und Lebensschutz	12. WP
PASS – Partei für Arbeit und Soziale Sicherheit/Partei der Arbeitslosen und Sozial Schwachen	13, 14. WP
Patrioten – Patrioten für Deutschland	11., 12. WP
PBC – Partei Bibeltreuer Christen	13.-17. WP
PdgD – Partei der guten Deutschen	2.-3. WP
PDS – Partei des Demokratischen Sozialismus (PDS/Linke Liste)	12.-15. WP
PIRATEN – Piratenpartei Deutschland	17. WP
PRG – Partei für Renten, Gerechtigkeit und Familie (PRG)	15. WP
Pro DM Initiative – Pro D-Mark – neue liberale Partei	14. WP
Pro DM – Pro Deutsche Mitte – Initiative Pro D-Mark	16. WP
PSG – Partei für Soziale Gleichheit, Sektion der Vierten Internationale	14., 16.-17. WP
PWGp – ParteifreieWählergemeinschaft „parteilos"	2. WP
RENTNER – Rentnerinnen und Rentner Partei	17. WP
REP – DIE REPUBLIKANER	12.-16. WP
RFP – RECHT und FREIHEIT PARTEI	8. WP
RSF – Radikalsoziale Freiheitspartei	1. WP
RWVP – Rheinisch-westfälische Volkspartei	1. WP
Schill – Partei Rechtsstaatlicher Offensive (Schill)	15. WP
SHLP – Schleswig-Holsteinische Landespartei	2. WP
Solidarität Deutsche Solidarität – Union für Umwelt- und Lebensschutz	11. WP
SpAD Spartakist-Arbeiterpartei Deutschlands, Sektion der Internationalen Kommunistischen Liga	12. WP
SPD – Sozialdemokratische Partei Deutschlands	1.-17. WP

Partei (in alphabetischer Reihung der Partei-Akronyme)	Kandidatur für die Wahl zur:
SSW – Südschleswigscher Wählerverband	1.-4. WP
STATT Partei – STATT Partei DIE UNABHÄNGIGEN	13., 14., 16. WP
Tierschutz – Mensch Umwelt Tierschutz (seit 16. WP: Die Tierschutzpartei Mensch Umwelt Tierschutz basisdemokratische Initiative	13.-17. WP
UAP – Unabhängige Arbeiter-Partei (Deutsche Sozialisten)	5., 6., 8., 9., 11., 13. WP
UNABHÄNGIGE – UNABHÄNGIGE KANDIDATEN ... für Direkte Demokratie + bürgernahe Lösungen	16. WP
USD – Unabhängige Soziale Demokraten	10. WP
V – Volksfront	9. WP
VL – VEREINIGTE LINKE	8. WP
VU – Vaterländische Union	2., 3. WP
WAV – Wirtschaftliche Aufbauvereinigung	1. WP
WGFp – Wählergemeinschaft Freudenberg „parteilos"	2. WP
ZENTRUM – Deutsche Zentrums-Partei (in der 2. WP: DZP – Deutsche Zentrumspartei; ab 16. WP. Zusatz: „Älteste Partei Deutschlands gegründet 1870")	1., 2., 6., 13.-17. WP

Welche Parteien waren bisher im Bundestag vertreten?

Die **Bayernpartei (BP)** wurde 1946 gegründet und erhielt 1948 die Zulassung als Landespartei. Als partikularistische Protestbewegung rekrutierte sie ihre Wähler aus der altbayerischen Landbevölkerung und war stärkste Konkurrentin der CSU. Nach der Modernisierung der CSU scheiterte die BP am Festhalten überkommener Traditionen und des Provinzialismus. Von ihr spalteten sich 1967 die Baycrische Staatspartei und 1974/75 die Christliche Bayerische Volkspartei (Bayerische Patriotenbewegung) (C.B.V.) ab.

Der **Block der Heimatvertriebenen und Entrechteten (BHE)** wurde 1950 in Schleswig-Holstein gegründet. Er entwickelte sich zu einer ökonomisch-sozialen Interessenpartei und parlamentarischen Vertretung der Vertriebenen. Mit zunehmender Integration der Vertriebenen wurde dem BHE die gesellschaftliche Grundlage als politische Partei entzogen. 1952 erfolgte die Umbenennung in Gesamtdeutscher Block/BHE. Besonders unter Parteiführer *Theodor Oberländer* näherte sich der GB/BHE der politischen Konzeption Bundeskanzler *Konrad Adenauer*s an und war bis 1955 an der Regierung beteiligt. Die Gruppe um *Oberländer* ging danach zur CDU/CSU. 1961 kam es zur Fusion des GB/BHE und der Deutschen Partei (DP) zur Gesamtdeutschen Partei.

Die **Christlich Demokratische Union Deutschlands (CDU)** wurde fast gleichzeitig 1945 in Berlin, Köln (als Christlich-Demokratische Partei) und Frankfurt am Main sowie danach in allen vier Besatzungszonen gegründet. In der konservativen Volkspartei fand sich ein Konglomerat politisch und regional uneinheitlicher Strömungen nationaler, liberaler, konservativer und sozialer Ausrichtung sowie Vertreter aller gesellschaftlichen Schichten und Gruppierungen. Im Dezember 1945 erfolgte eine Einigung auf die Parteibezeichnung CDU mit Ausnahme der Christlich-Sozialen Union in Bayern (CSU) und der Badischen Christlich-Sozialen Volkspartei. In der CDU wurde der nordwestdeutsche Zonenverband der CDU (brit. Besatzungszone) führend, in dem sich der pro-westliche, liberal-konservative *Konrad Adenauer* gegen den christlichen Sozialismus durchsetzte. 1950 konstituierte sich die CDU bundesweit als interkonfessionell- christliche und bürgerliche Sammlungspartei. Struktur und Selbstverständnis der CDU war in den 1950er Jahren von ihrer Funktion als Regierungspartei bestimmt. Als einzige Partei in der Bundesrepublik konnte die CDU/CSU 1957 bei der dritten Bundestagswahl mehr als 50% der Wählerstimmen auf sich vereinen. CDU und CSU waren mit wechselnden Koalitionspartnern 1949-1969, 1982-1998 und seit 2005 führende Regierungsparteien auf Bundesebene und stellten die Bundeskanzler (1949-1963 *Konrad Adenauer*, 1963-1966 *Ludwig Erhard*, 1966-1969 *Kurt-Georg Kiesinger*, 1982-1998 *Helmut Kohl* und seit 2005 *Angela Merkel*).

Der **Christlich-Sozialen Union in Bayern (CSU)**, in München 1945 gegründet, schlossen sich lokale Gründungen 1946 zum Landesverband zusammen. Die CSU gab sich als christlich-interkonfessionelle Sammlungsbewegung und demokratische Massenpartei mit starken sozialen Impulsen und wandte sich bewusst von der katholischen Bayerischen Volkspartei (BVP) ab. Innerparteiliche Konflikte sowie das Erstarken der Bayernpartei führten zu Niederlagen bei den Wahlen zum Bundestag 1949 und zum Landtag 1950. Dank des Modernisierungskurses erlangte die CSU bei der Landtagswahl 1970 56,4% und 1974 sogar 62,1%. Die CSU wuchs als bayerische Regierungspartei zur konkurrenzlosen Staats- und Ordnungspartei. Die seit 1947 im Frankfurter Wirtschaftsrat und 1949 im Bundestag gebildete Fraktionsgemeinschaft mit der CDU wurde 1976 vorübergehend aufgekündigt (sog. Kreuther Beschluss). Wiederholt gab es Spekulationen und Überlegungen einer bundesweiten Ausdehnung der CSU. Nach dem Zusammenbruch der DDR unterstützte die CSU bis April 1993 die 1990 in Leipzig gegründete Deutsche Soziale Union (DSU).

Die **Deutsche Friedensunion (DFU)** wurde um 1960 überwiegend von kommunistischen, sozialistischen und linken christlichen Repräsentanten als Sammlung sehr heterogener oppositioneller Kräfte für die bevorstehende Bundestagswahl 1961 gegründet. Sie beabsichtigte die deutsche Frage durch eine Verständigung mit den östlichen Nachbarn zu lösen. Im Bundestag war die DFU von Februar bis Oktober 1961 durch den fraktionslosen Abgeordneten *Arno Behrisch* (vorher SPD) vertreten.

Die **Deutsche Partei (DP)** entstand 1945 als Niedersächsische Landespartei (NLP) in Anknüpfung an die frühere Deutsch-Hannoversche Partei und nannte sich seit 1947 DP, um mit dem Namen den Charakter einer regionalen Heimatpartei zu überwinden. Sie war eine protestantisch-konservative Bürgerblock-Partei mit teilweise rechten Positionen und programmatischen Gemeinsamkeiten mit der CDU. Sie stellte 1955-1959 mit *Heinrich Hellwege* den Niedersächsischen Ministerpräsidenten. Vor der Bundestagswahl 1957 fusionierte sie mit der Freien Volkspartei (FVP) unter der Bezeichnung Deutsche Partei (DP/FVP). Es kam zu Übertritten, besonders zur CDU. 1961 fusionierten die Parteireste mit dem Gesamtdeutschen Block/BHE zur Gesamtdeutschen Partei (GDP). Nach ihrem Zerfall gab es 1962 Reaktivierungsversuche der DP mit der unbedeutenden rechtsextremen DP des Landes Bremen sowie mit der monarchistisch orientierten niedersächsisch-welfischen DP. 1993 kam es zur Neukonstituierung der wertkonservativen DP als Bundespartei.

Die **Deutsche Reichspartei (DRP)** entstand – anknüpfend an die NSDAP – 1950 aus der Fusion des niedersächsischen Landesverbandes der Deutschen Konservativen Partei – Deutsche Rechtspartei (DKP-DRP) und Teilen der hessischen Nationaldemokratischen Partei (NDP). Nach Selbstauflösung der Sozialistischen Reichspartei (SRP) 1952 fanden deren Anhänger in der DRP Anschluss. 1964 initiierte die DRP die Gründung der Nationaldemokratischen Partei Deutschlands (NPD) als neue rechtsextremistische Einheitspartei und löste sich 1965 auf.

Die **Deutsche Zentrums-Partei** (**DZP**), 1945 gegründet, verstand sich als Nachfolgepartei der 1933 aufgelösten katholischen Zentrumspartei. In Konkurrenz zur erfolgreichen überkonfessionellen CDU konnte sie sich nur in Westfalen, im Rheinland und in Niedersachsen als Regionalpartei behaupten. Zur Existenzsicherung nahm sie Wahlabsprachen mit der CDU und später mit der SPD vor und bildete in Landtagen Fraktionsgemeinschaften und Fusionen, verlor aber an Bedeutung.

Die **Freie Demokratische Partei (F.D.P.** bzw. **FDP**) entstand im Dezember 1948 aus dem Zusammenschluss verschiedener seit 1946 in den drei westlichen Besatzungszonen entstandenen liberalen Parteien. Sie bekannte sich zur Marktwirtschaft, zum freiheitlichen Rechtsstaat und lehnte den Einfluss der Kirche auf den Staat ab. Der erste FDP-Bundesvorsitzende *Theodor Heuss* wurde 1949 erster Bundespräsident. Die politische Bedeutung der FDP lag vor allem in ihrer Rolle als „Mehrheitsbeschafferin". Weder SPD noch CDU/CSU konnten mit Ausnahme von 1957 bei einer Bundestagswahl die absolute Mehrheit der Mandate gewinnen. Abgesehen von den Jahren 1957-1961, 1966-1969 sowie seit 1998 war die FDP an allen Bundesregierungen beteiligt. 1949-1956 und 1961-1966 koalierte sie mit der CDU/CSU. Während der Großen Koalition 1966-1969 war die FDP die einzige Oppositionspartei im Bundestag. 1968 orientierte sie sich nach links. Als Ausdruck für den neuen Aufbruch änderte die Partei am 1968 die Schreibweise ihres Akronyms von FDP in F.D.P. (scherzhaft „Pünktchen-Partei" genannt) (bis 2001, weil die Punkte nicht in der Internetadresse verwendet werden konnten). Durch die Koalition mit der SPD ermöglichte sie 1969 den Machtwechsel zur sozial-liberalen Koalition. 1982 ermöglichte sie wiederum den Machtwechsel zur christlich-liberalen Koalition. Nach der Wiedervereinigung schloss die FDP sich 1990 mit den ehem. liberalen Blockparteien der DDR, LDPD und NDPD sowie mit anderen ostdeutschen liberalen Gruppierungen zusammen. Seit 2009 ist die FDP wieder gemeinsam mit der CDU/CSU in der Regierungsverantwortung.

Die **Freie Volkspartei (FVP)**, 1956 gegründet, rekrutierte ihre Mitglieder aus dem rechten Flügel der FDP, und war aus Protest gegen die deutschland- und ostpolitische Umorientierung der FDP sowie wegen der Beteiligung der FDP am Sturz des nordrhein-westfälischen Ministerpräsidenten *Karl Arnold* (CDU) am 20. Februar 1956 entstanden. 16 FDP-Bundestagsabgeordnete, einschließlich aller vier FDP-Bundesminister, traten damals aus der FDP aus. Sie bildeten eine neue Fraktion, die sich später „Demokratische Arbeitsgemeinschaft" und nach Parteigründung FVP nannte. Im Vorfeld zur Bundestagswahl 1957 fusionierte die FVP mit der Deutschen Partei (DP). Sie erlitt eine schwere Wahlniederlage.

Die **Gesamtdeutsche Volkspartei (GVP)** wurde 1952 gegründet. Sie entstand aus der im November 1951 gegründeten „Notgemeinschaft für den Frieden Europas", forderte einen „bedingten Neutralismus" der Bundesrepublik und suchte die deutsche Wiedervereinigung und Friedenssicherung zu erreichen durch Widerstand gegen Aufrüstung sowie durch Verhandlungen mit der Sowjetunion und der DDR über eine Neutralisierung Deutschlands. Zur Bundestagswahl 1953 ging sie ein Wahlbündnis mit dem Bund der Deutschen (BdD) ein. Wegen der Weigerung der SPD, die GVP durch Wahlabsprachen zu unterstützen, löste sich die GVP 1957 auf und empfahl ihren Mitgliedern den Beitritt zur SPD.

Entstanden aus Bürgerinitiativen und aus der Anti-Atomkraft-Bewegung der 1970er Jahre beteiligten sich alternative „grüne Listen" zunächst an Kommunalwahlen sowie 1979 an der Europawahl. 1980 wurde die Bundespartei **Die Grünen** als eine ökologische, soziale und basisdemokratische Partei gegründet, die bürgerlich-konservative wie auch kommunistische Wählerschichten erreichte. 1983 zogen sie in den Bundestag. Die Abgeordneten wurden innerhalb der Legislaturperiode abgelöst (Rotationsprinzip), um den Kontakt zur Basis nicht zu verlieren (1986 wieder abgeschafft). Stimmenverluste bei Bundestagswahlen wurden hingenommen mit ihrer Ablehnung der Wiedervereinigung sowie innerparteilichen Auseinandersetzungen zwischen dem linken, fundamentalistischen („Fundis") und dem realpolitischen Flügel („Realos"), die selbst bei Preisgabe ihrer politischen Kernziele die Regierungsbeteiligung in den Ländern und auf Bundesebene wollten. In Hessen bildeten sie 1985 erstmals mit der SPD die Regierung sowie von 1998 bis 2005 erstmals auch auf Bundesebene. Nur durch eine Listenverbindung mit ostdeutschen Bürgerrechtsparteien und -gruppen wie „Neues Forum" und „Demokratie Jetzt" gelangten sie unter der Bezeichnung BÜNDNIS 90/ DIE GRÜNEN bei den ersten gesamtdeutschen Bundestagwahlen in den Bundestag. 1993 schlossen sich die Grünen zusammen zu **BÜNDNIS 90/DIE GRÜNEN**.

Die nach Kriegsende in der westlichen Besatzungszone wiederentstandene **Kommunistische Partei Deutschlands (KPD)** konstituierte sich nach Anerkennung durch das Zentralkomitee der KPD und der SED in Ost-Berlin im Januar 1949 mit einer zentralen Leitung für die elf westdeutschen Landesverbände unter dem Vorsitz von *Max Reimann* als westdeutsche Partei. Wahlerfolge erzielte die KPD in Hamburg und Nordrheinwestfalen sowie bei den Bundestagswahlen (1949 5,7%). Die KPD verstand sich als Vorposten des sozialistischen Lagers und der DDR in der Bundesrepublik und verlor infolge des Kalten Krieges sowie nach der Niederschlagung des Volksaufstandes in der DDR am 17. Juni 1953 an Einfluss. Auf Antrag der Bundesregierung auf Feststellung der Verfassungswidrigkeit folgte 1952 ein Parteienverbot durch den Bundesgerichtshof. Das Bundesverfassungsgericht bestätigte 1956 die Verfassungswidrigkeit, das Verbot und die Auflösung der KPD. Bemühungen um Wiederzulassung der KPD führten 1968 zur Konstituierung der Deutschen Kommunistischen Partei und – als eine Folge des sowjetisch-chinesischen Konflikts zur Gründung der maoistisch-kommunistischen KPD/Marxisten-Leninisten (KPD/ML) als Gegenstück zum Kommunismus Moskauer Orientierung.

Die **Partei des Demokratischen Sozialismus** (PDS) war am 21. April 1946 als Sozialistische Einheitspartei Deutschlands (SED) gegründet worden – sie bestand also auch nach dem Beitritt der DDR zum Geltungsbereich des Grundgesetzes fort. Die PDS bekannte sich zum Demokratischen Sozialismus und schloss sich am 16. Juni 2007 mit dem Verein „Arbeit & soziale Gerechtigkeit – Die Wahlalternative" (WASG) zur Partei **DIE LINKE.** zusammen (Die WASG gründete sich 2004 aus regierungskritischen SPD-Mitgliedern und Gewerkschaftern als Verein und konstituierte sich am 22. Januar 2005 als Partei). DIE LINKE. sieht sich politisch links von den anderen im Bundestag vertretenen Parteien und stellt die sozialistisch begründete, „kapitalistische Modelle der BRD" ablehnende „Systemfrage". DIE LINKE. versteht sich als „einzige linke Kraft" im Bundestag.

In der 16. Wahlperiode waren die **Piratenpartei** im Bundestag durch den fraktionslosen Abgeordneten *Jörg Tauss* vom Juni 2009 bis 28. Mai 2010 vertreten. Die Piratenpartei wurde nach schwedischem Vorbild am 10. September 2006 in Berlin gegründet und will unter dem Schlagwort der „Digitalen Revolution" einen gesellschaftlichen Wandel zur Informationsgesellschaft herbeiführen. Sie ist seit 2011 in den Ländervertretungen von Berlin und seit 2012 Nordrhein-Westfalen, Saarland und Schleswig-Holstein vertreten.

Die **Sozialdemokratische Partei Deutschlands (SPD)** wurde im Sommer und Herbst 1945 in allen vier Besatzungszonen wiedergegründet. Die erste offizielle Wiederzulassung erfolgte in der Sowjetischen Besatzungszone, der dort aber schon 1946 die zwangsweise Vereinigung mit der KPD zur SED folgte. In den Westzonen wurde die SPD, die im Mai 1946 in Hannover zu ihrem 1. Parteitag zusammenkam, eine „reformistisch-antikapitalistische und antikommunistische Arbeiterpartei". Bei den Bundestagswahlen 1949 und 1953 erlitt sie große Niederlagen aufgrund der Stabilisierung der erfolgreichen bürgerlichen Parteien und des durch den wirtschaftlichen Aufschwung geprägten politischen Bewusstseins. In den ersten Jahren zeichnete sie sich durch eine Fundamentalopposition aus. Im wirtschaftlichen Bereich lehnte sie entschieden die Soziale Marktwirtschaft zugunsten einer Gemeinwirtschaft ab. Im Bundestag stimmte sie gegen die Westintegration der Bundesrepublik, gegen die europäische Einigung sowie gegen die Wiederbewaffnung. Mit dem „Godesberger Programm" 1959 vollzog sich ihr Wandel von der klassenkämpferischen Partei zu einer gemeinwohlorientierten sozialreformerischen Volkspartei, ohne dass ihre inhaltliche Nähe zu den Gewerkschaften aufgegeben wurde. In ihrem „Deutschlandplan" (1959) wollte sie Deutschland in eine mitteleuropäische militärische Entspannungszone einbinden. Erst 1960, nach Änderung auch der außenpolitischen Zielsetzung bekundete die SPD ihre Bereitschaft zu einer konstruktiven Opposition. Ihr Bemühen um eine Regierungsbeteiligung im Bund wurde erst 1966 in der Großen Koalition mit der CDU/CSU erreicht – unter Bundeskanzler *Kurt-Georg Kiesinger* (CDU/CSU). Die SPD bewies Regierungsfähigkeit, was ihr zu einer breiteren Akzeptanz in der Bevölkerung verhalf und nach der Bundestagswahl 1969 die Regierungsübernahme in der sozial-liberalen Koalition mit *Willy Brandt* und später *Helmut Schmidt* als Bundeskanzler ermöglichte, wo sie außenpolitisch ihre „Neue Ostpolitik" umsetzte. Grenzen der Reformpolitik wurden 1982 sichtbar. Die Koalition wurde aufgelöst und *Schmidt* durch Konstruktives Misstrauensvotum von der christlich-liberalen Koalition abgelöst. Innerparteiliche Richtungskämpfe führten zu Stimmenverlusten. Aufsehen erregte 1987 das Grundsatzpapier SPD/SED, das die SPD dem Verdacht aussetzte, sie beabsichtige mit der SED, den demokratischen Verfassungsstaat preiszugeben. Nach fünfjähriger Vorbereitung wurde 1989 das Berliner Programm als Ergänzung und Modernisierung des Godesberger Programms verabschiedet. Eine seit den 1970er Jahren konstatierte zunehmende „Verbürgerung" und Akademisierung veränderte die Partei stärker als alle anderen demokratischen Parteien in Deutschland. 1990 wurde die SPD vereinigt mit der 1989 gegründeten Sozialdemokratischen Partei der DDR (SDP). 1998-2005 war die SPD, diesmal mit BÜNDNIS 90/ DIE GRÜNEN in der Regierungsverantwortung. Bundeskanzler war *Gerhard Schröder* (SPD). Der Wandel der Partei drückt sich kaum signifikanter aus als darin, dass die SPD – einst gegen die Wiederbewaffnung – nun mit dem sich als pazifistisch gerierenden grünen Koalitionspartner die Bundesrepublik Deutschland in einen Krieg führte (Kriegseinsatz der Bundeswehr in Afghanistan). 2005-2009 stellte die SPD gemeinsam mit CDU/CSU erneut in einer Großen Koalition die Regierung mit *Angela Merkel* (CDU/CSU) als Bundeskanzlerin.

Die **Sozialistische Reichspartei (SRP)** war als neo-nationalsozialistische Partei 1949 durch Abspaltung von der Deutschen Konservativen Partei/Deutsche Reichspartei (DKP/DRP) entstanden. Sie verstand sich als „Sammlungsbewegung des nationalen Widerstandes gegen die politische Ordnung der Bundesrepublik". 1951 beantragte die Bundesregierung beim Bundesverfassungsgericht die Feststellung der Verfassungswidrigkeit. Kurz nach ihrer Selbstauflösung wurde 1952 die Verfassungswidrigkeit festgestellt. Repräsentanten der SRP fanden Anschluss in der Deutschen Reichspartei (DRP).

Aufgrund der Grenzziehung zwischen Schleswig und Dänemark nach dem Ersten Weltkrieg (1914-1918) durch Volksabstimmung gab es in Schleswig eine dänische Minderheit. 1948 wurde der **Südschleswigsche Wählerverband (SSW)** als Partei und politische Vertretung der dänischen und friesischen Bevölkerung im Landesteil Schleswig gegründet. Der SSW ging hervor aus dem Südschleswigschen Verein. Er erlangte 1949 ein Bundestagsmandat sowie sechs, seit 1967 nur noch einen, seit 1996 zwei und seit 2009 vier Mandate im Landtag von Schleswig-Holstein. Seit 2012 ist der SSW, vertreten mit drei Landtagsabgeordneten, erstmals als Koalitionspartner in der Regierungsverantwortung.

Die **Wirtschaftliche Aufbau-Vereinigung (WAV)** wurde 1946 in den bayerischen Landtag gewählt, schied aber bereits 1950 wieder aus. Bei den Bundestagswahlen 1949 erzielte sie in Bayern aufgrund eines Wahlbündnisses mit der Vertriebenenorganisation „Neubürgerbund" mehr als 10 % der Stimmen und war als Fraktion im Bundestag vertreten. Nach zahlreichen Parteiaustritten löste sich die Bundestagsfraktion WAV am 6. Dezember 1951 auf. Die Abgeordneten wechselten zur Deutschen Partei. Eine 1953 erneut gegründete WAV scheiterte bereits bei den Bremischen Bürgerschaftswahlen 1955.

Wie hoch war die Wahlbeteiligung bei den Bundestagswahlen?

Aus der folgenden Tabelle ergibt sich, dass
- mit dem Anwachsen der durchschnittlichen Wohnbevölkerung die Zahl der Wahlberechtigten seit 1949 ununterbrochen gestiegen ist,
- die Zahl der Wahlberechtigten vor der Vereinigung Deutschlands am stärksten 1972 zugenommen hat infolge der Herabsetzung des aktiven Wahlalters vom 21. auf das 18. Lebensjahr,

- aufgrund verschiedener Einflüsse (u. a. der sich wandelnden Altersgliederung im Bundesgebiet) der Anteil der Wahlberechtigten in Prozent der durchschnittlichen Wohnbevölkerung schwankt,
- die Zahl der Wähler vor der Vereinigung Deutschlands zwischen 1949 und 1983 kontinuierlich gewachsen ist (überdurchschnittlich in den Wahljahren 1953 und 1972),
- die Wahlbeteiligung in Prozent – von leichten Schwankungen abgesehen – bis 1972 teilweise sprunghaft gestiegen ist und seitdem wieder eine fallende Tendenz hat. Die höchste Wahlbeteiligung war im Wahljahr 1972 mit 91,1% zu verzeichnen, die niedrigste Wahlbeteiligung ist für die Wahl 2009 zu verzeichnen mit 70,8%.

Wahljahr	Durchschnittliche Wohnbevölkerung	Wahlberechtigte	Wahlberechtigte in % der durchschnittlichen Wohnbevölkerung	Wähler	Wähler in % der Wahlberechtigten (Wahlbeteiligung)
1949	47 093 100	31 207 620	66,3	24 495 614	78,5
1953	49 141 900	33 202 287	67,4	28 479 550	86,0
1957	51 432 400	35 400 923	68,8	31 072 894	87,8
1961	53 977 400	37 440 715	69,4	32 849 624	87,7
1965	56 811 100	38 510 395	67,8	33 416 207	86,8
1969	58 711 700	38 677 235	65,9	33 523 064	86,7
1972	59 598 600	41 446 302	69,5	37 761 589	91,1
1976	59 563 700	42 058 015	70,6	38 165 753	90,7
1980	59 754 000	43 231 741	72,3	38 292 076	88,6
1983	59 676 500	44 088 935	73,9	39 279 529	89,1
1987	59 261 335	45 327 982	76,5	38 225 294	84,3
1990	79 364 504	60 436 560	76,5	46 995 915	77,8
1994	81 485 747	60 452 009	74,2	47 737 999	79,0
1998	82 024 193	60 762 751	74,1	49 947 087	82,2
2002	82 474 729	61 432 868	74,5	48 582 761	79,1
2005	82 469 548	61 870 711	75,0	48 044 134	77,7
2009	82 002 356	62 168 489	75,8	44 005 575	70,8

Wie fielen Wahlergebnisse und Mandatsverteilung im Bundestag aus?

Wahl zum 1. Deutschen Bundestag (1949-1953)	Stimmen		Mandate		Berliner Abgeordnete 1949 bzw. (seit 1.2.1952)
	Anzahl	In %	Anzahl	In %	
CDU/CSU	7 359 084	31,0	139	34,6	2 (5)
CDU	*5 978 636*	*25,2*			
CSU	*1 380 448*	*5,8*			
SPD	6 924 975	29,2	131	32,6	5 (9)
FDP, DVP	2 829 920	11,9	52	12,9	1 (5)
KPD	1 361 706	5,7	15	3,7	
BP	986 478	4,2	17	4,2	
DP	939 934	4,0	17	4,2	
DZP	727 505	3,1	10	2,5	
WAV	681 888	2,9	12	3,0	
DKP/DRP	429 031	1,8	5	1,2	
SSW	75 388	0,3	1	0,2	
Parteilose	1 141 647	4,8	3	0,7	
Sonstige	264 842	1,1			
GESAMT	23 732 398	100,0	402	100,0	8 (19)

Wahl zum 2. Deutschen Bundestag (1953-1957)	Erststimmen		Zweitstimmen		Mandate		Berliner Abgeordnete
	Anzahl	In %	Anzahl	In %	Anzahl	In %	
CDU/CSU	12 027 945	43,7	12 443 981	45,2	243	49,9	6
CDU	*9 577 659*	*34,8*	*10 016 594*	*36,4*			
CSU	*2 450 286*	*8,9*	*2 427 387*	*8.8*			
SPD	8 131 257	29,5	7 944 943	28,8	151	31,0	11
FDP/DVP	2 967 566	10,8	2 629 163	9,5	48	9,9	5
GB/BHE	1 613 215	5,9	1 616 953	5,9	27	5,5	
DP	1 073 031	3,9	896 128	3,3	15	3,1	
KPD	611 317	2,2	607 860	2,2			
BP	399 070	1,5	465 641	1,7			
GVP	286 465	1,0	318 475	1,2			
DRP	204 725	0,7	295 739	1,1			
DZP	55 835	0,2	217 078	0,8	3	0,6	
SSW	44 339	0,2	44 585	0,2			
Sonstige	104 995	0,4	70 726	0,3			
GESAMT	27 519 760	100,0	27 551 272	100,0	487	100,0	22

Wahl zum 3. Deutschen Bundestag (1957-1961)	Erststimmen		Zweitstimmen		Mandate		Berliner Abgeordnete
	Anzahl	In %	Anzahl	In %	Anzahl	In %	
CDU/CSU	15 161 550	50,3	15 008 399	50,2	270	54,3	8
CDU	*11 975 400*	*39,7*	*11 875 339*	*39,7*			
CSU	*3 186 150*	*10,6*	*3 133 060*	*10,5*			
SPD	9 651 669	32,0	9 495 571	31,8	169	34,0	12
FDP/DVP/DPS	2 276 234	7,5	2 307 135	7,7	41	8,2	2
BHE/GB	1 324 636	4,4	1 374 066	4,6			
DP	1 062 293	3,5	1 007 282	3,4	17	3,4	
DRP	290 622	1,0	308 564	1,0			
FU/Zentrum	295 533	1,0	254 322	0,9			
SSW	33 463	0,1	32 262	0,1			
Sonstige	60 214	0,2	117 827	0,4			
GESAMT	30 156 214	100,0	29 905 428	100,0	497	100,0	22

Wahl zum 4. Deutschen Bundestag (1961-1965)	Erststimmen		Zweitstimmen		Mandate		Berliner Abgeordnete
	Anzahl	In %	Anzahl	In %	Anzahl	In %	
CDU/CSU	14 727 737	46,0	14 298 372	45,3	242	48,6	9
CDU	*11 622 995*	*36,3*	*11 283 901*	*35,8*			
CSU	*3 104 742*	*9,7*	*3 014 471*	*9,6*			
SPD	11 672 057	36,5	11 427 355	36,2	190	38,1	13
FDP	3 866 269	12,1	4 028 766	12,8	67	13,4	
BHE/GB	859 290	2,7	870 756	2,8			
DFU	587 488	1,8	609 918	1,9			
DRP	242 649	0,8	262 977	0,8			
SSW	24 951	0,1	25 449	0,1			
Sonstige	24 025	0,1	27 308	0,1			
GESAMT	32 004 466	100,0	31 550 901	100,0	499	100,0	22

Wahl zum 5. Deutschen Bundestag (1965-1969)	Erststimmen		Zweitstimmen		Mandate		Berliner Abgeordnete
	Anzahl	In %	Anzahl	In %	Anzahl	In %	
CDU/CSU	15 835 967	48,8	15 524 068	47,6	245	49,4	6
CDU	*12 631 319*	*38,9*	*12 387 562*	*35,8*			
CSU	*3 204 648*	*9,9*	*3 136 506*	*9,6*			
SPD	12 998 474	40,1	12 813 186	39,3	202	40,7	15
FDP	2 562 294	7,9	3 096 739	9,5	49	9,9	1
NPD	587 216	1,8	664 193	2,0			
DFU	386 900	1,2	434 182	1,3			
Sonstige	66 198	0,2	88 074	0,3			
GESAMT	32 437 049	100,0	32 620 442	100,0	496	100,0	22

Wahl zum 6. Deutschen Bundestag (1969-1972)	Erststimmen		Zweitstimmen		Mandate		Berliner Abgeordnete
	Anzahl	In %	Anzahl	In %	Anzahl	In %	
CDU/CSU	15 231 324	46,6	15 195 187	46,1	242	48,8	8
CDU	*12 137 148*	*37,1*	*12 079 535*	*36,6*			
CSU	*3 094 176*	*9,5*	*3 115 652*	*9,5*			
SPD	14 402 374	44,0	14 065 716	42,7	224	45,2	13
FDP	1 554 651	4,8	1 903 422	5,8	30	6,0	1
NPD	1 189 375	3,6	1 422 010	4,3			
Sonstige	335 792	1,0	379 689	1,1			
GESAMT	32 713 516	100,0	32 966 024	100,0	496	100,0	22

Wahl zum 7. Deutschen Bundestag (1972-1976)	Erststimmen		Zweitstimmen		Mandate		Berliner Abgeordnete
	Anzahl	In %	Anzahl	In %	Anzahl	In %	
SPD	18 228 239	48,9	17 175 169	45,8	230	46,4	12
CDU/CSU	16 925 438	45,4	16 806 020	44,9	225	45,4	9
CDU	*13 304 813*	*35,7*	*13 190 837*	*35,3*			
CSU	*3 620 625*	*9,7*	*3 615 183*	*9,7*			
FDP	1 790 513	4,8	3 129 982	8,4	41	8,3	1
NPD	194 389	0,5	207 465	0,6			
DKP	146 258	0,4	113 891	0,3			
Sonstige	18 942	0,0	27 223	0,1			
GESAMT	37 303 779	100,0	34 459 750	100,0	496	100,0	22

Wahl zum 8. Deutschen Bundestag (1976-1980)	Erststimmen		Zweitstimmen		Mandate		Berliner Abgeordnete
	Anzahl	In %	Anzahl	In %	Anzahl	In %	
CDU/CSU	18 431 671	48,9	18 394 801	48,6	243	49,0	11
CDU	*14 423 157*	*38,3*	*14 367 302*	*38,0*			
CSU	*4 008 514*	*10,6*	*4 027 499*	*10,6*			
SPD	16 471 321	43,7	1f 099 019	42,6	214	43,1	10
FDP	2 417 683	6,4	2 995 085	7,9	39	7,9	1
NPD	136 028	0,4	122 661	0,3			
DFU	170 855	0,5	118 581	0,3			
Sonstige	68 086	0,2	92 353	0,3			
GESAMT	37 695 644	100,0	37 822 500	100,0	496	100,0	22

Wahl zum 9. Deutschen Bundestag (1980-1983)	Erststimmen		Zweitstimmen		Mandate		Berliner Abgeordnete
	Anzahl	In %	Anzahl	In %	Anzahl	In %	
CDU/CSU	17 408 572	46,0	16 897 659	44,5	226	45,5	11
CDU	*13 467 207*	*35,6*	*12 989200*	*34,2*			
CSU	*3 941 365*	*10,4*	*3 908 459*	*10,3*			
SPD	16 808 861	44,5	16 260 677	42,9	218	43,9	10
FDP	2 720 480	7,2	4 030 999	10,6	53	10,7	1
Grüne	732 619	1,9	569 589	1,5			
DKP	107 158	0,3	71 600	0,2			
NPD			68 096	0,2			
Sonstige	28 841	0,1	40 361	0,1			
GESAMT	37 806 531	100,0	37 938 981	100,0	497	100,0	22

Wahl zum 10. Deutschen Bundestag (1983-1987)	Erststimmen		Zweitstimmen		Mandate		Berliner Abgeordnete
	Anzahl	In %	Anzahl	In %	Anzahl	In %	
CDU/CSU	20 262 260	52,1	18 998 545	48,8	244	49,0	11
CDU	*15 943 460*	*41,0*	*14 857 680*	*38,2*			
CSU	*4 318 800*	*11,1*	*4 140 865*	*10,6*			
SPD	15 686 033	40,4	14 865 807	38,2	193	38,8	9
FDP	1 087 918	2,8	2 706 942	7,0	34	6,8	1
Grüne	1 609 855	4,1	2 167 431	5,6	27	5,4	1
NPD	57 112	0,1	91 095	0,2			
DKP	96 143	0,2	64 986	0,2			
Sonstige	46 032	0,1	45 881	0,1			
GESAMT	38 845 353	100,0	38 940 687	100,0	498	100,0	22

Wahl zum 11. Deutschen Bundestag (1987-1990)	Erststimmen		Zweitstimmen		Mandate		Berliner Abgeordnete
	Anzahl	In %	Anzahl	In %	Anzahl	In %	
CDU/CSU	18 027 771	47,7	16 761 572	44,3	223	44,9	11
CDU	*14 168 527*	*37,5*	*13 045 745*	*34,5*			
CSU	*3 859 244*	*10,2*	*3 715 827*	*9,8*			
SPD	14 787 953	39,2	14 025 763	37,0	186	37,4	7
FDP	1 760 496	4,7	3 440 911	9,1	46	9,3	2
GRÜNE	2 649 459	7,0	3 126 256	8,3	42	8,5	2
NPD	182 880	0,5	227 054	0,6			
ÖDP	40 765	0,1	109 152	0,3			
Sonstige	293 489	0,9	176 611	0,5			
GESAMT	37 742 813	100,0	37 867 319	100,0	497	100,0	22

Wahl zum 12. Deutschen Bundestag (1990-1994)	Erststimmen		Zweitstimmen		Mandate	
	Anzahl	In %	Anzahl	In %	Anzahl	In %
CDU/CSU	21 131 478	45,7	20 358 096	43,8	319	48,2
CDU	*17 707 574*	*38,3*	*17 055 116*	*36,7*		
CSU	*3 423 904*	*7,4*	*3 302 980*	*7,1*		
SPD	16 279 980	35,2	15 545 366	33,5	239	36,1
FDP	3 595 135	7,8	5 123 233	11,0	79	11,9
GRÜNE	2 037 885	4,4	1 788 200	3,8		
PDS	1 049 245	2,3	1 129 578	2,4	17	2,6
REP	767 652	1,7	987 269	2,1		
B90/GRÜNE	552 027	1,2	559 207	1,2	8	1,2
GRAUE	218 412	0,5	385 910	0,8		
ÖDP	243 469	0,5	205 206	0,4		
NPD	190 105	0,4	145 776	0,3		
Sonstige	209 537	0,4	227 931	0,5		
GESAMT	46 274 925	100,0	46 455 772	100,0	662	100,0

Wahl zum 13. Deutschen Bundestag (1994-1998)	Erststimmen		Zweitstimmen		Mandate	
	Anzahl	In %	Anzahl	In %	Anzahl	In %
CDU/CSU	21 130 952	45,0	19 517 156	41,5	294	43,8
CDU	*17 473 325*	*37,2*	*16 089 960*	*34,2*		
CSU	*3 657 627*	*7,8*	*3 427 196*	*7,3*		
SPD	17 966 813	38,3	17 140 354	36,4	252	37,5
B90/GRÜNE	3 037 902	6,5	3 424 315	7,3	49	7,3
FDP	1 558 185	3,3	3 258 407	6,9	47	7,0
PDS	1 920 420	4,1	2 066 176	4,4	30	4,5
REP	787 757	1,7	875 239	1,9		
GRAUE	178 450	0,4	238 642	0,5		
ÖDP	200 138	0,4	183 715	0,4		
Sonstige	168 739	0,4	401 170	0,8		
GESAMT	46 949 356	100,0	47 105 174	100,0	672	100,0

Wahl zum 14. Deutschen Bundestag (1998-2002)	Erststimmen		Zweitstimmen		Mandate	
	Anzahl	In %	Anzahl	In %	Anzahl	In %
SPD	21 535 893	43,8	20 181 269	40,9	298	44,5
CDU/CSU	19 456 687	39,5	17 329 388	35,1	245	36,6
CDU	*15 854 215*	*32,2*	*14 004 908*	*28,4*		
CSU	*3 602 472*	*7,3*	*3 324 480*	*6,7*		
B90/GRÜNE	2 448 162	5,0	3 301 624	6,7	47	7,0
FDP	1 486 433	3,0	3 080 955	6,2	43	6,4
PDS	2 416 781	4,9	2 515 454	5,1	36	5,4
REP	1 115 664	2,3	906 383	1,8		
GRAUE	141 763	0,3	152 557	0,3		
NPD	45 043	0,1	126 571	0,3		
ÖDP	145 308	0,3	98 257	0,2		
Sonstige	374 846	0,8	1 616 054	3,3		
GESAMT	49 166 580	100,0	49 308 512	100,0	669	100,0

Wahl zum 15. Deutschen Bundestag (2002-2005)	Erststimmen		Zweitstimmen		Mandate	
	Anzahl	In %	Anzahl	In %	Anzahl	In %
SPD	20 059 967	41,9	18 488 668	38,5	251	41,6
CDU/CSU	19 647 690	41,1	18 482 641	38,5	248	41,1
CDU	*15 336 512*	*32,1*	*14 167 561*	*29,5*		
CSU	*4 311 178*	*9,0*	*4 315 080*	*9,0*		
B90/GRÜNE	2 693 794	5,6	4 119 355	8,6	55	9,1
FDP	2 752 796	5,8	3 538 815	7,4	47	7,8
PDS	2 079 203	4,3	1 916 702	4,0	2*	0,3
Schill	120 330	0,3	400 476	0,8		
REP	55 947	0,1	280 671	0,6		
NPD	103 209	0,2	215 232	0,4		
Sonstige	328 788	0,7	553 920	1,2		
GESAMT	47 841 724	100,0	47 996 480	100,0	603	100,0

* Die fraktionslosen Abgeordneten kamen über ein Direktmandat in den Bundestag.

Wahl zum 16. Deutschen Bundestag (2005-2009)	Erststimmen		Zweitstimmen		Mandate	
	Anzahl	In %	Anzahl	In %	Anzahl	In %
CDU/CSU	19 280 949	40,8	16 631 049	35,2	226	36,8
CDU	*15 390 959*	*32,6*	*13 136 740*	*27,8*		
CSU	*3 889 990*	*8,2*	*3 494 309*	*7,4*		
SPD	18 129 100	38,4	16 194 665	34,2	222	36,2
FDP	2 208 531	4,7	4 648 144	9,8	61	9,9
Linkspart./PDS	3 764 168	8,0	4 118 194	8,7	54	8,8
B90/GRÜNE	2 538 913	5,4	3 838 326	8,1	51	8,3
NPD	857 777	1,8	748 568	1,6		
REP	38 678	0,1	266 101	0,6		
GRAUE	6 340	0,0	198 601	0,4		
Sonstige	369 606	0,8	644 340	1,4		
GESAMT	47 194 062	100,0	47 287 988	100,0	614	100,0

Wahl zum 17. Deutschen Bundestag (2009-)	Erststimmen		Zweitstimmen		Mandate	
	Anzahl	In %	Anzahl	In %	Anzahl	In %
CDU/CSU	17 047 674	39,4	14 658 515	33,8	239	38,4
CDU	*13 856 674*	*32,0*	*11 828 277*	*27,3*		
CSU	*3 191 000*	*7,4*	*2 830 238*	*6,5*		
SPD	12 079 758	27,9	9 990 488	23,0	146	23,5
FDP	4 076 496	9,4	6 316 080	14,6	93	15,0
DIE LINKE.	4 791 124	11,1	5 155 933	11,9	76	12,2
B90/GRÜNE	3 977 125	9,2	4 643 272	10,7	68	10,9
PIRATEN	45 770	0,1	847 870	2,0		
NPD	768 442	1,8	635 525	1,5		
Die Tierschutzpartei	16 887	0,0	230 872	0,5		
REP	30 061	0,1	193 396	0,4		
Ödp	105 653	0,2	132 249	0,3		
FAMILIE	17 848	0,0	120 718	0,3		
RRP	37 946	0,1	100 605	0,2		
Sonstige	253 216	0,6	345 667	0,8		
GESAMT	43 248 000	100,0	43 371 190	100,0	622	100,0

Wann erreichten die Fraktionen ihren höchsten und wann ihren niedrigsten Mandatsanteil im Bundestag?

Fraktion	Höchster Mandatsanteil		Niedrigster Mandatsanteil	
	Wahlperiode	Mandatsanteile in %	Wahlperiode	Mandatsanteile in %
CDU/CSU	3. WP (1957)	53,6 %	1. WP (1949)	34,4 %
SPD	7. WP (1972)	46,4 %	17. WP (2009)	23,5 %
FDP	17. WP (2009)	15,0 %	6. WP (1969)	6,0 %
GRÜNE bzw. BÜNDNIS90 / DIE GRÜNEN	17. WP (2009)	10,9 %	12. WP (1990)	1,2 %
PDS/LL, PDS bzw. DIE LINKE.	17. WP (2009)	12,2 %	12. WP (1990)	2,6 %

3 Fraktionen und Gruppen

Was sind Fraktionen?

Während die Ausschüsse als „sachliche Untergliederungen" des Parlaments angesehen werden können, bilden die Fraktionen seine „politische Untergliederung". Fraktionen sind fester Bestandteil der parlamentarischen Übung und notwendige Einrichtungen des Verfassungslebens. Ursprünglich nur lose Gruppierungen, sind sie im Laufe der Geschichte der Parlamente zu festen Institutionen geworden. Obwohl sie keinen Verfassungsrang besitzen, wirken sie an höchsten politischen Entscheidungen und an der Gesetzgebung mit. Das parlamentarische Leben ist vollständig auf die Fraktionen ausgerichtet – sie bestimmen das politische Geschehen im Deutschen Bundestag. Ihre Schlüsselstellung bedeutet gleichzeitig, dass Abgeordnete ohne Fraktionszugehörigkeit im Parlament kaum Einfluss besitzen. In den Fraktionen wird ein Stück „vorverlagerter" Repräsentation vollzogen. Vorverlagert deshalb, weil die demokratische Repräsentation durch die Gesamtheit der Abgeordneten, das Plenum, erfolgt. Diese vorverlagerte Repräsentation innerhalb der Fraktion erfüllt die Aufgabe, den parlamentarischen Willensbildungsprozess schon im Vorfeld einer Entscheidung soweit voranzubringen, dass ein Beschluss im Plenum inhaltlich auch entsprechend vorbereitet ist.

Was sind Gruppen?

Abgeordnete in geringerer Zahl als zur Bildung einer Fraktion erforderlich, können sich gemäß § 10 Abs. 4 Geschäftsordnung zu einer Gruppe nur zusammenschließen, wenn der Bundestag zustimmt. Wie viele Mitglieder für die Bildung einer Gruppe erforderlich sind, lässt die Geschäftsordnung offen. Ob die erforderliche Stärke vorhanden ist, entscheidet der Bundestag mit der Anerkennung oder Ablehnung als Gruppe. Am 24. Oktober 1990 beschloss der Bundestag ohne präjudizierende Wirkung den Gruppen eigene Rechte einzuräumen, die sonst vielfach nur den Fraktionen zustehen. Dazu gehörte: ein beratendes Mitglied in den Ältestenrat und je ein beratendes Mitglied sowie ein stellvertretendes beratendes Mitglied in die Fachausschüsse zu entsenden; Antrags- und Rederecht; Redezeit entsprechend ihrer Stärke im Verhältnis zu den Fraktionen des Bundestages; dem Vorsitzenden der Gruppe Rechte zuzuerkennen, die ein Vorsitzender einer Fraktion des Deutschen Bundestages entsprechend der Geschäftsordnung des Deutschen Bundestages besitzt; für ihre parlamentarische Arbeit erforderliche finanzielle, technische und personelle Unterstützung.

Seit wann gibt es Fraktionen?

Vorläufer der Fraktionen, wie wir sie heute im Bundestag, in den Landtagen und in allen Gemeinde- und Stadträten finden, gab es bereits in den Parlamenten des deutschen Frühkonstitutionalismus zu Beginn des 19. Jahrhunderts. Zu dieser Zeit sollte eine Fraktionsbildung freilich oftmals noch verhindert oder wenigstens nicht begünstigt werden. In einigen Parlamenten mussten die Abgeordneten ihre Plätze in alphabetischer Reihenfolge einnehmen, in anderen (z.B. Bayern und Sachsen) wurden sie ihnen durch das Los zugeteilt.

Als die Nationalversammlung in der Frankfurter Paulskirche (1848/49) einberufen wurde, gab es noch keine Parteien im heutigen Sinn. Dennoch fanden sich die Abgeordneten sehr schnell in einer Anzahl freiwilliger, aber förmlich organisierter Abteilungen zusammen, die „Klubs" genannt wurden. Diese Klubs hatten ihre eigenen Vorsitzenden sowie Versammlungsorte (zumeist in öffentlichen Lokalen) und dienten dem Zweck, die Beratungen der Nationalversammlung vorzubereiten. Mit dieser Funktion gelten die Klubs als Vorläufer unserer heutigen Fraktionen. Im Reichstag der Kaiserzeit gab es zwar schon Fraktionen, aber erst die Geschäftsordnung des deutschen Reichstags der Weimarer Republik von 1922 anerkannte die Fraktionen förmlich, die bis dahin nur faktisch anerkannt waren. Damit gelangten Fraktionen als ein fester Bestandteil der Organisation des Parlaments in das deutsche Parlamentsrecht.

Im Deutschen Bundestag nahm die Zahl der Fraktionen nach seiner Errichtung im Jahre 1949 zusehends ab und pendelte sich zunächst auf drei, später auf vier oder fünf Fraktionen ein.

Wahlperiode	Anzahl der Fraktionen (+ Gruppen)	Im Bundestag vertretene Fraktionen
1. WP (1949-1953)	8 bzw. ab 14.12.1951: 7	*Regierung*: CDU/CSU, Deutsche Partei, FDP *Opposition*: Bayernpartei (ab 1951 mit Zentrum vereinigt zu: Föderalistische Union)[1], KPD[2], SPD, Wirtschaftliche Aufbauvereinigung, Zentrum (bis 1951)
2. WP (1953-1957)	5	*Regierung*: CDU/CSU, Deutsche Partei, FDP (bis Februar 1956), Freie Volkspartei (seit Februar 1956), Gesamtdeutscher Block-Block der Heimatvertriebenen und Entrechteten (bis Juli 1955) *Opposition*: SPD
3. WP (1957-1961)	4 (ab 28.9.1960: +1)	*Regierung*: CDU/CSU, Deutsche Partei (bis 1. Juli 1960, danach Alleinregierung der CDU/CSU) *Opposition*: SPD, FDP
4. WP (1961-1965)	3	*Regierung*: CDU/CSU, FDP *Opposition*: SPD
5. WP (1965-1969)	3	*Regierung*: CDU/CSU, FDP *Opposition*: SPD Ab 1. Dezember 1966: *Regierung*: CDU/CSU, SPD *Opposition*: FDP
6. WP (1969-1972)	3	*Regierung*: SPD, FDP *Opposition*: CDU/CSU
7. WP (1972-1976)	3	*Regierung*: SPD, FDP *Opposition*: CDU/CSU
8. WP (1976-1980)	3	*Regierung*: SPD, FDP *Opposition*: CDU/CSU
9. WP (1980-1983)	3	*Regierung*: SPD, FDP *Opposition*: CDU/CSU Ab 4. Oktober 1982: *Regierung*: CDU/CSU, FDP *Opposition*: SPD

1 Der Zusammenschluss der Bayernpartei und des Zentrums 1951 erfolgte auf Grund der Änderung der Fraktionsmindeststärke von 10 auf 15 Abgeordnete.
2 Die KPD verlor 1951 mit Änderung der Fraktionsmindeststärke von 10 auf 15 Abgeordnete auf Grund der neuen Geschäftsordnung ihren Fraktionsstatus.

Wahlperiode	Anzahl der Fraktionen (+ Gruppen)	Im Bundestag vertretene Fraktionen
10. WP (1983-1987)	4	*Regierung*: CDU/CSU, FDP *Opposition*: SPD, Die Grünen
11. WP (1987-1990)	4 (+1)	*Regierung*: CDU/CSU, FDP *Opposition*: SPD, Die Grünen, PDS (*Gruppe*)
12. WP (1990-1994)	3 (+2)	*Regierung*: CDU/CSU, FDP *Opposition*: SPD, BÜNDNIS 90/DIE GRÜNEN (*Gruppe*), PDS (*Gruppe*)
13. WP (1994-1998)	4 (+1)	*Regierung*: CDU/CSU, FDP *Opposition*: SPD, BÜNDNIS 90/DIE GRÜNEN, PDS (*Gruppe*)
14. WP (1998-2002)	5	*Regierung*: SPD, BÜNDNIS 90/DIE GRÜNEN *Opposition*: CDU/CSU, FDP, PDS
15. WP (2002-2005)	4	*Regierung*: SPD, BÜNDNIS 90/DIE GRÜNEN *Opposition*: CDU/CSU, FDP
16. WP (2005-2009)	5	*Regierung*: CDU/CSU, SPD *Opposition*: FDP, DIE LINKE., BÜNDNIS 90/DIE GRÜNEN
17. WP (seit 2009)	5	*Regierung*: CDU/CSU, FDP *Opposition*: SPD, DIE LINKE., BÜNDNIS 90/DIE GRÜNEN

Die Übersicht verdeutlicht, dass die Anzahl der Fraktionen nach der 1. Wahlperiode stark zurückging. Bei acht Fraktionen betrug deren durchschnittliche Stärke noch 50 Abgeordnete. Doch schon bei fünf Fraktionen in der 2. Wahlperiode stieg die durchschnittliche Mitgliederzahl einer Fraktion auf 101 Abgeordnete an. Bei drei Fraktionen im Bundestag von 1961 betrug die durchschnittliche Zahl bereits 174 Mitglieder pro Fraktion. Für die Abnahme der im Bundestag vertretenen Parteien kann nicht alleine die Fünf-Prozent-Sperrklausel verantwortlich gemacht werden. Die geringe Zahl demonstriert vielmehr die große Anziehungskraft der beiden großen Fraktionen CDU/CSU und SPD. Gleichzeitig ging das Wählerinteresse gegenüber jenen Parteien zurück, die – wie z.B. die Flüchtlingsparteien – sich in ihrer Arbeit auf Sonderinteressen beschränkten oder – wie die neo-faschistischen und kommunistischen Parteien – gar radikale Positionen vertraten. Seit 1983 konnte eine gegensätzliche

Entwicklung festgestellt werden, als alternative Parteien erfolgreich umwelt- und energiepolitische Fragen thematisierten und als „Grüne" in den Bundestag einzogen. In den letzten Jahren hat sich das Kräfteverhältnis, wie die Wahlergebnisse zeigen, deutlich verschoben und den vormals kleinen Parteien, die sonst knapp die 5 %-Hürde überschritten, große Wahlerfolge beschert.

Worin besteht der Unterschied zwischen Fraktionsdisziplin und Fraktionszwang?

Eine gültige, allgemein anerkannte Definition des Begriffs „Fraktionsdisziplin" hat sich genauso wie die für den Begriff „Fraktionszwang" in der wissenschaftlichen oder parlamentsrechtlichen Literatur bisher nicht durchgesetzt. Eine klassische Unterscheidung zwischen Fraktionszwang und -disziplin traf der Politikwissenschaftler *Ernst Fraenkel*:

> „Fraktionsdisziplin bedeutet die freiwillige Unterwerfung von Mitgliedern einer Parlamentsfraktion unter die Autorität der demokratisch gewählten Fraktionsführung, deren Entscheidungen gegenüber etwa widerstrebenden Fraktionsmitgliedern zwar nicht durch Zufügen von Rechtsnachteilen (etwa Mandatsverlust) sanktioniert werden können (Verbot des Fraktionszwangs), deren Einhaltung jedoch durch Appell an die Parteitreue, durch Benachteiligung bei der Vergebung von parlamentarischen Machtpositionen (Ausschusssitze) und durch Androhung der Nicht-Wiederaufstellung bei Neuwahlen, notfalls durch Ausschluss aus der Fraktion und der Partei in der Regel ausreichend sichergestellt ist."

Wurde im Bundestag jemals Fraktionszwang ausgeübt?

Nach *Ernst Fraenkel*s Definition gab es Fraktionszwang nur im 1. und 2. Deutschen Bundestag (1949-1953 und 1953-1957): 1949 verlangte die KPD eine Blankoverzichtserklärung von ihren Abgeordneten. Mit Hilfe dieser Erklärung wurde der Abgeordnete *Robert Leibbrand* im Januar 1950 zum Mandatsverzicht gezwungen. Der 1. Deutsche Bundestag erklärte die Blankoverzichtserklärungen für ungültig und verweigerte das Nachrücken eines anderen Kandidaten. Auch andere Kleinparteien des 1. und 2. Bundestages verlangten von ihren Abgeordneten derartige Erklärungen, die von der Fraktionsführung jederzeit verwendet werden konnten. Die Wirtschaftliche Aufbauvereinigung (WAV) verlangte von ihren Abgeordneten eine ehrenwörtliche Erklärung, bei Fraktionsaustritt oder -wechsel auf ihr Mandat zu verzichten und der Partei die Wahlkampfkosten zurückzuzahlen. Ähnliches galt für die Bayernpartei. Allerdings hielten sich manche Fraktionswechsler nicht an ihre Erklärungen. In diesem Falle hatten die Fraktionen keine Möglichkeit, den Mandatsverzicht rechtlich zu erzwingen.

Warum darf es keinen Fraktionszwang geben?

Fraktionszwang darf es nicht geben, so meinen viele Verfassungsjuristen, weil Art. 38 Abs. 1 Grundgesetz auf das freie Mandat des Abgeordneten hinweist. Demnach kann weder der Wähler ein imperatives Mandat erzwingen, noch eine Partei oder Fraktion einem Abgeordneten ein bestimmtes Abstimmungsverhalten vorschreiben.

Warum ist Fraktionsdisziplin überhaupt notwendig?

Entscheidungen der Ausschüsse und des Plenums des Bundestages werden durch die Fraktionen vorbereitet. Jedes Fraktionsmitglied hat die Möglichkeit, seine Spezialkenntnisse und seine politischen Konzepte einzubringen. Kontroversen innerhalb der Fraktionen werden freimütig ausgetragen. Am Ende steht in jeder Fraktion der Mehrheitsbeschluss, dessen Ergebnis anders als im Plenum nicht durch feststehende Mehrheitsverhältnisse vorprogrammiert ist.

Nach außen soll die Entscheidung jeder Fraktion möglichst geschlossen vertreten werden. Das bedeutet, dass eine Fraktion im Bundestag einheitlich abstimmt und dass die Redner in der Regel die Auffassung ihrer Fraktion vortragen. Ein rechtlicher Zwang zur Geschlossenheit besteht zwar nicht, aber für eine überzeugende und kontinuierliche Fraktionsarbeit ist die auf gegenseitigem Vertrauen beruhende Solidarität der Fraktionsmitglieder erforderlich. Nur diese Fraktionssolidarität macht die Fraktion handlungsfähig.

Besonders deutlich wird die Notwendigkeit einer einheitlichen Abstimmung bei dem augenfälligen „Zwang" der Regierungsfraktionen, die eigene Regierung zu stützen. Demokratie bewährt sich gerade in der Fähigkeit, politische Entscheidungen durchzusetzen. Ein Bundeskanzler wäre sein Amt schnell los, wenn er wiederholt Abstimmungsniederlagen im Parlament erleiden würde. Vor diesem Hintergrund ist „Fraktionsdisziplin" gerade bei den Regierungsfraktionen aus schlichtem Machterhaltungskalkül geboten. In Zeiten einer großen Koalition verliert die Fraktionsdisziplin freilich an Bedeutung.

Wie verhält sich ein Abgeordneter, wenn er eine Mehrheitsentscheidung seiner Fraktion nicht mitträgt?

Lehnt es ein Abgeordneter aus Gewissensgründen im Einzelfall ab, der Mehrheit seiner Fraktion zu folgen, teilt er diese Absicht der Fraktion mit, bevor er an die Öffentlichkeit geht. Er kann sich aber auch der Stimme enthalten oder der Abstimmung fernbleiben. Im äußersten Konfliktfall ist ein Austritt oder Ausschluss aus der Fraktion, ein Fraktionswechsel oder – noch seltener – eine Niederlegung des Mandats denkbar. Seine von der Fraktionsmehrheit abweichende Meinung kann ein Abgeordneter schließlich noch in seiner Erklärung zur Abstimmung bekunden.

Die SPD-Fraktion beschloss am 23. Juni 1981: „Wer in der Minderheit geblieben ist, muss die Argumente der Mehrheit in der Öffentlichkeit bei Wahrung der eigenen Meinung sachlich und fair darstellen. Die Einbringung von mit der Fraktion nicht abgestimmten Anträgen im Plenum widerspricht der Fraktionssolidarität". Ferner heißt es dort: „Die Legitimität von abweichendem Stimmverhalten im Bundestag in Gewissensfragen bleibt davon unberührt. Die Absicht, abweichend von den Beschlüssen der Fraktion zu stimmen, ist der Fraktion spätestens in der Abstimmung vorausgehenden Fraktionssitzung mitzuteilen." Die SPD versteht diese Regelung als „Ausdruck der Solidarität" und „Voraussetzung sozialdemokratischer Handlungsfähigkeit in Parlament und Regierung".

Die CDU/CSU-Fraktion hat in ihrer Arbeitsordnung ausdrücklich, betont, dass es keinen Fraktionszwang gibt und die Abstimmung frei ist. Um die parlamentarische Arbeit aber planbar zu machen und gegebenenfalls noch mit „Abweichlern" sprechen zu können, sind die Fraktionsmitglieder verpflichtet, am Vortag einer Abstimmung bis 17 Uhr dem Fraktionsvorsitzenden, dem 1. Parlamentarischen Geschäftsführer oder der Fraktionsversammlung ein beabsichtigtes abweichendes Stimmverhalten anzuzeigen.

Übrigens: Gewissenfreiheit ist besonderer Ausdruck der Menschenwürde. Wenn die Gewissensfreiheit Interessenkonflikte auslöst, kann die Berufung auf das Gewissen für den Abgeordneten bedeuten, sich zwischen der Treue zu sich selbst bzw. der verpflichtenden Stimme seines Gewissens auf der einen Seite sowie der Treue zur Partei auf der anderen Seite entscheiden zu müssen. Entscheidet sich ein Abgeordneter gegen seine Fraktion, und damit auch gegen seine Partei, kann dass das Mandat und die Chancensicherung auf das Mandat auch für eine kommende Wahlperiode infrage stellen.

Für welche Abstimmungen wurde die Fraktionsdisziplin aufgehoben?

Wird in den Medien von „Fraktionszwang" gesprochen, dann meistens, wenn von den Abgeordneten ein bestimmtes Abstimmungsverhalten auf Grund ihrer Fraktionszugehörigkeit ausdrücklich nicht erwartet wird. Das sind insbesondere Abstimmungen zu Gewissensfragen. In diesen Fällen wird manchmal schon im Vorfeld in den Fraktionen darauf verzichtet, eine einheitliche Fraktionsmeinung herzustellen, was den einzelnen Abgeordneten der Entscheidung enthebt, sich anders zu verhalten als die Mehrheit seiner Fraktionskollegen. Parlamentsrechtlich ist bemerkenswert, dass es sich bei manchen Abstimmungen, bei denen keine Fraktionsdisziplin verlangt worden war, um sogenannte „koordinierte Abstimmungen" analog zu § 50 Abs. 2 der Geschäftsordnung handelte. Koordinierte Abstimmungen werden dann vereinbart, wenn über einen Antrag nicht, wie grundsätzlich vorgesehen, nur mit ja oder nein abgestimmt werden kann, sondern mehrere Sachabstimmungen erforderlich sind.

Und noch eine weitere Besonderheit gibt es bei Aufhebung der Fraktionsdisziplin: Im Deutschen Bundestag sind die Regelungen zur Verteilung der Redezeit und der Rednerreihenfolge grundlegend. Hier hat sich ein Verteilungsschlüssel entwickelt, der Wechselspiel von „Rede" und „Gegenrede" zum Ausdruck bringen will, alleine schon deswegen, um eine Debatte lebhafter zu gestalten. Ein solcher Verteilerschlüssel weist den Fraktionen und Gruppen im Verhältnis zur Fraktions-/Gruppenstärke eine gewisse Redezeit zu.

Wenn nun die Fraktionsdisziplin faktisch aufgehoben ist, ist auch der seit der 10. Wahlperiode eingeübte Verteilungsschlüssel nicht mehr sinnvoll. In solchen Fällen weist der Bundestagspräsident zu Beginn des entsprechenden Tagesordnungspunktes auf die Sonderform der Ausspracheregelung hin: Bei der Debatte um die Verlegung des Sitzes von Bundestag und Bundesregierung 1991 wurde beispielsweise folgende Struktur festgelegt: zunächst 15-Minuten-Beiträge zur Begründung der vorliegenden fünf Anträge, dann zwei Stunden nach dem Verteilungsschlüssel entsprechend der Fraktionsstärke und anschließend Fortsetzung der Aussprache mit Fünf-Minutenbeiträgen für Rede und Gegenrede (12. WP, Sitzung vom 20. Juni 1991, S. 2735). Ähnlich wurde bei der Debatte zur Neuregelung des Schutzes des ungeborenen Lebens und des Schwangerschaftsabbruches 1992 (12. WP, 25. Juni 1992, S. 8223) oder bei der Verfassungsdebatte 1994 (12. WP, 30. Juni 1994, S. 20947) verfahren.

Eine vollständige Übersicht aller Beschlüsse des Bundestages, bei denen die Fraktionsdisziplin aufgehoben wurde, gibt es bisher nicht. Auch die nachfolgende Übersicht ist möglicherweise unvollständig:

Lfd.-Nr.	Datum der Abstimmung im Bundestag	Aufhebung der Fraktionsdisziplin für die Abstimmung bzw. das Gesetz:
1.	22. Februar 1962	Änderung des Wehrpflichtgesetzes
2.	25. März 1965	Verlängerung der Verjährungsfrist von NS-Verbrechen
3.	30. Mai 1968	Gesetzes zur Sicherung der rechtsstaatlichen Ordnung im Verteidigungsfall (Notstandsgesetzgebung) Fraktionsdisziplin in der SPD-Fraktion aufgehoben
4.	11. Dezember 1968	Finanzreformgesetz (20.-21. Gesetz zur Änderung des Grundgesetzes)
5.	25. April 1974	Fünftes Gesetz zur Reform des Strafrechts (Reform des § 218)

Lfd.-Nr.	Datum der Abstimmung im Bundestag	Aufhebung der Fraktionsdisziplin für die Abstimmung bzw. das Gesetz:
6.	3. Juli 1979	18.Strafrechtsänderungsgesetz (Unverjährbarkeit der Mordverbrechen der nationalsozialistischen Gewaltherrschaft)
7.	5. Juni 1987	Zwei namentliche Abstimmungen zum Umbau des Deutschen Bundestages (Wiederherstellung/Neubau des Plenarsaals)
8.	20. Juni 1991	Beschluss über den „Sitz des Deutschen Bundestages" der den Umzug von Bundestag und Teilen der Regierung von Bonn nach Berlin zur Folge hatte
9.	25. Juni 1992	Gesetz zum Schutz des vorgeburtlichen Lebens, zur Förderung einer kinderfreundlicheren Gesellschaft, für Hilfen im Schwangerschaftskonflikt und zur Regelung des Schwangerschaftsabbruchs
10.	25. Februar 1994	Entschließungsantrag „Verhüllter Reichstag – Projekt für Berlin" (Verhüllung des Reichstagsgebäudes durch *Christo* und *Jeanne-Claude*
11.	30. Juni 1994	Verfassungsdebatte
12.	25. Juni 1999	Errichtung eines Holocaust-Mahnmals in Berlin
13.	25. Juni 1997	Transplantationsgesetz
14.	5. April 2000	Realisierung des Kunstwerkes „Der Bevölkerung" von *Hans Haacke*
15.	25. April 2002	Stammzellgesetz
16.	4. Juli 2002	Wiedererrichtung des Berliner Schlosses als Humboldt-Forum
17.	11. April 2008	Gesetz zur Änderung des Stammzellgesetzes
18.	13. Mai 2009	Änderung des Schwangerschaftskonfliktgesetzes (sog. Spätabtreibung)
19.	18. Juni 2009	Drittes Gesetzes zur Änderung des Betreuungsrechts (Patientenverfügung)
20.	7. Juli 2011	Präimplantationsdiagnostik (PID)
21.	25. Mai 2012	Gesetz zur Regelung der Entscheidung im Transplantationsgesetz
22.	12. Dezember 2012	Gesetz über den Umgang der Personensorge bei einer Beschneidung des männlichen Kindes

Wie viele Fraktionsausschlüsse gab es?

Bisher gab es nur sechs Fraktionsausschlüsse. Der Ausschluss aus einer Bundestagsfraktion ist eine besondere Form der Disziplinierung, der sich ein Abgeordneter dadurch entziehen kann, indem er bevor es zum Ausschluss kommt, von selbst aus der Fraktion austritt. Das heißt jedoch nicht, dass alle Fraktionsaustritte die Vorwegnahme eines Ausschlusses sind.

Lfd.-Nr.	Datum des Fraktionsausschlusses	Abgeordneter	vormalige Fraktionszugehörigkeit	Bemerkungen
1	14. Dezember 1981	*Karl-Heinz Hansen*	SPD	gründete die Partei „Demokratischer Sozialismus"
2	27. Januar 1982	*Manfred Coppik*	SPD	
3	26. Januar 1988	*Thomas Wüppesahl*	DIE GRÜNEN	zuvor 1987 Parteiaustritt
4	13. September 1989	*Trude Unruh*	DIE GRÜNEN	
5	25. Mai 1993	*Rudolf Karl Krause*	CDU	
6	14. November 2003	*Martin Hohmann*	CDU	

Welche Rechte hat ein fraktionsloser Abgeordneter im Bundestag?

Es gibt im Bundestag immer wieder fraktionslose Abgeordnete. Entweder sind diese Abgeordneten aus ihrer Fraktion ausgeschieden, ohne sich einer neuen Fraktion anzuschließen, oder ein Wahlbewerber wurde über die Erststimme in den Bundestag gewählt (sog. Direktmandat), aber seine Partei scheiterte bei dieser Bundestagswahl an der 5 %-Hürde und konnte nicht in den Bundestag einziehen. Seit dem sog. Wüppesahl-Urteil des Bundesverfassungsgerichts vom 13. Juni 1989, hat ein fraktionsloser Abgeordneter im Bundestag grundsätzlich alle Rechte eines Abgeordneten, insbesondere auf Anwesenheit, auf Redebeiträge und auf Abstimmungsteilnahme. Er hat schließlich auch das Recht (mit Rede-, Antrags- und Abstimmungsrecht), in einem Ausschuss (nicht jedoch in einer Enquete-Kommission) mitarbeiten zu können. Hingegen kann er nicht im Ältestenrat mitwirken und hat kein Initiativrecht, das heißt, er kann keine Gesetzentwürfe und auch keine Vorlagen in den Bundestag einbringen; diese Rechte sind den Fraktionen vorbehalten. Eine Besserstellung hat ein fraktionsloser Abgeordneter gegenüber Fraktionsmitgliedern dadurch, dass er Redezeit im Plenum erhält, um seine Position darzulegen.

4. Die Mitglieder des Deutschen Bundestages

Wer kann Mitglied des Bundestages werden?

Gesetzlich vorgeschriebene Voraussetzungen für die Wahl zum Mitglied des Deutschen Bundestages sind:
- Mindestalter für die Wählbarkeit ist seit 1976 18 Jahre (1949-1969 lag es bei 25 Jahre; ab 1972 bei 21 Jahren).
- Deutsche Staatsangehörigkeit.

Nach dem Grundgesetz wirken die Parteien an der politischen Willensbildung mit. Die durch den Bundeswahlleiter zu einer Bundestagswahl zugelassenen Parteien benennen für die jeweiligen Bundesländer ihre Kandidaten. Sie stellen sogenannte Landeslisten zusammen, auf deren ersten Plätzen die Personen genannt werden, die unbedingt in den Bundestag hinein sollen. Denn die Hälfte aller Abgeordneten des Bundestages werden direkt in den Bundestag gewählt, die andere Hälfte der Sitze wird gemäß des Stimmenanteils der Zweitstimme von den auf der Landesliste befindlichen Personen vergeben.

Wie hoch ist die gesetzliche Zahl der Mitglieder des Bundestages?

Die gesetzliche Zahl der Mitglieder des Deutschen Bundestages in einer Wahlperiode hängt von verschiedenen Faktoren ab:
1. Zunächst sieht das geltende **Wahlgesetz** vor, wie viele Abgeordnete entweder nach Kreiswahlvorschlägen oder über die Landeslisten zu wählen sind.
   Gemäß Wahlgesetz zum ersten Bundestag vom 15. Juni 1949 waren **400** Abgeordnete zu wählen, Berlin entsandte **8** Abgeordnete. Noch während der 1. Wahlperiode, mit dem Änderungsgesetz vom 15. Januar 1952, erhöhte sich ab 1. Februar 1952 die Zahl der Berliner Abgeordneten von 8 auf **19**. Eine beträchtliche Erhöhung der Mitgliederzahl brachte das Wahlgesetz zum Zweiten Bundestag vom 8. Juli 1953: Ab der 2. Wahl-

periode bestand der Bundestag aus **484** Abgeordneten aus dem Bundesgebiet und aus **22** Berliner Abgeordneten. Diese Zahl der Berliner Abgeordneten ist seitdem konstant geblieben. Durch die Eingliederung des Saarlandes erhöhte sich indes noch in der 2. Wahlperiode ab 4. Januar 1957 die Zahl der Abgeordneten aus dem Bundesgebiet auf **494**.
Nach dem Wahlgesetz vom 7. Mai 1956 betrug für die 3. und 4. Wahlperiode die Zahl der im Bundesgebiet zu wählenden Abgeordneten **494**.
Zwischen der 5. und dem Beginn der 11. Wahlperiode war das Gesetz zur Änderung des Bundeswahlgesetzes vom 14. Februar 1964 maßgebend: Es sah **496** im Bundesgebiet zu wählende Abgeordnete vor sowie **22** Abgeordnete des Landes Berlin, die vom Abgeordnetenhaus von Berlin gewählt wurden.
Eine Änderung für den Beginn der 12. Wahlperiode hätte das Neunte Gesetz zur Änderung des Bundeswahlgesetzes vom 11. Juni 1990 gebracht, indem es die Direktwahl der Berliner Abgeordneten einführte und die bisherige Sonderregelung für die Wahl der 22 Berliner Abgeordneten aufhob; gleichzeitig sollte die Zahl der Abgeordneten im Deutschen Bundestag auf **512** gesenkt werden. Dieses Gesetz wäre praktisch wirksam geworden, wenn die Vereinigung Deutschlands erst nach der Wahl zum 12. Bundestag vollzogen worden wäre. Weil die umgekehrte Reihenfolge gewählt worden ist, wurde diese Novellierung des Bundeswahlgesetzes zunächst durch den deutsch-deutschen Einigungsvertrag vom 31. August 1990 und dann durch den Vertrag über die gesamtdeutsche Wahl überholt.
Das Gesetz zu dem Vertrag vom 31. August 1990 zwischen der Bundesrepublik Deutschland und der Deutschen Demokratischen Republik über die Herstellung der Einheit Deutschlands und der Vereinbarung vom 18. September 1990 (Einigungsvertragsgesetz) wirkte sich auf die Zahl der Abgeordneten insofern aus, als es in Artikel 42 die Entsendung von **144** Abgeordneten in den Deutschen Bundestag vorsah, die von der Volkskammer zu wählen waren und deren Mitgliedschaft im Bundestag mit dem Wirksamwerden des Beitritts der Deutschen Demokratischen Republik begann; das war am 3. Oktober 1990 der Fall.

Mit dem Gesetz zu dem Vertrag vom 3. August 1990 zur Vorbereitung und Durchführung der ersten gesamtdeutschen Wahl des Deutschen Bundestages zwischen der Bundesrepublik Deutschland und der Deutschen Demokratischen Republik sowie dem Änderungsvertrag vom 20. August 1990 erhöhte sich die Zahl der Abgeordneten des Deutschen Bundestages auf **656**.
Durch das Dreizehnte Gesetz zur Änderung des Bundeswahlgesetzes vom 15. November 1996 wurde die Zahl der Mitglieder des Deutschen Bundestages mit Beginn der 15. Wahlperiode auf **598** reduziert.

2. Diese in den Wahlgesetzen vorab festgelegte „gesetzliche Mitgliederzahl" kann sich um so genannte „**Überhangmandate**" erhöhen, falls eine Partei in den Wahlkreisen mehr Mandate errungen hat, als ihr nach dem Stimmenanteil zustehen.
3. Seit der 14. Wahlperiode wird aufgrund des Urteils des **Bundesverfassungsgerichtes vom 26. Februar 1998** ein ausgeschiedenes oder verstorbenes direkt gewähltes Mitglied des Deutschen Bundestages solange nicht durch Nachrücker von der Landesliste ersetzt, solange aus dem betreffenden Bundesland Überhangmandate für die betreffende Partei bestehen. Aufgrund dieser Regelung kann sich seit der 14. Wahlperiode – wenn es Überhangmandate gibt – die „gesetzliche Mitgliederzahl" im Laufe einer Wahlperiode verringern.
4. Die gesetzliche Mitgliederzahl verringert sich im Laufe einer Wahlperiode wiederum, wenn der Fall eintritt, dass einem Abgeordneten, der über die Landesliste gewählt wurde, als Folge eines Parteiverbots das **Mandat aberkannt** werden muss.
5. **Andere** im Wahlgesetz vorgesehene **Fälle**, wodurch sich ebenfalls die Mitgliederzahl verringern könnte, sind im Bundestag bisher nicht vorgekommen (beispielsweise, wenn auf einer Landesliste keine Listenbewerber mehr vorhanden sind und daher kein Abgeordneter nachrücken könnte oder wenn eine Wiederholungs- oder Ersatzwahl unterbleibt, weil innerhalb der nächsten sechs Wochen ohnehin ein neuer Bundestag gewählt werden würde).

Die gesetzliche Mitgliederzahl ist Grundlage für die exakte Berechnung beispielsweise von Mehrheiten, die bei Wahlen oder Abstimmungen erreicht werden müssen, oder bei der Feststellung bestimmter Teile der Gesamtzahl von Abgeordneten, wenn etwa „ein Viertel der Abgeordneten" die Einsetzung eines Untersuchungsausschusses verlangt.

Wahlperiode	Stand	MdB gemäß Wahlgesetz (bis 1990 ohne Berliner Abgeordnete)	zuzüglich Überhangmandate	abzüglich der Mandate, die nicht nachbesetzt werden gemäß BVerfG-Urteil vom 26.2.1998	abzüglich Mandatsaberkennung	Gesetzliche Mitgliederzahl ohne Berliner Abgeordnete	Gesetzliche Mitgliederzahl
1. WP 1949-1953	Beginn der WP	400	2			402	410
	ab 1.2.1952	400	2			402	421
	ab 23.10.1952	400	2		1	401	420
2. WP 1953-1957	Beginn der WP	484	3			487	509
	ab 4.1.1957	494	3			497	519
3. WP 1957-1961	gesamte WP	494	3			497	519
4. WP 1961-1965	gesamte WP	494	4			499	521
5. WP 1965-1969	gesamte WP	496	0			496	518
6. WP 1969-1972	gesamte WP	496	0			496	518
7. WP 1972-1976	gesamte WP	496	0			496	518

Wahlperiode	Stand	MdB gemäß Wahlgesetz (bis 1990 ohne Berliner Abgeordnete)	zuzüglich Überhangmandate	abzüglich der Mandate, die nicht nachbesetzt werden gemäß BVerfG-Urteil vom 26.2.1998	abzüglich Mandatsaberkennung	Gesetzliche Mitgliederzahl ohne Berliner Abgeordnete	Gesetzliche Mitgliederzahl
8. WP 1976-1980	gesamte WP	496	0			496	518
9. WP 1980-1983	gesamte WP	496	1			497	519
10. WP 1983-1987	gesamte WP	496	2			498	520
11. WP 1987-1990	Beginn der WP	496	1			497	519
	ab 3.10.1990[3]		1			–	663
12. WP 1990-1994	gesamte WP	656	6			–	662
13. WP 1994-1998	gesamte WP	656	16			–	672
14. WP 1998-2002	Beginn der WP	656	13			–	669
	ab 9.8.2000			1			668
	ab 7.6.2001			1			667
	ab 1.7.2001			1			666
	ab 13.9.2002			1			665

3 Am 3. Oktober 1990 kamen 144 Abgeordneten der 10. Volkskammer der DDR hinzu.

Wahlperiode	Stand	MdB gemäß Wahlgesetz (bis 1990 ohne Berliner Abgeordnete)	zuzüglich Überhangmandate	abzüglich der Mandate, die nicht nachbesetzt werden gemäß BVerfG-Urteil vom 26.2.1998	abzüglich Mandatsaberkennung	Gesetzliche Mitgliederzahl ohne Berliner Abgeordnete	Gesetzliche Mitgliederzahl
15. WP 2002-2005	Beginn der WP	598	5			–	603
	ab 17.4.2004			1			602
	ab 1.7.2004			1			601
16. WP 2005-2009	Beginn der WP	598	16			–	614
	ab 1.6.2007			1			613
	ab 25.2.2008			1			612
	ab 14.7.2009			1			611
17. WP 2009-	Beginn der WP	598	24			–	622
	ab 3.3.2011			1			621
	ab 28.5.2011			1			620

Was hatte es mit den Berliner Abgeordneten auf sich?

Das Stimmrecht der Berliner Abgeordneten war bis 1990 aufgrund des in Nummer 4 des Genehmigungsschreibens der Militärgouverneure zum Grundgesetz vom 12. Mai 1949 enthaltenen Vorbehalts eingeschränkt. Dieser Vorbehalt lautete: „Wir interpretieren den Inhalt der Art. 23 und 144 (2) des Grundgesetzes dahin, dass er die Annahme unseres früheren Ersuchens darstellt, demzufolge Berlin keine abstimmungsberechtigte Mitgliedschaft im Bundestag oder Bundesrat erhalten und auch nicht durch den Bund regiert werden wird, dass es jedoch eine beschränkte Anzahl Vertreter zur Teilnahme an den Sitzungen dieser gesetzgebenden Körperschaften benennen darf." Dieser alliierte Vorbehalt wurde durch die Artikel 2 und 6 des Deutschlandvertrages vom 26. Mai 1952 i. d. F. vom 23. Oktober 1954 (BGBl. 1955 II S. 305) und durch das Schreiben der drei Hohen Kommissare an den Bundeskanzler unter demselben Datum (BGBl. 1955 II S. 500) aufrecht erhalten. Erst mit der Entwicklung zur Vereinigung Deutschlands verzichteten die drei westlichen Alliierten mit Note vom 8. Juni 1990 auf wesentliche Teile des über 40 Jahre gültigen Vorbehalts.

Der bis 1990 geltende alliierte Vorbehalt hatte folgende praktische Konsequenzen: Da ihm zufolge „Berlin keine abstimmungsberechtigte Mitgliedschaft im Bundestag" erhalten hatte und auch nicht durch den Bund regiert werden durfte, wurde in ständiger Praxis bezüglich des Stimmrechts der Berliner Abgeordneten der Vorbehalt dahin interpretiert, dass er für alle rechtlich relevanten Abstimmungen gilt, die über den Bereich des Bundestages hinaus rechtliche Auswirkungen haben. Waren die Berliner Abgeordneten nicht stimmberechtigt, so wirkte sich dies je nach Art der Abstimmung unterschiedlich aus: Bei den Kanzlerwahlen wurde eine besondere Urne für die Stimmkarten der Berliner Abgeordneten aufgestellt. Ihre Stimmen wurden getrennt gezählt und das Ergebnis dieser Abstimmung gesondert bekannt gegeben. Bei der Zählung der Stimmen (dem sogenannten „Hammelsprung") blieben die Berliner Abgeordneten in aller Regel im Plenarsaal sitzen. Bei namentlichen Abstimmungen wurden die Voten der Berliner Abgeordneten getrennt erfasst und auch getrennt im stenographischen Sitzungsbericht ausgewiesen. Dazu erhielten die Abgeordneten aus der Bundesrepublik Stimmkarten, die an den Ecken abgerundet waren, während die Karten der Berliner eckig waren.

Weil die Berliner MdB auf Vorschlag der jeweiligen Fraktionen vom Berliner Abgeordnetenhaus bestimmt wurden, konnte es zu der bemerkenswerten Situation kommen, dass vor dem Mauerbau am 13. August 1961 zwei SPD-Politiker aus dem Ostteil der Stadt in den Bundestag entsandt wurden: Margarete Heise (Berlin-Hohenschönhausen) und Kurt Neubauer (Berlin-Friedrichshain).

Welches sind die häufigsten Vornamen der Abgeordneten?

Vornamen sagen nichts, zumindest nichts Genaues aus über seinen Namensträger. Dennoch gilt der Spruch: „Nomen est Omen". Unbewusst ziehen wir Schlüsse selbst über Menschen, die wir nicht kennen, wenn wir ihren Vornamen hören. Wer heute zum Beispiel Elfriede oder Werner heißt, wird schon älter sein. Mit Julia und Kevin bringt man jüngere Menschen in Verbindung. Mit dem Vornamen verbinden wir zumindest vage Vorstellungen über Alter, Attraktivität, Intelligenz, Herkunft und Religiosität der Namensträger. Besonders die Namenskunde versucht die kulturellen und zeitbedingten Bestimmungsgründe bei der Vergabe von Vornamen zu enträtseln. So gilt für die letzten 100 Jahre: Der Anteil der Vornamen, die von den Eltern an die Kinder weitergegeben wurden, nahm deutlich ab. Ebenso nahmen die Vornamen christlichen Ursprungs stark ab. Dagegen hat der Anteil der Vornamen aus anderen als dem christlich-deutschen Kulturkreis deutlich zugenommen. Ebenso könnte aus dem Vornamen grob auf die soziale Herkunft geschlossen werden. Neue Namen, die z. B. von den oberen Schichten eingeführt werden, werden über die Zeit von den unteren Schichten übernommen. Vornamen stellen eine der Möglichkeiten dar, um soziale Zuordnung und soziale Abschließung hervorzubringen oder zu verdeutlichen. Entsprechend den mehrheitlich frühen Geburtsjahren (bis zurück ins 19. Jahrhundert) dominieren in dem folgenden Top-Ranking klar die traditionalen Vornamensgebungen.

Rang	Häufigsten **weiblichen** Vornamen bzw. Vornamengruppen	Anzahl	Häufigsten **männlichen** Vornamen bzw. Vornamengruppen	Anzahl
1	Maria (Marie, Marianne, Maritta, Marita, Marina, Marion, Heidemarie, Rosemarie, Marieluise)	46	Hans (Hansgeorg, Hansheinrich, Hansheinz, Hansjoachim, Hansjörg, Hansmartin)	163
2	Christa (Krista, Christine, Christina, Christiane, Christel, Kristin, Kristina)	26	Karl (Carl, Carlo)	134
3	Anne (Anna, Annemarie, Annette, Annegret)	21	Heinrich / Heinz	131

Rang	Häufigsten **weiblichen** Vornamen bzw. Vornamengruppen	Anzahl	Häufigsten **männlichen** Vornamen bzw. Vornamengruppen	Anzahl
4	Ursula	14	Wilhelm (Willy, Willi, Willfried, Willibald)	95
5	Elisabeth Ute Petra	je 12	Peter	81
6	Sabine	11	Josef (Joseph) Klaus (Claus)	je 73
7	Gabriele	10	Wolfgang (Wolf, Wolfram)	71
8	Angelika Brigitte Ingrid Monika Renate	je 9	Hermann	69
9	Luise Eva (Evelin, Evelyn)	je 8	Franz	59

Wie hoch ist der Frauenanteil im Bundestag?

In der folgenden Übersicht sind statistische Angaben zu den weiblichen Mitgliedern des Deutschen Bundestages zusammengefasst. Der Statistik ist zu entnehmen, dass in der 15. Wahlperiode (2002) prozentual als auch in absoluten Zahlen der Anteil der weiblichen Abgeordneten am höchsten war. Innerhalb der Fraktionen haben den höchsten Anteil an weiblichen Abgeordneten die Grünen und die PDS bzw. DIE LINKE. zu verzeichnen.

	1. WP 1949-1953	2. WP 1953-1957	3. WP 1957-1961	4. WP 1961-1965	5. WP 1965-1969	6. WP 1969-1972	7. WP 1972-1976	8. WP 1976-1980
Durchschnittsalter der MdB (zu Beginn der WP)								
– aller MdB	50,0	50,9	51,8	52,3	50,9	49,0	46,6	47,3
– der männlichen MdB	50,0	50,9	51,6	52,1	50,7	48,7	46,4	47,2
– der weiblichen MdB	50,3	51,4	53,9	54,8	54,1	53,0	49,6	48,0

	1. WP 1949-1953	2. WP 1953-1957	3. WP 1957-1961	4. WP 1961-1965	5. WP 1965-1969	6. WP 1969-1972	7. WP 1972-1976	8. WP 1976-1980
Zahl der weiblichen MdB								
– zu Beginn der WP (absolut)	28	45	48	43	36	34	30	38
– am Ende der WP (absolut)	38	52	49	49	41	32	36	41
– zu Beginn der WP (in %)	6,8	8,8	9,2	8,3	6,9	6,6	5,8	7,3
– am Ende der WP (in %)	9,0	10,0	9,4	9,4	7,9	6,2	6,9	7,9
Zahl der weiblichen MdB unterteilt in Fraktionen und Gruppen (Beginn der WP)								
– CDU/CSU (absolut)	11	19	22	18	15	14	15	19
– SPD (absolut)	13	21	22	21	19	18	13	15
– FDP (absolut)	0	3	3	4	2	2	2	4
– DP (absolut)	1	0	1					
– Zentrum (absolut)	2							
– WAV (absolut)	0							
– BP (absolut)	0							
– KPD (absolut)	1							
– GB/BHE (absolut)		2						
– GRÜNE bzw. ab. 13. WP: BÜNDNIS 90/DIE GRÜNEN (absolut)								
– PDS/LL bzw. PDS bzw. in der 16. WP DIE LINKE. (absolut)								

	1. WP 1949-1953	2. WP 1953-1957	3. WP 1957-1961	4. WP 1961-1965	5. WP 1965-1969	6. WP 1969-1972	7. WP 1972-1976	8. WP 1976-1980
Zahl der weiblichen MdB unterteilt in Fraktionen und Gruppen (Beginn der WP)								
– CDU/CSU (in %)	7,7	7,6	7,9	7,2	6,0	5,6	6,4	7,5
– SPD (in %)	9,6	13,0	12,2	10,3	8,8	7,6	5,4	6,7
– FDP (in %)	0,0	5,7	7,0	6,0	4,0	6,5	4,8	10,0
– DP (in %)	5,9	0,0	5,9					
– Zentrum (in %)	20,0							
– WAV (in %)	0,0							
– BP (in %)	0,0							
– KPD (in %)	6,7							
– GB/BHE (in %)		7,4						
– GRÜNE bzw. ab 13. WP: Bündnis 90/Die Grünen (in %)								
– PDS/LL bzw. PDS bzw. in der 16. WP DIE LINKE. (in %)								

	9. WP 1980-1983	10. WP 1983-1987	11. WP 1987-1990	12. WP 1990-1994	13. WP 1994-1998	14. WP 1998-2002	15. WP 2002-2005	16. WP 2005-2009	17. WP 2009-
Durchschnittsalter (zu Beginn der WP)									
– aller MdB	47,0	48,1	49,3	48,7	49,1	49,9	49,2	49,4	49,3
– der männlichen MdB	47,0	48,3	49,9	49,5	50,0	50,9	50,1	49,9	49,4
– der weiblichen MdB	47,3	46,3	46,0	45,7	46,7	47,6	47,4	48,2	49,2
Zahl der weiblichen MdB									
– zu Beginn der WP (absolut)	44	51	80	136	176	207	196	195	204

	9. WP 1980-1983	10. WP 1983-1987	11. WP 1987-1990	12. WP 1990-1994	13. WP 1994-1998	14. WP 1998-2002	15. WP 2002-2005	16. WP 2005-2009	17. WP 2009-
– am Ende der WP (absolut)	45	52	118[4]	143	181	211	204	198	
– zu Beginn der WP (in %)	8,5	9,8	15,4	20,5	26,2	30,9	32,5	31,8	32,8
– am Ende der WP (in %)	8,7	10,0	17,8	21,6	26,9	31,7	33,9	32,2	
Zahl der weiblichen MdB unterteilt in Fraktionen und Gruppen (Beginn der WP)									
– CDU/CSU (absolut)	18	17	18	44	41	45	57	45	48
– SPD (absolut)	19	21	31	65	85	105	95	80	56
– FDP (absolut)	7	3	6	16	8	9	10	15	23
– DP (absolut)									
– Zentrum (absolut)									
– WAV (absolut)									
– BP (absolut)									
– KPD (absolut)									
– GB/BHE (absolut)									
– GRÜNE bzw. ab 13. WP: BÜNDNIS 90/DIE GRÜNEN (absolut)		10	25	3	29	27	32	29	37

---

4 In diesen Zahlen sind die 144 zusätzlichen Abgeordneten berücksichtigt, die von der Volkskammer der DDR mit Wirkung vom 3. Oktober 1990 in den Deutschen Bundestag gewählt worden sind.

	9. WP 1980-1983	10. WP 1983-1987	11. WP 1987-1990	12. WP 1990-1994	13. WP 1994-1998	14. WP 1998-2002	15. WP 2002-2005	16. WP 2005-2009	17. WP 2009-
– PDS/LL bzw. PDS bzw. in der 16. WP DIE LINKE. (absolut)				8	13	21	2	26	40

	9. WP 1980-1983	10. WP 1983-1987	11. WP 1987-1990	12. WP 1990-1994	13. WP 1994-1998	14. WP 1998-2002	15. WP 2002-2005	16. WP 2005-2009	17. WP 2009-
Zahl der weiblichen MdB unterteilt in Fraktionen und Gruppen (Beginn der WP)									
– CDU/CSU (in %)	7,6	6,7	7,7	13,8	13,9	18,4	23,0	19,9	20,1
– SPD (in %)	8,3	10,4	16,1	27,2	33,7	35,2	37,9	36,0	38,4
– FDP (in %)	13,0	8,6	12,5	20,3	17,0	20,9	21,3	24,6	24,7
– DP (in %)									
– Zentrum (in %)									
– WAV (in %)									
– BP (in %)									
– KPD (in %)									
– GB/BHE (in %)									
– GRÜNE bzw. ab. 13. WP: BÜNDNIS 90/ DIE GRÜNEN (in %)		35,7	56,8	37,5	59,2	57,4	58,2	56,9	54,4
– PDS/LL bzw. PDS bzw. in der 16. WP: DIE LINKE. (in %)				47,1	43,3	58,3	100,0	48,1	52,6

Wie hoch ist der Frauenanteil im Bundestag im Vergleich zu den Parlamenten in der Europäischen Union (EU)?

Im Vergleich mit den Parlamenten der EU ist der Anteil der Frauen im Deutschen Bundestag, dem drittgrößten Parlament in der EU, mit 32,8 % verhältnismäßig hoch. Den höchsten Frauenanteil in seinem Parlament hat zurzeit Schweden (44,7 %), den niedrigsten Malta (8,7 %).

Land	Wahljahr	Sitze in den Parlamenten der EU		
		Gesamt	Anteil der Frauen in absoluten Zahlen	Anteil der Frauen in %
Schweden	2010	349	156	44,7
Finnland	2011	200	85	42,5
Dänemark	2011	179	70	39,1
Niederlande	2012	150	58	38,7
Belgien	2010	150	57	38,0
Spanien	2011	350	126	36,0
Deutschland	2009	622	204	32,8
Slowenien	2011	90	29	32,2
Portugal	2011	230	66	28,7
Österreich	2008	183	51	27,9
Frankreich	2012	577	155	26,9
Luxemburg	2009	60	15	25,0
Polen	2011	460	109	23,7
Lettland	2011	100	23	23,0
Vereinigtes Königreich	2010	650	145	22,3
Tschechische Republik	2010	200	44	22,0
Italien	2008	630	136	21,6
Griechenland	2012	300	63	21,0
Bulgarien	2009	240	50	20,8
Estland	2011	101	20	19,8
Litauen	2008	141	27	19,1
Slowakei	2012	150	26	17,3

Land	Wahljahr	Sitze in den Parlamenten der EU		
		Gesamt	Anteil der Frauen in absoluten Zahlen	Anteil der Frauen in %
Irland	2011	166	25	15,1
Rumänien	2008	330	37	11,2
Zypern	2011	56	6	10,7
Ungarn	2010	386	34	8,8
Malta	2008	69	6	8,7

Wie hoch ist der Altersdurchschnitt im Bundestag?

Während der ersten sechs Wahlperioden lag der Altersdurchschnitt der Abgeordneten bei 50 und mehr Jahren, während in der 7. bis 10. WP der Altersdurchschnitt zwischen 46 bis 48 Jahren lag. Danach pendelte sich der Altersdurchschnitt auf etwa 49 Jahre ein. Bis zur 8. Wahlperiode war das Alter der Frauen im Durchschnitt höher als das der Männer. Danach war es genau umgekehrt. Das bedeutet, dass sich Frauen inzwischen grundsätzlich in jüngeren Jahren für den Bundestag qualifizieren als Männer.

Altersdurchschnitt der Abgeordneten zu Beginn einer Wahlperiode			
Wahlperiode	Durchschnittsalter aller MdB in Jahren	Durchschnittsalter aller männlicher MdB in Jahren	Durchschnittsalter aller weiblichen MdB in Jahren
1. (1949)	50,0	50,0	50,3
2. (1953)	50.9	50,9	51,4
3. (1957)	51,8	51,6	53,9
4. (1961)	52,3	52,1	54,8
5. (1965)	50,9	50,7	54,1
6. (1969)	49,0	48,7	53,0
7. (1972)	46,6	46,4	49,6
8. (1976)	47,3	47,2	48,0
9. (1980)	47,0	47,0	47,3
10. (1983)	48,1	48,3	46,3
11. (1987)	49,3	49,9	46,0
12. (1990)	48,7	49,5	45,7

Altersdurchschnitt der Abgeordneten zu Beginn einer Wahlperiode			
Wahlperiode	Durchschnittsalter aller MdB in Jahren	Durchschnittsalter aller männlicher MdB in Jahren	Durchschnittsalter aller weiblichen MdB in Jahren
13. (1994)	49,1	50,0	46,7
14. (1998)	49,9	50,9	47,6
15. (2002)	49,2	50,1	47,4
16. (2005)	49,4	49,9	48,2
17. (2009)	49,3	49,4	49,2

Welcher Abgeordnete gehörte am längsten dem Bundestag an?

Richard Stücklen (CDU/CSU), der spätere Präsident und Vizepräsident des Bundestages, ist der Abgeordnete mit der längsten Mandatsdauer. Er war vom 7. September 1949 bis zum 20. Oktober 1990, Mitglied des Bundestages. Das sind 41 Jahre, 1 Monat und 13 Tage oder auch insgesamt 14 961 Tage. – Diese lange Mandatsdauer wurde im Reichstag nur vom Sozialdemokraten *August Bebel* übertroffen, der von 1871 bis zu seinem Tode 1913, also 42 Jahre lang Abgeordneter in der Kaiserzeit war. Übrigens: Der hessische Minister- bzw. Staatspräsidenten in der Weimarer Republik *Carl Ulrich* (SPD) war von 1885-1918 sowie 1919-1931 im Landtag Hessen und zeitweise auch gleichzeitig im Reichstag. Er war über 45 Jahre lang Abgeordneter und hatte damit die längste Mandatsdauer unter den deutschen Abgeordneten erreicht.

Welcher Abgeordnete kann auf die kürzeste Mandatszeit zurück blicken?

Joachim Gauck, Mitglied der Fraktion BÜNDNIS 90/DIE GRÜNEN, wurde durch den Beitritt der DDR am 3. Oktober 1990 mit 143 weiteren Abgeordneten der frei gewählten Volkskammer der DDR Mitglied des Deutschen Bundestages. Er reichte bereits einen Tag später, am 4. Oktober 1990 seinen Mandatsrücktritt ein, weil er auf Vorschlag der Volkskammer der DDR „Sonderbeauftragter der Bundesregierung für die personenbezogenen Unterlagen des ehemaligen Staatssicherheitsdienstes der DDR" wurde (später: „Beauftragter für die Unterlagen des Staatssicherheitsdienstes der ehemaligen Deutschen Demokratischen Republik"; wegen ihres umständlichen Titels kurz „*Gauck*-Behörde" genannte). Der Tag der beginnenden Mitgliedschaft und der Tag des Ausscheidens werden jeweils als ein Tag berechnet, demnach war *Gauck* insgesamt zwei Tage Mitglied des Deutschen Bundestages.

Welcher Abgeordnete verließ als erster den 1949 konstituierten 1. Deutschen Bundestag?

Der Württembergische FDP-Abgeordnete *Theodor Heuss* verließ als erstes den Bundestag. Nachdem *Heuss*, der zuvor auch Mitglied des Parlamentarischen Rates in Bonn war, am 7. September 1949 Mitglied des Bundestages wurde, wählte ihn die Bundesversammlung schon am 15. September 1949 nach nur achttägiger Mitgliedschaft im Bundestag zum Bundespräsidenten.

Wer war jüngste/r Abgeordnete?

Bislang jüngste Abgeordnete im Deutschen Bundestag war *Anna Lührmann* (BÜNDNIS 90/DIE GRÜNEN). Sie wurde am 14. Juni 1983 geboren und am 22. September 2002 im Alter von 19 Jahren in den Bundestag gewählt, dem sie seit der 15. Wahlperiode am 17. Oktober 2002 angehört.

Wer war älteste/r Abgeordneter?

Bislang der älteste in den Bundestag gewählte Abgeordnete war *Konrad Adenauer* (CDU). Er wurde am 5. Januar 1876 geboren und am 19. September 1965 im Alter von 89 zum fünften Mal in den Deutschen Bundestag gewählt, dem er bis zu seinem Tod am 19. April 1967 im Alter von 91 Jahren angehörte.

Wie lange ist ein Abgeordneter im Durchschnitt Mitglied des Bundestages?

Im Durchschnitt verbringt ein Abgeordneter neun bis zehn Jahre im Deutschen Bundestag, also etwas länger als zwei Wahlperioden.

Naturgemäß ist die durchschnittliche Mandatsdauer zu Beginn einer Wahlperiode kürzer als am Ende einer Wahlperiode. Im Einzelnen verteilte sich die durchschnittliche Mandatsdauer folgendermaßen:

Durchschnittliche Mandatsdauer eines Abgeordneten zu Beginn und am Ende einer Wahlperiode		
Wahlperiode	Durchschnittliche Mandatsdauer zu Beginn der WP in Jahren	Durchschnittliche Mandatsdauer am Ende der WP in Jahren
1. (1949-1953)		3,70
2. (1953-1957)	1,94	5,59
3. (1957-1961)	4,03	7,66
4. (1961-1965)	5,73	8,89
5. (1965-1969)	6,60	10,01
6. (1969-1972)	5,41	8,84
7. (1972-1976)	5,56	9,08
8. (1976-1980)	6,70	9,96
9. (1980-1983)	6,82	8,70
10. (1983-1987)	7,17	10,52
11. (1987-1990)	8,17	9,05
12. (1990-1994)	6,17	9,65
13. (1994-1998)	6,13	9,86
14. (1998-2002)	6,85	10,65
15. (2002-2005)	6,93	9,58
16. (2005-2009)	6,85	10,59
17. (2009-)	6,87	

Aus welchen Gründen scheidet ein Abgeordneter aus dem Bundestag aus?

Ein Abgeordneter scheidet aus vier Gründen aus dem Bundestag aus (Stand: Oktober 2007):
1. Wenn er nach Ablauf einer Wahlperiode nicht mehr kandidiert, das ist die häufigste Art, aus dem Bundestag auszuscheiden, oder wenn er bei einer Bundestagswahl nicht wieder gewählt wird.

2. Wenn er sein Mandat während einer Wahlperiode niederlegt (seit 1949 in 361 Fällen).
3. Wenn er stirbt (seit 1949 in 203 Fällen).
4. Wenn ihm sein Mandat aberkannt wird (seit 1949 in 2 Fällen).

Wie viele Nachrücker kamen in den Bundestag?

Wenn ein Abgeordneter vor Ablauf einer Wahlperiode aus dem Bundestag ausscheidet, erhält er über die Landeslisten in der Regel einen Nachrücker. Insgesamt wurde bis zum Mai 2008 im Bundestag 767 Mal nachgerückt. 39 Abgeordnete erlangten zweimal als Nachrücker ein Bundestagsmandat. Vier Abgeordneten der CDU/CSU-Fraktion zogen sogar drei Mal als Nachrücker in den Bundestag ein:
1. *Honor Funk* (1981, 1985 und 1988),
2. *Marion Seib* (1996, 2002 und 2007),
3. *Helmut Lamp* (2000, 2003 und 2007) und
4. *Mattias Strebl* (1995, 1999 und 2008).

Wie viele Abgeordnete gab es seit 1949?

Wenn ein Abgeordneter im Durchschnitt etwas mehr als zwei Wahlperioden dem Bundestag angehört, dann drängt sich die Frage auf, wie viele Abgeordnete es seit Bestehen des Deutschen Bundestages je gab.

Zahl der Abgeordneten		insgesamt	davon Frauen[5]	Männer
7.9.1949 – 31.12.2010		3555	672	2883
Davon:	Bis zum 31.12.2010 verstorbene Abgeordnete	1518	128	1390
	Ehemalige Abgeordnete, die am 31.12.2010 noch leben	1415	338	1077
	Abgeordnete im Bundestag am 31.12.2010	622	206	416

5 Hierin eingeschlossen: Abgeordnete *Schenk*, die 2006 die gerichtliche Vornamensänderung von *Christina* in *Christian* erwirkte.

Welche Schulbildung haben die Abgeordneten?

Ein Blick auf die Statistik zur Schulbildung der Abgeordneten zeigt, dass seit Bestehen des Bundestages der Akademisierungsgrad der Abgeordneten zugenommen hat. Gleichzeitig hat aber auch die Anzahl der Abgeordneten zugenommen, die keine Angaben zu ihrer Schulbildung machen.

	Schulbildung										
Wahlperiode	Volks- und Hauptschule		Mittel- und Realschule		Gymnasium/ Höhere Schule		Berufsfach- schule		Abschluss ohne Hoch- schulstudium		Ohne Anga- ben
	Anzahl	%	Anzahl	%	Anzahl	%	Anzahl	%	Anzahl	%	Anzahl
1. WP 1949-1953	164	40,8	32	7,9	206	51,2			220	54,7	0
2. WP 1953-1957	112	22,0	46	9,0	279	54,8			285	56,0	72
3. WP 1957-1961	114	22,0	21	4,0	335	64,5			250	48,2	49
4. WP 1961-1965	128	24,6	24	4,6	336	64,5			221	42,4	33
5. WP 1965-1969	75	14,5	32	6,2	322	62,2	69	13,3	228	44,0	20
6. WP 1969-1972	19	3,7	27	5,2	357	68,9	109	21,0	187	36,1	6
7. WP 1972-1976	33	6,4	29	5,6	377	72,8	75	14,5	168	32,5	4
8. WP 1976-1980	15	2,9	41	7,9	366	70,7	91	17,6	154	29,7	5
9. WP 1980-1983	38	7,3	65	12,5	353	68,0	51	9,8	154	29,7	12
10. WP 1983-1987	45	8,7	47	9,0	364	70,0	47	9,0	91	17,5	17
11. WP 1987-1990	4	0,8	36	6,9	365	70,3	102	19,7	148	28,5	12
12. WP 1990-1994	62	9,4	76	11,5	481	72,7	12	1,8	146	22,1	31
13. WP 1994-1998	57	8,5	101	15,0	478	71,1	4	0,6	155	23,1	32
14. WP 1998-2002	47	7,0	105	15,7	483	72,2	11	1,6	133	19,8	23

Wahlperiode	Schulbildung										
	Volks- und Hauptschule		Mittel- und Realschule		Gymnasium/ Höhere Schule		Berufsfach- schule		Abschluss ohne Hoch- schulstudium		Ohne Anga- ben
	An- zahl	%	An- zahl	%	An- zahl	%	An- zahl	%	An- zahl	%	An- zahl
15. WP 2002-2005	12	2,0	84	13,9	422	70,0	34	5,6	80	13,3	30
16. WP 2005-2009	11	1,8	68	11,1	440	71,7	27	4,4	117	19,1	68
17. WP seit 2009	12	1,9	57	9,2	496	79,7	16	2,6			41

Welcher Konfession oder Religion gehören die Abgeordneten an?

Die Konfessions- und Religionsstatistik weist manche Besonderheiten auf:

Längst nicht alle Abgeordneten bekennen sich öffentlich zu einer Glaubenszugehörigkeit.

- War im Bundestag bis zur Wiedervereinigung die Zahl der katholischen Abgeordneten immer leicht höher gegenüber den evangelischen Abgeordneten, so hat sich das Verhältnis seit der Wiedervereinigung (seit der 12. Wahlperiode) umgekehrt.
- Seit der 11. Wahlperiode gibt es auch muslimische Abgeordnete.

Konfession und Religionszugehörigkeit der Abgeordneten								
Wahlperiode	Katho- lisch	Evange- lisch	Sonst. Kon- fession/ Religion	Konfes- sionslos	Islam	Atheist	ohne Anga- be	MdB insge- samt
1. WP 1949-1953								410
2. WP 1953-1957	164	148	6				191	509
3. WP 1957-1961	190	186	3				140	519
4. WP 1961-1965	173	154	1				193	521
5. WP 1965-1969	192	177	1				148	518

Konfession und Religionszugehörigkeit der Abgeordneten							
Wahlperiode	Katho-lisch	Evange-lisch	Sonst. Kon-fession/ Religion	Konfes-sionslos	Islam	Atheist	ohne Anga-be	MdB insge-samt
6. WP 1969-1972	188	173	2				155	518
7. WP 1972-1976	170	165	1	1			181	518
8. WP 1976-1980	193	166		1			158	518
9. WP 1980-1983	189	169		1			160	519
10. WP 1983-1987	191	172		1			156	520
11. WP 1987-1990	181	177	1	3		1	156	519
12. WP 1990-1994	217	249	2	3		1	190	662
13. WP 1994-1998	212	224	2	8		1	225	672
14. WP 1998-2002	202	221	1	18	1	3	223	669
15. WP 2002-2005	194	216		11	2	1	179	603
16. WP 2005-2009	179	209		28	3	1	194	614
17. WP seit 2009	190	177		27	3	2	223	622

Gab es jüdische Abgeordnete?

Der Statistik zufolge, die auf Selbstangaben der Abgeordneten für das „Amtliche Handbuch des Deutschen Bundestages" basiert, gab es bislang keine jüdischen Abgeordneten. Immerhin sind jedoch drei jüdische Abgeordnete aus den ersten Wahlperioden des Deutschen Bundestages bekannt, die alle der SPD angehörten:

1. *Jakob Altmeier* (1889-1963), von 1949-1963 Mitglied des Deutschen Bundestages. Während der NS-Zeit emigrierte er aus Deutschland.
2. *Peter Blachstein* (1911-1977), der schon im Mai 1933 verhaftet worden und bis 1934 im Konzentrationslager Hohnstein gefan-

gen genommen war. Er emigrierte 1936 aus Deutschland und war 1937/38 in Gefangenschaft der stalinistischen Partido Comunista de España (Kommunistische Partei Spaniens). Er floh 1938 über Frankreich nach Norwegen und kehrte 1947 nach Deutschland zurück. *Blachstein* gehörte dem Deutschen Bundestag von 1949-1968 an. 1968/69 war er Botschafter der Bundesrepublik Deutschland in Belgrad (Jugoslawien).
3. *Jeanette Wolff*, geb. *Cohen* (1888-1976). Zwei Töchter und ihr Ehemann kamen durch die Hand der Nationalsozialisten um. *Jeanette Wolff* und ihre zweitälteste Tochter konnten nach Inhaftierung und Deportation in verschiedene Konzentrationslager 1945 von der Roten Armee aus dem Konzentrationslager Stutthof/Danzig befreit werden. *Wolff*s Lebenserinnerungen erschienen 1947 unter dem Titel „Sadismus oder Wahnsinn" (Greiz in Thüringen) und wurde 1980 unter dem Titel „Mit Bibel und Bebel" erneut publiziert. *Wolff* war von 1952- 1961 Mitglied des Deutschen Bundestages.

Gibt es Abgeordnete mit Doppelpass?

Nach dem Staatsangehörigkeitsgesetz (StAG) ist „Mehrstaatigkeit" eines Deutschen möglich. Das „Amtliche Handbuch des Deutschen Bundestages" führt Mitglieder des Deutschen Bundestages mit einem Doppelpass nicht eigens auf. Zu einer Mehrstaatigkeit hat sich bisher nur der Abgeordnete *Omid Nouripour* (BÜNDNIS 90/DIE GRÜNEN) bekannt. Auf seiner Internetseite steht: „Staatsangehörigkeit: Iraner und seit Juli 2002 Deutscher". Grund für die Mehrstaatigkeit ist, dass nach iranischem Recht die Staatsangehörigkeit nicht gewechselt werden kann.

Wie viele Bürger vertritt im Durchschnitt ein Abgeordneter im Bundestag und anderen europäischen Parlamenten?

Nachdem erstmals der 1. Deutsche Bundestag die Anzahl der Abgeordneten um rund hundert Abgeordnete erhöht hatte, ist die Rede davon, dass es zu viele Abgeordnete gäbe. Verschiedentlich haben sich Reformkommissionen und Gremien des Bundestages darum bemüht, den Bundestag zu verkleinern. Insbesondere seit der Wiedervereinigung 1990 war die Verkleinerung des Bundestages unausweichlich geworden. Mit 598 Abgeordneten sowie zusätzlich mancher Überhangmandate ist der Bundestag nach Italien und Großbritannien zwar das drittgrößte Parlament innerhalb der Europäischen Union, doch sieht man genauer hin, wie viele Einwohner statistisch gesehen auf einen Abgeordnete kommen, so ist die Zahl der Einwohner im Verhältnis zu den Abgeordneten in Deutschland mit 134 264 Einwohnern pro Abgeordneter am höchsten. Zum Vergleich: In Malta und in Luxemburg entfallen auf einen Abgeordneten weniger als 10 000 Einwohner.

Staat	Bevölkerung am 1. Januar 2006	Anzahl der Mandate im Parlament im Jahre 2006	Im Durchschnitt vertritt ein Abgeordneter ... Einwohner
Belgien	10 511 382	150	70 076
Bulgarien	7 718 750	240	32 161
Dänemark	5 427 459	179	30 321
Deutschland	82 437 995	614	134 264
Estland	1 344 684	101	13 314
Finnland	5 255 580	200	26 278
Frankreich	62 998 773	577	109 183
Griechenland	11 125 179	300	37 084
Irland	4 209 019	166	25 356
Italien	58 751 711	630	93 257
Lettland	2 294 590	100	22 946
Litauen	3 403 284	141	24 137
Luxemburg	469 086	60	7 818
Malta	405 006	65	6 231
Niederlande	16 334 210	150	108 895
Österreich	8 265 925	183	45 169
Polen	38 157 055	460	82 950
Portugal	10 569 592	230	45 955
Rumänien	21 610 213	331	65 288
Schweden	9 047 752	349	25 925

Staat	Bevölkerung am 1. Januar 2006	Anzahl der Mandate im Parlament im Jahre 2006	Im Durchschnitt vertritt ein Abgeordneter … Einwohner
Slowakei	5 389 180	150	35 928
Slowenien	2 003 358	90	22 260
Spanien	43 758 250	350	125 024
Tschechische Republik	10 251 079	200	51 255
Ungarn	10 076 581	386	26 105
Vereinigtes Königreich	60 393 100	646	93 488
Zypern	766 414	56	13 686

Warum entspricht die Zusammensetzung des Bundestages nicht der sozialen Zusammensetzung der Bevölkerung?

Die Zusammensetzung der Bundestagsabgeordneten spiegelt weder nach Beruf noch nach Alter, noch nach Geschlecht die Verteilung in der Bevölkerung auch nur annähernd wider. Diese Antwort gilt für alle modernen Parlamente in westlichen Demokratien und lässt sich parlamentssoziologisch gut begründen. Aber diese Antwort stößt meist in der Bevölkerung auf grundsätzliche Demokratiekritik, da die Bürgerinnen und Bürger sich durch die professionalisierten Parlamente sozial nicht repräsentiert sehen.

Seit den frühesten Anfängen des modernen Parlamentarismus wird darüber diskutiert, in welchem Ausmaß die Repräsentanten an den Willen der zu Repräsentierenden gebunden sind. Dabei wird besonders häufig die Forderung gestellt, dass die Zusammensetzung des Parlaments der sozialen Zusammensetzung der Bevölkerung entsprechen soll. Die geforderte „Spiegelbildlichkeit" wird vor allem an der Berufsstruktur der Abgeordneten festgemacht.

Der „Beruf" als sozialstatistisches Hintergrundmerkmal beruht auf der impliziten Annahme, dass die Verortung einer Person im sozialen Gefüge einer Gesellschaft vor allem durch die in einer arbeitsteiligen Gesellschaft spezifische Erwerbstätigkeit gegeben ist. Dabei wird ein Zusammenhang zwischen dem sozio-ökonomischen Status von Parlamentariern und den von ihnen vertretenen politischen Interessen gesehen. Das Parlament sollte daher ein Spiegelbild der Gesellschaft und damit ein möglichst genaues Abbild der Sozialstruktur der Bevölkerung sein. Diese demokratietheoretische Idealvorstellung lässt sich aber in der parlamentarischen Praxis nicht verwirklichen und wäre zudem – im Sinne einer effektiven Parlamentsarbeit – wenig tauglich.

Offensichtlich fühlen sich aber die Angehörigen einer sozialen Gruppe auch heute noch mit ihren Interessen am besten aufgehoben, wenn einer „der Ihren" sie bei Entscheidungen vertreten kann. Doch die Menschen in modernen Gesellschaften werden nicht nur von einem einzigen Interesse geleitet, gehören nicht nur zu einer einzigen Gruppe. Früher entschied in allererster Linie die Herkunft, beispielsweise aus einer Arbeiterfamilie oder aus dem katholischen Milieu, über die sozialen und ökonomischen Lebenschancen eines Individuums. Dies prägte die grundlegenden und meist auch seine aktuellen politischen Ansichten. Heute ist jeder einzelne Bürger Träger vielfältiger, unterschiedlichster Interessen, die sich zudem im Laufe des Lebens verändern und oft in Widerspruch zueinander stehen.

Soziale Repräsentativität ist daher nur um den Preis unangemessener Vereinfachungen zu erreichen. Zudem hat das Parlament den Interessenausgleich zu leisten. Verstünden sich seine Mitglieder lediglich als gebundene Vertreter ihrer jeweiligen sozialen Gruppe, würden Verhandlungen und Kompromisse schwierig werden und das Gemeinwohl geriete so aus dem Blick.

Man mag diese Schlussfolgerungen der Parlamentssoziologie nicht teilen. Repräsentation ist aber die notwendige und einzig mögliche Form, Herrschaft demokratisch zu organisieren. Es ist Kern der parlamentarischen Demokratie, dass die Bürgerinnen und Bürger in freier und geheimer Wahl entscheiden, wer ihre Interessen im Bundestag vertritt, sie also repräsentiert. Den politischen Parteien ist über das Grundgesetz dabei eine wesentliche Mitgestaltungsaufgabe zugewiesen: die Rekrutierung und Aufstellung geeigneter Kandidatinnen und Kandidaten für die Wahlen zum Deutschen Bundestag. Die Parteien haben demnach die unterschiedlichsten Kriterien bei der Auswahlentscheidung zu berücksichtigen. Diese vielfältigen Auswahlkriterien spiegeln sich – wenn auch nicht „spiegelbildlich" im obigen Sinne – in den ganz unterschiedlichen Biografien der Abgeordneten wider.

Welche Berufe haben die Abgeordneten?

Die klassische Berufsstatistik in Deutschland fragt nach Berufskategorien wie Angestellte Beamte, Selbständige und angehörige Freier Berufe. Diese, typisch deutschen Berufskategorien sind juristisch bedeutsam, weil nach derzeitigem Recht Beamte während ihrer Mitgliedschaft im Bundestag ihren Beruf nicht ausüben dürfen.

Berufe der MdB	1. WP 1949-53	2. WP 1953-57	3. WP 1957-61	4. WP 1961-65	5. WP 1965-69	6. WP 1069-72	7. WP 1972-76	8. WP 1976-80	9. WP 1980-83	10. WP 1983-87	11. WP 1987-90	12. WP 1990-94	13. WP 1994-98	14. WP 1998-02	15. WP 2002-05	16. WP 2005-09	17. WP 2009-
Regierungsmitglieder	2,4	3,7	4,3	4,6	6,4	9,3	11,3	10,3	8,7	14,3	12,7	10,1					
Beamte	22,2	21,0	21,0	21,7	23,9	28,4	30,7	30,5	32,8	31,1	32,2	29,3	34,1	36,8	33,5	31,6	29,6
Angestellte des öffentl. Dienstes	3,9	3,5	3,7	4,2	5,6	5,6	4,2	5,0	3,1	2,3	1,7	6,6	10,7	8,4	8,3	8,6	5,0
Bedienstete der EG/EU													0,3	0,3	0,3	0,2	0,2
Pfarrer (ev.)	1,0	0,8	0,8	1,0	0,4	1,0	1,0	0,8	0,2	0,4	0,0	1,4	1,3	1,0	1,0	1,0	0,5
Angestellte bei polit. und gesellschaftl. Organisationen	28,3	23,2	22,5	20,5	21,2	14,9	15,8	13,7	12,9	13,6	14,0	13,3	13,2	12,9	11,9	14,0	16,6
Angestellte in der Wirtschaft	6,1	10,8	8,9	10,6	11,2	9,8	10,0	10,2	10,2	8,3	7,9	11,0	10,3	13,8	14,8	13,0	13,5
Selbstständige	19,8	22,6	24,7	23,6	19,1	16,0	13,4	12,9	12,5	12,8	11,0	10,1	8,3	6,9	6,8	7,7	9,7
Angehörige freier Berufe	9,3	9,4	9,8	10,1	9,6	12,0	9,8	12,5	16,0	12,5	14,1	13,1	8,8	10,6	13,8	14,8	16,3
Hausfrauen	2,2	2,9	2,5	2,3	1,7	1,7	2,1	1,2	1,3	1,5	2,1	2,1	2,7	1,0	0,7	0,5	0,5
Arbeiter	2,0	1,2	1,3	1,2	0,8	1,2	1,0	1,5	1,7	1,9	1,7	1,2	1,5	1,3	0,5	0,5	0,3
Keine Angaben / Sonstige	2,9	0,8	0,6	0,2	0,0	0,2	0,6	1,4	0,6	1,3	2,7	1,7	8,8	7,0	8,4	8,1	8,3

Welche Besonderheiten weist die Berufsstatistik des Bundestages seit der Wiedervereinigung auf?

Neben der „klassischen Berufsstruktur" werden seit Mitte der 1970er Jahre vom statistischen Bundesamt wesentlich aussagekräftigere und differenziertere Statistiken über die Berufe erstellt, die insbesondere internationalen Standards entsprechen und so Vergleiche mit anderen Staaten ermöglichen. Auch die Abgeordneten des Deutschen Bundestages werden für den Zeitraum seit der 12. Wahlperiode nach diesen Kategorien erfasst. Hierbei wird zwischen Grundberufen und Vorberufen unterschieden. Der Vorberuf bezeichnet die letzte hauptamtliche Tätigkeit vor Eintritt in das Parlament. Bundestagsabgeordnete, die vorher Mitglied in einem Landtag waren, können als Beruf, der vor der Mitgliedschaft im Bundestag zuletzt ausgeübt wurde, Landtagsabgeordnete/r angeben. Im Anschluss an das erste Diätenurteil vom 5. November 1975 (BVerfGE 40, 296 [313f.]) des Bundesverfassungsgerichts gelten grundsätzlich Bundestagsabgeordnete und analog auch entsprechend bezahlte Landtagsabgeordnete als hauptamtliche Parlamentarier bzw. als Berufsparlamentarier.

Die **6 Berufsbereiche (= Grundberufe)** folgen in ihrer Einteilung und Anordnung weitgehend der traditionellen Unterscheidung in Urproduktions-, Fertigungs- und Dienstleistungsberufe.
- Der sehr hohe Anteil des dominierenden Berufsbereichs *Dienstleistungen* steigt von schon sehr hohen 77,7 % (12. WP) auf 85,0 % (16. WP) und geht zu Beginn der 17. WP leicht auf 84,3 % zurück;
- Der relativ geringe Anteil des Berufsbereichs *Landwirtschaftliche etc. Berufe* sinkt leicht von 4,3 % (12. WP) auf 3,5 % (17. WP);
- Der relativ geringe Anteil des Berufsbereichs *Technische Berufe* sinkt von relativ hohen 13,6 % (12. WP, 14. WP) auf nur noch 9,3 % (17. WP);
- Der relativ geringe Anteil des Berufsbereichs *Fertigungsberufe* sinkt von 4,0 % (12. WP) auf 2,7 % (17. WP:);
- Der Berufsbereich *Bergleute etc.* ist in allen sechs Wahlperioden unter den Grundberufen nicht oder nur vereinzelt repräsentiert.

Die **33 Berufsabschnitte (= Grundberufe)** umfassen jeweils solche Berufe, die sich im Wesen der Berufsaufgabe, in der Berufstätigkeit, in der Art des verarbeiteten Materials oder in anderer Hinsicht ähneln.

- Der Anteil des dominierenden Berufsabschnitts *Soziales/Erziehung/ Geistes-/Naturwissenschaften* steigt deutlich von 36,8 % (12. WP) auf 44,8 % (17. WP);
- Der Anteil des Berufsabschnitts *Ordnung/Sicherheit* sinkt ohne erkennbaren Trend zunächst leicht von 23,0 % (12. WP) auf 20,7 % (14. WP), um dann wieder auf 25,5 % (17. WP) anzusteigen;
- Der Anteil des relativ stark vertretenen Berufsabschnitts *Ingenieure/ Chemiker/Physiker/Mathematiker* sinkt stark von 13,3 % (12. WP) bzw. 13,9 % (13. WP) auf 7,5 % (17. WP);
- Der Anteil des Berufsabschnitts *Organisation/Verwaltung/Büro* schwankt zunächst ohne erkennbaren Trend zwischen 6,8 % (13. WP) und 8,3 % (16. WP), erreicht dann den Tiefpunkt mit nur noch 5,1 % (17.WP);
- Der schon relativ geringe Anteil des Berufsabschnitts *Land-/ Tier-/Forstwirtschaft/Gartenbau* sinkt leicht von 4,3 % (12./13. WP) auf 3,5 % (17. WP).

Die **88 Berufsgruppen (= Grundberufe)** fassen die fachlich näher zueinander gehörenden, dem Wesen ihrer Berufsaufgabe und Tätigkeit nach verwandten Berufe zusammen, wobei in den Fertigungsberufen vielfach das verwendete Material als Leitprinzip dient, weil es die Art der Berufstätigkeit entscheidend prägt.

- Der Anteil der dominanten Berufsgruppe *Geistes- und Naturwissenschaftler* steigt stark von 20,0 % (12. WP) auf 31,6 % (17. WP);
- Der Anteil der ebenfalls stark vertretenen Berufsgruppe *Rechts- und Vollstreckungswesen* sinkt zunächst von 21,6 % (12. WP) auf 19,1 % (14. WP), um dann deutlich auf 24,9 % (17. WP) anzusteigen;
- Der Anteil der stark vertretenen Berufsgruppe *Lehrer* steigt zunächst von 13,0 % (12. WP) auf 15,7 % (14. WP) an, um dann deutlich auf nur noch 9,0 % (17. WP) zu sinken;

- Der Anteil der ursprünglich stark vertretenen Berufsgruppe *Ingenieure* sinkt deutlich von 9,9 % (12. WP) bzw. 10,4 % (13. WP) auf nur noch 5,5 % (17. WP).

Die **2287 Berufsklassen (= Grundberufe)** sind einzelnen Berufen oder Berufsarten, die in der entsprechenden Berufsordnung zusammengefasst sind, oder bestimmten Spezialisierungsformen sowie berufsfachlichen Helfertätigkeiten vorbehalten, demnach im Wesen ihrer Berufsaufgabe und Arbeitsverrichtungen vom gemeinsamen Tätigkeitstyp.

- Der Anteil der dominierenden Berufsklasse *Jurist(en/innen)* sinkt zunächst von 21,5 % (12. WP) auf 19,0 % (14. WP), um dann wieder deutlich auf 24,7 % (16. WP) anzuwachsen;
- Der Anteil der Berufsklasse *Gymnasiallehrer/innen* wächst leicht/stagniert von 3,9 % (12. WP) auf 5,4 % (16. WP) und geht mit 3,9 % (17. WP) erneut zurück;
- Der Anteil der Berufsklasse *Diplom-Volkswirt(e/innen)* stagniert/geht leicht zurück von 4,9 % (12. WP) auf 4.7 % (17. WP);
- Der Anteil der politiknahen Berufsklasse *Politolog(en/innen)* steigt von 2,9 % (13. WP) auf 5,6 % (17. WP); nimmt man allein die sich damit überschneidenden und ebenfalls wachsenden Berufsklassen der *Soziolo(gen/innen)* und *Sozialwissenschaft(ler/innen)* hinzu, dann ergibt sich insgesamt eine Steigerung von 3,8 % (12. WP) auf 9,7 % (17. WP).

Wie viele Abgeordnete sind Mitglied einer Gewerkschaft?

Gewerkschaften sind die Interessenvertretungen lohnabhängiger Arbeitnehmer und inzwischen auch im parlamentarisch-demokratischen Regierungssystem wesentlicher Bestandteil der Gesellschafts-, Wirtschafts- und Arbeitsverfassung. Der Gewerkschaftszugehörigkeit der Abgeordneten gilt deswegen seit Bestehen des Bundestages besondere Aufmerksamkeit. Wer nach der Gewerkschaftsmitgliedschaft eines Abgeordneten fragt, interessiert sich für die Frage, wie abhängig oder unabhängig ein Abgeordneter ist. Jeweils zu Beginn einer Wahlperiode wird mit Erstaunen festgestellt, dass der Anteil gewerkschaftlich organisierter MdB erheblich höher ist als die Quote gewerkschaftlich organisierter Arbeitnehmer und erst recht höher als der Anteil der gewerkschaftlich Organisierter an der erwachsenen Bevölkerung.

Wahlperiode	Zahl der Abgeordneten	Zahl der gewerkschaftlich organisierten Abgeordneten	
		Anzahl	in %
1. WP 1949-1953	410	115	28.0
2. WP 1953-1957	509	194	38.1
3. WP 1957-1961	519	202	38,9
4. WP 1961-1965	521	222	42,6
5. WP 1965-1969	518	265	51,2
6. WP 1969-1972	518	286	55,2
7. WP 1972-1976	518	318	61,4
8. WP 1976-1980	518	327	63,1
9. WP 1980-1983	519	322	62,0
10. WP 1983-1987	520	312	60,0
11. WP 1987-1990	519	310	59,7
12. WP 1990-1994	662	211	31,9
13. WP 1994-1998	672	318	47,3
14. WP 1998-2002	669	345	51,6
15. WP 2002-2005	603	282	46,8
16. WP 2005-2009	614	247	40,2
17. WP 2009-	622	184	29,6

Von den 184 gewerkschaftlich organisierten Mitgliedern des 17. Deutschen Bundestages fallen auf die einzelnen Fraktionen:

17. Wahlperiode (2009)	Anzahl der Abgeordneten insgesamt	Zahl der gewerkschaftlich organisierten MdB	
		Anzahl	in %
Bundestag insgesamt	622	184	29,6
CDU/CSU	239	23	9,6
SPD	146	112	76,7
FDP	93	1	1,1
BÜNDNIS 90/DIE GRÜNEN	68	8	11,8
DIE LINKE.	76	40	52,6

Gab oder gibt es Abgeordnete, die für die Staatssicherheit der DDR (Stasi) arbeiteten?

Das Thema „Bundestag und Stasi" ist bis heute zumeist mit der sogenannte *Guillaume*-Affäre verbunden, die Auslöser für den Rücktritt des Bundeskanzlers *Willy Brandt* (SPD) am 7. Mai 1974 wurde. Dabei gab es weit mehr Verbindungen zwischen der Bundesrepublik und der DDR und selbst zum Deutschen Bundestag waren die „Beziehungen", auch wenn sie einseitiger Natur waren, sehr viel intensiver. Der Spionagedienst der DDR – die Hauptverwaltung Aufklärung (HV A) innerhalb des Ministeriums für Staatssicherheit – hatte im November 1989 mit der systematischen Vernichtung von zunächst ausgewählten Akten begonnen, deswegen konnten bis heute viele dieser „Beziehungen zur Staatssicherheit" nicht zuverlässig erforscht werden. Noch am 28. Mai 2008 hat sich der Bundestag in einer Plenarsitzung mit den Stasi-Vorwürfen gegen den Abgeordneten *Gregor Gysi* (DIE LINKE.) in einer aktuellen Stunde befasst. Seit der 12. Wahlperiode, also seit der Wiedervereinigung, wird eine Überprüfung der Abgeordneten nach einer möglichen Stasi-Tätigkeit vorgenommen:

	12. WP 1990-1994	13. WP 1994-1998	14. WP 1998-2002	15. WP 2002-2005	16. WP 2005-2009
Zahl der Abgeordneten	662	672	669	603	614
Zahl der (freiwilligen) Anträge von Abgeordneten auf Überprüfung	324	178	150	381[6]	139
– davon Überprüfung abgeschlossen	322	178	150	381	139
– davon Überprüfung nicht abgeschlossen	1	0	0	0	0

6 Die verhältnismäßig hohe Zahl erklärt sich damit, dass im Laufe der 15. Wahlperiode die sog. „Rosenholz"-Unterlagen nutzbar gemacht werden konnten. Im Überprüfungsverfahren vor Bereitstellung der „Rosenholz"-Unterlagen hatten zunächst 97 MdB eine Überprüfung beantragt. Davon wollten 84 MdB in einem Bericht des Ausschusses erwähnt werden, 6 MdB wünschten keine namentliche Erwähnung und 7 Verfahren fanden eine anderweitige Erledigung (Bundestag, Drucksache 15/4971).

	12. WP 1990-1994	13. WP 1994-1998	14. WP 1998-2002	15. WP 2002-2005	16. WP 2005-2009
– davon Überprüfung durch Mandatsniederlegung erledigt	1	0	0	0	0
Ergebnis der abgeschlossenen Überprüfungen: – hauptamtliche Tätigkeit für den Staatssicherheitsdienst der DDR festgestellt	0	0	0	0	0
– inoffizielle Tätigkeit für den Staatssicherheitsdienst der DDR festgestellt	0	0	2	0	0
– politische Verantwortung für den Staatssicherheitsdienst der DDR festgestellt	0	0	0	0	0
– sonstige Feststellungen	1	1[7]	3[8]	0	13
Namentliche Erwähnung im Bericht des 1.Ausschusses[9] – gewünscht	272	161	137	355	114
– nicht gewünscht	30	17	13	26	13

7 In einem Fall existiert eine auf ein bestimmtes Forschungsgebiet beschränkte schriftliche Verpflichtung zu inoffizieller Mitarbeit unter dem Gesichtspunkt des Schutzes der Forschungsergebnisse. Es hat sich jedoch nicht feststellen lassen, dass schriftliche Berichte oder Angaben über Personen tatsächlich geliefert wurden. Die angebahnte Zusammenarbeit wurde vielmehr durch Dekonspiration in Form einer Offenbarung gegenüber dem Dienstvorgesetzten beendet (vgl. Bundestag, Drucksache 13/2994 und 14/1900).
8 In einem Fall hatte das Ministerium für Staatssicherheit einen so genannten IM-Vorlauf angelegt, dessen Ziel darin bestand, die Betroffene als „Inoffizielle Mitarbeiterin für Sicherheit" anzuwerben. Es fanden jedoch nur zwei Kontaktgespräche statt. Der IM-Vorlauf wurde so dann archiviert, da die Betroffene aufgrund persönlicher und beruflicher Veränderungen für eine Werbung als IM nicht mehr geeignet erschien.
9 Der Ausschuss für Wahlprüfung Immunität und Geschäftsordnung.

	12. WP 1990-1994	13. WP 1994-1998	14. WP 1998-2002	15. WP 2002-2005	16. WP 2005-2009
Zahl der Fälle, in denen der 1. Ausschuss ohne Antrag bzw. Zustimmung der betroffenen Abgeordneten ein Überprüfungsverfahren eingeleitet hat	2	3	3	0	1
– davon Überprüfung abgeschlossen	2	3	3	0	1

Was gibt die „Rosenholz-Datei" für die Erforschung der Geschichte des Bundestages her?

In den Wochen und Monaten nach der Wiedervereinigung 1989/90 gelangten etwa 350.000 Dateien mit Angaben über Mitarbeiter der ehemaligen Hauptverwaltung Aufklärung (HVA), des Auslandsnachrichtendienstes der DDR, in die Hände des US-amerikanischen Geheimdienstes CIA. Es handelte sich dabei um Daten, mit denen die Klarnamen von Agenten, die auf westdeutschem Gebiet für die DDR-Auslandsspionage tätig waren, entschlüsselt werden konnten. Nach langwierigen Verhandlungen wurden die Daten im Jahr 2003 der Bundesrepublik Deutschland übergeben. Verfassungsschützer nannten damals den Vorgang, unter dem sie den CIA um Herausgabe der Datenträger baten, „Rosenholz". Die Daten wurden von der *Bundesbeauftragten für die Unterlagen des Staatssicherheitsdienstes der ehemaligen Deutschen Demokratischen Republik (BStU)* im März 2004 der interessierten Öffentlichkeit zur Verfügung gestellt. Am 2. August 2006 gab die BStU bekannt, dass nun erste Unterlagen zu Abgeordneten des 6. Deutschen Bundestags (1969-1972) auf entsprechende Anträge an Medien und Wissenschaft herausgegeben werden. Eine erste eigene Analyse der Daten erfolgte seitens der BStU durch *Helmut Müller-Enbergs*, Rosenholz. Eine Quellenkritik, Berlin 2007:

Dem 6. Deutschen Bundestag gehörten insgesamt 518 Abgeordnete an. In der Personenkartei der HV A werden 251 Abgeordnete, nahezu die Hälfte, nicht gefunden, was bei 20 Abgeordneten nicht verwunderlich ist, da ihre Nachnamen in der Buchstabenfolge „La" bis „Li" liegen, die in „Rosenholz" nicht enthalten sind. Abgesehen davon entspricht dieser Befund den Erwartungen, da nicht alle Bundestagsabgeordnete für das MfS bedeutend und daher auch nicht erfasst waren. Doch 248 Abgeordnete sind erfasst, allerdings für sogenannte Objektvorgänge (OVO). Zu jeder Partei hatte die HV A eigens einen Aktenvorgang angelegt, auf den sie die sie interessierenden Politiker verzeichnete. Auf diese Weise sind 118 Abgeordnete der SPD, 106 der CDU/CSU und 24 der FDP in der Kartei berücksichtigt.

Es finden sich drei Gruppen von Akteuren, die von der HV A vereint worden sind: IM (Informelle Mitarbeiter), KP (Kontaktpersonen) und Personen, bei denen eine Werbung als IM beabsichtigt war. Wie bei allen Nachrichtendiensten sind diese drei Gruppen nicht immer schlüssig voneinander zu trennen, handelt es sich doch um einen fließenden Prozess vom Kontakt zur Absicht und schließlich zur Werbung, der jederzeit unter- oder abgebrochen werden konnte. Aufschluss darüber, wer welcher Gruppe zuzuordnen ist, gibt die Aktenlage, was bei der HV A selten der Fall ist, da die Akten weithin vernichtet sind. Dennoch finden sich mitunter nicht wenige Anhaltspunkte, die eine nähere Zuordnung erlauben.

Bei mindestens zehn Personen aus diesem Kreis der Abgeordneten war eine Werbung als IM erwogen worden. Dem Werbungsversuch ging regelmäßig eine Kontaktphase voraus. Nicht selten zeigte sich nach ersten Gesprächen die Aussichtslosigkeit eines solchen Unterfangens, weshalb es dann auf den Ausbau einer stabilen und persönlichen Verbindung ankam, um dauerhaft an vertrauliche Informationen zu gelangen. Das gilt für die ganz überwiegende Anzahl von Bundestagsabgeordneten, deren Unterlagen in einer „IM-Akte A" verzeichnet worden sind. In der Regel teilten sich dann der abschöpfende IM und die abgeschöpfte KP eine IM-Akte A.

Während oftmals ein IM einen Abgeordneten abschöpfte, was bestenfalls ermittelbar und anhand überlieferter Informationen beschreibbar ist, gibt es eine beachtliche Reihe vor allem prominenter Abgeordneter, bei denen HV A-intern entschieden worden ist, keine Informationen in die interne Auswertung zu geben, sogar die Existenz des Aktenvorgangs innerhalb des MfS zu verschweigen. Auf

Karteikarten dieser Personen ist der Vermerk aufgetragen: „Achtung – auf Dossier [Reg.-Nr.] keine Auskunft erteilen und keine Information an die [für die Auswertung zuständige] Abt[eilung] VII/ HV A frei stempeln." Einen solchen Vermerk tragen neun Abgeordnete. In diesen Fällen wird es jeweils eine besonders zu schützende Person gegeben haben, die eine persönlich-stabile Verbindung zu einem Abgeordneten unterhielt, deren Informationen allein von der Leitung der HV A gelesen, aber nicht einmal innerhalb der HV A ausgewertet wurden. Die spannende Frage lautet: Wer waren diese IM, die über eine solche Verbindung zu diesen Abgeordneten verfügten?

Nach in der Stasi-Unterlagen-Behörde durchgeführten Recherchen gelangte die Bundesbeauftragte zu dem Ergebnis, dass die in der Behörde vorliegenden Unterlagen über Abgeordnete des 6. Deutschen Bundestages in keinem der Fälle dazu ausreichend seien, um feststellen zu können, ob es sich bei ihnen um inoffizielle Mitarbeiter handelt, die sich zur Lieferung von Informationen an den Staatssicherheitsdienst bereit erklärt oder wissentlich und willentlich mit ihm kooperiert haben. Und solange das so sei, haben diese Abgeordneten als unbelastet – in der Sprache des Stasi-Unterlagen-Gesetzes als Betroffene – zu gelten. Im Juli und Oktober 2006 händigte die Stasi-Unterlagen-Behörde zu 49 Abgeordneten, auf deren Karteikarten der Vermerk „IMA" (bzw. in drei Fällen „IMB") aufgetragen ist, Unterlagen an interessierte Journalisten und Forscher aus, sodass für jeden die Möglichkeit besteht, sich von dieser Deutung zu überzeugen.

Werden diese Unterlagen nach verschiedenen Indikatoren – wie Aktenumfang, Informationseingang, bestimmte Karteikartenmerkmale und gegebenenfalls weitere Unterlagen – analysiert, liegt bei mindestens zehn Abgeordneten die Schlussfolgerung nahe, dass die HV A direkt mit ihnen Beziehungen unterhalten hat.

Für die Zeitgeschichtsforschung sind nicht allein identifizierbare IM von Bedeutung, sondern die Ziele der HV A, die beschafften Informationen und die Umsetzung der dadurch gewonnenen Erkenntnisse. Der Nachrichtendienst wollte dauerhaft, stabil und zuverlässig wissen, was im Regierungskabinett, in den Parteien und Fraktionsvorständen geplant und gedacht wurde und welche Konflikte dort die Debatte beherrschten. Wenn die HV A da einen IM hatte, war ihr das zwar nützlich, entscheidend war aber eine möglichst frische und solide Information, die auch eine KP liefern konnte. In der Summe zeichnet sich nun ein Bild ab, als hätte die HV A im 6. Deutschen Bundestag entweder direkt oder über IM, die mehr als zwei Dutzend Abgeordnete abschöpften, eine bemerkenswert dichte Innenansicht über Absichten und Diskussionen im parlamentarischen Raum erhalten. In der spannenden Zeit zwischen 1969 und 1972 war die HV A informatorisch stets auf der Höhe der Zeit. Ob sie mehr als auf Abstimmungen beim Misstrauensvotum gegen den Bundeskanzler am 27. April 1972 Einfluss genommen hat, müsste geklärt werden. Am Beispiel des 6. Deutschen Bundestages wird erkennbar, dass „Rosenholz" in Verbindung mit anderen Unterlagen durchaus die Zeitgeschichtsforschung unterstützen kann.

Bundestagspräsident *Norbert Lammert* hatte nach Zustimmung des Ältestenrates (7. Oktober 2010) und „mit dem Votum aller Fraktionen" die Behörde des „Bundesbeauftragten für die Unterlagen des Staatssicherheitsdienstes der ehemaligen DDR (BStU)" mit einem Gutachten beauftragt, das die Einflussnahme des Staatssicherheitsdienstes der DDR auf die Mitglieder des Deutschen Bundestages von 1949 bis 1989 zum Gegenstand hat. Mit der Veröffentlichung des Gutachtens ist im Jahre 2013 zu rechnen.

5. Bundestagspräsident und Alterspräsident

Welche Aufgaben hat der Bundestagspräsident?

Die Geschäftsordnung des Deutschen Bundestages (§ 7 Abs. 1) schreibt:

„Der Präsident vertritt den Bundestag und regelt seine Geschäfte. Er wahrt die Würde und die Rechte des Bundestages, fördert seine Arbeiten, leitet die Verhandlungen gerecht und unparteiisch und wahrt die Ordnung im Hause."

Der Bundestagspräsident hat **Repräsentationsfunktion:**
- Einmal ist sie nach innen gerichtet in Form der ständigen Praxis der Kooperation mit den politischen Gremien des Parlaments.
- Die Repräsentationsfunktion ist nach außen gerichtet: Der Präsident ist staatsrechtlicher Repräsentant des Deutschen Bundestages gegenüber allen anderen Verfassungsorganen der Bundesrepublik Deutschland, aber auch gegenüber der deutschen und internationalen Öffentlichkeit.

Ihm gegenüber sind Erklärungen abzugeben, soweit sie nicht vor dem Bundestag abzugeben sind (z. B. Mandatsniederlegungen, Angaben nach den Verhaltensregeln etc.). Der Bundespräsident schlägt deswegen den Kandidaten für die Kanzlerwahl nach Art. 63 Abs. 1 Grundgesetz in einem Schreiben an den Bundestagspräsidenten vor. Will der Bundespräsident den Bundestag nach Art. 68 Grundgesetz auflösen, wird die entsprechende Anordnung durch ihre Überreichung an den Bundestagspräsidenten wirksam, nicht erst durch die Verkündung im Bundesgesetzblatt.

Das Bundesverfassungsgericht hat bereits im Jahre 1952 klargestellt (BVerfGE Bd. 1, S. 115 [116]), dass der Präsident die Anliegen des Bundestages als Gesamtheit, „nicht die Anliegen einer Mehrheit" wahrnimmt. Dies kann im Einzelfall bedeuten, dass der Bundestag beschließt, zu Gerichtsverhandlungen mehrere Bevollmächtigte zu benennen, die dann auch unterschiedliche im Bundestag vertretene Standpunkte zur Streitsache vortragen können.

Der Bundestagspräsident hat auch die Funktion eines **Sprechers des Hauses**. Er kann auch sonst in rechtlich verbindlicher Form für den Bundestag handeln:
- Er kann – im Rahmen der Ansehenswahrung des Bundestages – Strafanzeige erstatten;
- er ist auch bei nichtverfassungsrechtlichen Streitigkeiten prozessführungsbefugt;
- er schließt für den Bundestag Verträge ab und
- er ist verantwortlich für die Durchführung des Haushalts des Bundestages.

Wer waren die bisherigen Bundestagspräsidenten?

Dr. Erich Köhler (CDU/CSU)
Präsident 7.9.1949-18.10.1950

„Eine *freie* Wirtschaft bedeutet nicht Freiheit von Verantwortung und Verpflichtung gegenüber der Allgemeinheit." (29. August 1948)

* 27.6.1892 in Erfurt; Staatswissenschaftler; 1919 Promotion; Mitglied der Deutschen Volkspartei (DVP) und Mitglied ihres Zentralvorstandes; bis 1933 Geschäftsführer der Arbeitgeberverbände in Kiel; 1945 Hauptgeschäftsführer der Industrie- und Handelskammer Wiesbaden; 1945 Gründer der CDU in Wiesbaden und Mitbegründer der CDU in Hessen; 1945 stellvertretender Landesvorsitzender der CDU Hessen; Mitglied der Verfassunggebenden Landesversammlung sowie des 1. Hessischen Landtags; Vorsitzender der CDU-Fraktion; 1947-1949 Präsident des Wirtschaftsrates für das Vereinigte Wirtschaftsgebiet in Frankfurt; 1949-1957 MdB; 1949/50 erster Präsident des Deutschen Bundestages; wegen umstrittener Amtsführung zum Rücktritt bewegt; † 23.10.1958 in Wiesbaden.

D. Dr. Hermann Ehlers (CDU/CSU)
Präsident 19.10.1950-29.10.1954

„Wenn wir Deutschen in manchen [...] Debatten leicht grobschlächtig sind [...], so sind wir auf der anderen Seite oft genug von einer der Sache keineswegs dienenden Empfindlichkeit." (7. September 1952)

„Wir meinen nicht, dass dieser Staat das herrlichste sei, was wir erreichen können [...]. Wir haben begriffen, dass auch bei uns die Demokratie die am wenigsten schlechte Staatsform ist." (25. November 1952).

* 1.10.1904 in Berlin; Rechtsanwalt; 1936 Richter; 1935 Mitglied der Bekennenden Kirche; 1939 wegen kirchlicher Aktivität Übernahme in den Staatsdienst abgelehnt; 1941-l945 Soldat; 1945 Mitglied des Oberkirchenrats; 1946 Mitglied der CDU; 1949-1954 MdB; 1950-1954 Präsident des Deutschen Bundestages; † 29.10.1954 im Krankenhaus in Oldenburg an den Folgen einer Mandelvereiterung.

Prof. Dr. Eugen Gerstenmaier (CDU/CSU)
Präsident 16.11.1954- 31.1.1969

„Spargel und Menschen haben ein gemeinsames Schicksal: Sobald einer den Kopf hochreckt, wird er abgestochen."

„Im Parlament ist die Gleichheit Trumpf. Jede Stimme zählt gleich. Aber es wäre ein schwerer Irrtum, daraus den Schluss zu ziehen, dass auch jedes Wort gleich wiege." (9. September 1958)

„Wir Deutschen würden besser fahren, wenn wir Kompromisse, so wie [es] in England seit langem ist, für eine Kraft und eine Tugend halten würden und nicht von vornherein kompromittierend fänden." (10. November 1964)

* 25.8.1906 in Kirchheim/Teck (Württemberg); kaufmännischer Angestellter; Abitur; Theologe; Habilitation; „wegen öffentlicher Kritik am Nationalsozialismus" akademische Tätigkeit verweigert; Mitglied der Bekennenden Kirche und des Kreisauer Kreises; von NS-Gericht zu sieben Jahren Zuchthaus verurteilt; 1945 Aufbau des „Evangelischen Hilfswerkes"; 1949 Eintritt in die CDU; 1949-1969 MdB; 1954-1969 Präsident des Deutschen Bundestages, das Bonner Abgeordnetenhochhaus, das in seiner Amtszeit entstand, wird noch heute nach ihm „Langer Eugen" genannt; 1977 Vorsitzender der Vereinigung ehemaliger Mitglieder des Deutschen Bundestages e. V.; † 13.3.1986 in Oberwinter bei Bonn.

Kai-Uwe von Hassel (CDU/CSU)
Präsident 5.2.1969-13.12.1972

„Zugleich aber kann man feststellen, dass es nicht gelungen ist, eine demokratische Alternative zum Parlamentarismus zu entwickeln – wenn

wir einmal von Utopien und ideologischen Illusionen absehen."
(5. September 1969)
„Nur die Dynamik der Konflikte, auf offenem Markt ausgetragen, kann uns vor Erstarrung und schädlichen Utopien bewahren." (27. Februar 1972)

* 21.4.1913 in Gare (Deutsch-Ostafrika, heute Tansania); Schulzeit in Schleswig-Holstein; Pflanzungskaufmann in Tansania; dort 1939 interniert und 1940 ausgewiesen; 1940-1945 Kriegsteilnehmer, 1945 Leiter der Schlichtungsstelle in Wohnungssachen für den Landkreis Flensburg; Mitglied der CDU; 1950 Mitglied des Landtages Schleswig-Holstein; 1953-1954 und 1965-1980 MdB; 1954-1963 Ministerpräsident von Schleswig- Holstein; 1963-1966 Bundesminister für Verteidigung; 1966-1969 Bundesminister für Vertriebene, Flüchtlinge und Kriegsgeschädigte; 1969-1972 Präsident des Deutschen Bundestages; 1972-1976 Vizepräsident des deutschen Bundestages; 1977 Vizepräsident der Parlamentarischen Versammlung des Europarates; 1977-1980 Präsident der Versammlung der Westeuropäischen Union (WEU); 1979-1984 Mitglied des ersten direkt gewählten Europäischen Parlaments; 1973-1980 Präsident der Europäischen Union Christlicher Demokraten (EUCD); † 8.5.1997 in Aachen.

Annemarie Renger (SPD)
Präsidentin 13.12.1972-14.12.1976

„So wichtig bessere Regelungen im Einzelnen sein mögen, wesentlich ist es für das Parlament, sich nicht allzu sehr in Detailfragen zu verlieren. Wir sollten noch deutlicher machen, dass wir die politische Entscheidungsinstanz sind. **Parlamentarische Kontrolle bedeutet nicht, der Regierung die Verantwortung für ihr Handeln und ihre Entscheidung zu nehmen**; sie bedeutet vielmehr, über die Regierung zu wachen und die Regierung zur Verantwortung zu ziehen." (18. September 1974)

* 7.10.1919 in Leipzig, geb. Wildung, verw. Renger-Loncarevic; Lehre im Verlagswesen; bis 1945 Stenotypistin; 1945 im Zentralbüro der SPD in Hannover Mitarbeiterin von Kurt Schumacher; 1953-1990 MdB; 1969- 1972 Parlamentarische Geschäftsführerin der SPD; 1959-1966 Mitglied der Beratenden Versammlung des Europarats und der Westeuropäischen Union; 1961-1973 Mitglied des

SPD-Parteivorstands; 1970-1973 Mitglied des Parteipräsidiums; 1966-1973 Vorsitzende des Bundesfrauenausschusses der SPD; 1972-1976 Präsidentin und 1976-1990 Vizepräsidentin des Deutschen Bundestages; † 3.3.2008 in Bonn.

Prof. Dr. Karl Carstens (CDU/CSU)
Präsident 14.12.1976-31.5.1979

„Es gibt kein Gebäude, welches die jüngere deutsche Geschichte so eindringlich symbolisiert wie das Reichstagsgebäude. Von hier wurde am 9. November 1918 die Republik ausgerufen, hier amtierte *Paul Löbe* zwölf Jahre als Reichstagspräsident, hier kämpften *Ebert*, *Rathenau*, *Stresemann*, *Brüning* ihren tapferen Kampf um die Erhaltung und Festigung der Republik und der Demokratie in Deutschland. Das **Reichstagsgebäude ist** zugleich ein **Symbol für die Einheit** Deutschlands. Die Worte „Dem deutschen Volk", die in großen Bronzebuchstaben an seiner Gipfelwand stehen, sind für uns alle Verpflichtung und Vermächtnis." (31. Mai 1979)

* 1.12.1914 in Bremen; Rechtswissenschaftler; 1937 Promotion; 1939- 1945 Soldat; 1948/49 Studien an der Yale-Universität in New Haven (USA); Rechtsanwalt; Rechtsberater des Bremer Senats; 1949-1954 Bevollmächtigter des Landes Bremen in Bonn; 1952 Habilitation; 1959 außerplanmäßiger Professor in Köln; 1960 Ordinarius und Leiter des Instituts für das Recht der Europäischen Gemeinschaft in Köln; 1954-1955 Vertreter der Bundesrepublik Deutschland beim Europarat; 1958 stellvertretender Leiter und ab 1960 Abteilungsleiter und im gleichen Jahr 1960 Staatssekretär im Auswärtigen Amt; 1961 ständiger Stellvertreter des Bundesaußenministers; 1966 Staatssekretär im Bundesverteidigungsministerium und 1968 im Bundeskanzleramt; 1970 Leiter des Forschungsinstituts der Deutschen Gesellschaft für Auswärtige Politik; 1972-1979 MdB; 1973 Vorsitzender der CDU-Fraktion; 1976-1979 Präsident des Deutschen Bundestages; 1979-1984 Bundespräsident; † 30.5.1992 in Meckenheim.

Richard Stücklen (CDU/CSU)
Präsident 31.5.1979-29.3.1983

„Ich möchte hier einmal sagen, dass die Abgeordneten dieses Parlaments **keine 40-Stunden-Woche** haben, sondern im Schnitt 80 Stunden für die Politik, für die Durchsetzung ihrer Politik, jeder in seiner Art, aufwenden müssen – im Wahlkreis, bei Parteiveranstaltungen, bei Verbänden und Vereinen – und dass es nur ganz wenige Wochenenden gibt, an denen der Abgeordnete noch einige Stunden in der Familie verbringen kann. Dies ist nur möglich, weil unsere Familien bereit sind, dieses Opfer zu bringen." (31. Mai 1979)

* 20.8.1916 in Heideck (Mittelfranken); Ingenieurwissenschaftler; 1936 Reichsarbeits- und später Wehrdienst; 1944 Elektroingenieur; Abteilungsleiter in einem Betrieb der AEG in Freiberg/Sachsen; 1945 im väterlichen Schlosserbetrieb in Heideck tätig; Mitglied des CSU-Landesausschuss und Bezirksvorstand; 1949-1990 MdB; 1953 geschäftsführender Vorsitzender der CSU-Landesgruppe und stellvertretender Vorsitzender der CDU/CSU- Bundestagsfraktion; 1957-1966 Bundespostminister, 1976-1979 und 1983-1990 Vizepräsident sowie 1979-1983 Präsident des Deutschen Bundestages; † 2.5.2002 in Weißenburg (Mittelfranken).

Dr. Rainer Barzel (CDU/CSU)
Präsident 29.3.1983-25.10.1984

„Mein Wunsch für diesen 10. Deutschen Bundestag? **Dass unsere Werktagsarbeit mit** unseren **Sonntagsreden übereinstimmt**; dass unser Volk sehen kann, wem unsere Arbeit dient und wofür wir miteinander streiten; dass Sinn und Zweck und Ziel, dass Werte und Überzeugungen uns leiten wie die Verantwortung für unsere Lebensgrundlagen; dass wir alle die Dimension Geist einbeziehen und ihr entsprechen." (29. März 1983)

* 20.6.1924 in Braunsberg/Ostpreußen; Kriegsteilnehmer; 1949 Dr. jur.; persönlicher Referent beim Nordrhein-Westfälischen Ministerpräsidenten *Karl Arnold* (CDU); 1956 geschäftsführendes Mitglied des Landespräsidiums der CDU Nordrhein-Westfalen; 1957-1987 MdB: 1963 kommissarisch und 1964 Vorsitzender die CDU/CSU-Bundestagsfraktion; 1962-1963 war er Bundesminister für gesamtdeutsche Fragen; 1971-1972 Parteivorsitzender der CDU; scheiterte 1972 im konstruktiven Misstrauensvotum gegen Bundeskanzler *Willy Brandt*; 1979-1982 Koordinator der Bundesregierung für deutsch-französische Zusammenarbeit; 1982-1983 Bundesminister für innerdeutsche Beziehungen; 1983-1984 Präsident des Deutschen Bundestages; 1986 Koordinator für die deutsch-französischen Beziehungen; † 26.8.2006 in München.

Dr. Philipp Jenninger (CDU/CSU)
Präsident 5.11.1984-11.11.1988

„Ungeachtet der Verlagerung des parlamentarischen Arbeitsprozesses bleibt das Plenum jedoch der für die Öffentlichkeit sichtbare **Kern des parlamentarischen Wirkens**, an dem sich Substanz und integrierende Kraft des Parlaments als Forum der Nation zeigen." (18. Februar 1987)
„**Repräsentation des Volkes**, wie sie unsere Verfassung meint, bedeutet nicht eine sozialdatengetreue Abbildung des Volkes im Parlament, sondern die Aufgabe eines jeden einzelnen Abgeordneten, mit verpflichtender Kraft stellvertretend für das ganze Volk zu handeln." (1987)

* 10.6.1932 in Rindelbach (Jagst) in Nordwürttemberg; 1955 erste juristische Staatsprüfung; 1957 Promotion; 1959 zweite juristische Staatsprüfung; 1960-1963 Dezernent bei der Wehrbereichsverwaltung V in Stuttgart; 1963-1969 (persönlicher) Referent des späteren Staatssekretärs *Karl Gumbel*, des Bundesministers für besondere Aufgaben bzw. für Angelegenheiten des Bundesverteidigungsrates, *Heinrich Krone* sowie des Bundesfinanzministers *Franz-Josef Strauß*; 1969-1990 MdB; 1975 Parlamentarischer Geschäftsführer der CDU/CSU-Fraktion; 1982-1982 Staatsminister im Bundeskanzleramt; 1984-1988 Bundestagspräsident; 1991-1995 Botschafter der Bundesrepublik Deutschland in Wien; 1995-1997 beim Heiligen Stuhl.

Prof. Dr. Rita Süssmuth (CDU/CSU)
Präsidentin 25.11.1988-26.10.1998

„[…] wie lange hat es gedauert, bis die gleichberechtigte Teilhabe der Frauen an politischer Verantwortung im Bewusstsein der Menschen auch zu einer Kernfrage der Demokratie wurde! Sie wissen, dass dies für mich ein zentrales Thema ist, ebenso wie die Frage der **Repräsen-**

tanz der Altersgruppen, vor allem der Jüngeren, und der Berufsgruppen im Parlament." (19. Januar 1989)

„[...] so möchte ich [...] mit dem Bild vom Parlament als einer **Werkstatt der Demokratie** schließen. Ich stelle mir dabei eine offene Werkstatt vor, in die die Menschen hineinsehen können, in der deutlich wird, woran gerade gearbeitet wird und aus welchen Gründen. Es ist eine Werkstatt, in der an verschiedenen Plätzen und mit unterschiedlichen Aufgaben an denselben Werkstücken miteinander gearbeitet wird, in der mit Kreativität neue Entwürfe entstehen wie auch mit fachmännischer Routine Reparaturen durchgeführt werden, eine Werkstatt also, an die sich Menschen mit Anfragen und Aufträgen gerne wenden, weil sie zu ihr Vertrauen haben." (19. Januar 1989)

* 17.2.1937 in Wuppertal; Abitur in Rheine/Westfalen; 1956 studierte sie Romanistik und Geschichte in Münster, Tübingen und Paris; Studium in Erziehungswissenschaften, Soziologie und Psychologie in Münster; 1964 Promotion; 1963-1966 Assistentin an den Pädagogischen Hochschulen in Stuttgart und Osnabrück; 1966 Dozentin an der Pädagogischen Hochschule Ruhr; 1969-1982 Wissenschaftliche Rätin bzw. Professorin an der Ruhr-Universität Bochum für Internationale Vergleichende Erziehungswissenschaft; 1971 ordentliche Professorin für Erziehungswissenschaften an der Pädagogischen Hochschule Ruhr; 1980 Professorin an der Universität Dortmund; 1982-1985 Direktorin des Instituts „Frau und Gesellschaft" in Hannover; 1979-1991 Mitglied im Zentralkomitee der Deutschen Katholiken; 1981 Mitglied der CDU; 1985-1988 Bundesministerin für Jugend, Familie und Gesundheit (ab 1986: Bundesministerin für Jugend, Familie, Frauen und Gesundheit); 1986-1998 Mitglied des Präsidiums der CDU; 1987-2002 MdB; 1988-1998 Präsidentin des Deutschen Bundestages.

Dr. h.c. Wolfgang Thierse (SPD)
Präsident 26.10.1998-18.10.2005

„Es fällt uns Männern nicht leicht, die besonderen Anforderungen an die Volksvertreterinnen überhaupt wahrzunehmen. Sind die blond, blauäugig und einigermaßen schlank, werden sie von journalistischer Seite zur **‚Miss Bundestag'** erklärt. **Welch ein zweifelhafter Titel!**" (8. September 1999)

„In den Feuilletons wird seit Jahren – im Übrigen unter gelegentlicher Beteiligung von Kolleginnen und Kollegen dieses Hauses – darüber geklagt, dass die eigentlichen Fragen nicht mehr im Parlament debattiert, geschweige denn entschieden würden. Die Debatten, so heißt es da, seien doch längst in die Talkshows abgewandert und die Entscheidungen würden in der Exekutive oder in parlamentsfernen Expertenkommissionen getroffen. Ich habe mich dieser Betrachtungsweise immer vehement widersetzt, ohne dabei gefährliche Tendenzen in diese Richtung leugnen zu wollen. Der Bundestag bleibt der **eigentliche Ort der demokratischen Auseinandersetzung**. Hier findet der Ernstfall der Entscheidung statt." (17. Oktober 2002)

* 22.10.1943 in Breslau; nach dem Abitur und Lehre Tätigkeit als Schriftsetzer in Weimar; studierte 1964 Kulturwissenschaft und Germanistik an der Humboldt-Universität Berlin; dort bis 1975 wissenschaftlicher Assistent im Bereich Kulturtheorie/Ästhetik; 1975-1976 Mitarbeiter im Ministerium für Kultur der DDR; 1977-1990 wissenschaftlicher Mitarbeiter im Zentralinstitut für Literaturgeschichte an der Akademie der Wissenschaften der DDR; Oktober 1989 zum „Neuen Forum"; Anfang Januar 1990 Mitglied der SPD; Juni-September 1990 Vorsitzender der SPD/DDR; 1990 Mitglied der frei gewählten Volkskammer der DDR; dort stellvertretender Fraktionsvorsitzender und zuletzt Fraktionsvorsitzender der SPD/DDR; 1990 ist er Stellvertretender Vorsitzender der SPD; 1990–2013 MdB; 1990-1998 stellvertretender Vorsitzender der SPD-Fraktion, 1998-2005 Präsident des Deutschen Bundestages; 2005-2013 Vizepräsident des Deutschen Bundestages.

Prof. Dr. Norbert Lammert (CDU/CSU)
Präsident seit 18.10.2005

„Für die Arbeit wie für das Ansehen des Parlaments ist die Opposition im Übrigen nicht weniger wichtig als die Regierung. Regiert wird überall auf der Welt, von wem und unter welchen Bedingungen auch immer. Was ein politisches System als Demokratie qualifiziert, ist nicht die Existenz einer Regierung, sondern die Existenz eines Parlamentes und seine gefestigte Rolle im Verfassungsgefüge wie in der politischen Realität. Hier schlägt das Herz der Demokratie oder es schlägt nicht. Das **Parlament** ist im Übrigen **nicht Vollzugsorgan der Bundesregierung, sondern** umgekehrt **sein Auftraggeber**. (18. Oktober 2005)

„Die Würde des Parlamentes, der zentralen politischen Institution der Bundesrepublik, und der Respekt, der ihr entgegengebracht wird, tragen entscheidend zur Stabilität des gesamten politischen Systems bei. Die ‚**Würde des Hauses**' ist offensichtlich ein notwendiges Attribut des Parlaments als Staatsorgan. Die Würde der Demokratie drückt sich nicht zuletzt im Parlament aus. Allerdings hat die Würde nicht Bestand aus sich heraus und ohne weiteres Zutun. Sie muss immer wieder neu erstehen, und zwar nicht zuletzt durch die Abgeordneten selbst und die von ihnen zu erbringende politische Leistung." (17. Februar 2006)

* 16.11.1948 Bochum; 1967 Abitur; Wehrdienst; 1969-1975 Studium der Politikwissenschaft, Soziologie, Neuere Geschichte und Sozialökonomie an den Universitäten Bochum und Oxford (England); 1972 Diplom und 1975 Promotion; Dozent bei verschiedenen Akademien, Stiftungen, Verbänden; Lehrbeauftragter für Politikwissenschaft an den Fachhochschulen in Bochum (Abteilung Wirtschaft) und Hagen (öffentliche Verwaltung); 1966 Mitglied der CDU; 1977 stellvertretender Kreisvorsitzender der CDU Bochum; 1978-1984 stellvertretender Landesvorsitzender der Jungen Union Westfalen-Lippe; 1986 Mitglied des Landesvorstandes der CDU Nordrhein-Westfalen und Vorsitzender des CDU-Bezirksverbandes Ruhrgebiet; 1975-1980 Mitglied im Rat der Stadt Bochum; seit 1980 MdB; 1989-1994 Parlamentarischer Staatssekretär beim Bundesminister für Bildung und Wissenschaft sowie 1994 beim Bundesminister für Wirtschaft sowie 1997-1998 beim Bundesminister für Verkehr; 1995-1998 Koordinator der Bundesregierung für die Luft- und Raumfahrt; 1996-2006 Vorsitzender der CDU-Landesgruppe Nordrhein-Westfalen; 1998-2002 kultur- und medienpolitischer Sprecher der CDU/CSU-Fraktion; 2002-2005 Vizepräsident des Deutschen Bundestages; seit 2005 Präsident des Deutschen Bundestages; 2008 Honorarprofessor in Bochum.

Welcher Bundestagspräsident wurde mit dem höchsten Stimmenanteil gewählt?

Die meisten Stimmen bei seiner ersten Wahl zum Bundestagspräsidenten erhielt *Norbert Lammert* (CDU). Er erhielt 92,9 % aller Stimmen, als er 2005 als Bundestagspräsident kandidierte. Dieses Ergebnis wurde nur einmal – allerdings bei einer Wiederwahl – übertroffen: Bei seiner Erstwahl 1950 erhielt *Hermann Ehlers* (CDU) nur 61,8 %, bei seiner Wiederwahl 1953 wurde er mit 93,2 % gewählt.

Ergebnisse der Wahlen der Bundestagspräsidenten					
Wahlperiode	Tag der Wahl	Bundestagspräsident(in)	Abgegebene Stimmen	davon Ja-Stimmen	Stimmenanteil der Ja-Stimmen in Prozent der abgegebenen Stimmen
1. WP 1949-53	7.9.1949	*Erich Köhler* (CDU)	402	346	86,1
	19.10.1950	*Hermann Ehlers* (CDU)	325	201	61,8
2. WP 1953-57	6.10.1953	*Hermann Ehlers* (CDU)	500	466	93,2
	16.11.1954	*Eugen Gerstenmaier* (CDU)	409	204	49,9
3. WP 1957-61	15.10.1957	*Eugen Gerstenmaier* (CDU)	494	437	88,5
4. WP 1961-65	17.101961	*Eugen Gerstenmaier* (CDU)	504	463	91,9
5. WP 1965-69	19.10.1965	*Eugen Gerstenmaier* (CDU)	508	385	75,8
	5.2.1969	*Kai-Uwe von Hassel* (CDU)	457	262	57,3
6. WP 1969-72	20.10.1969	*Kai-Uwe von Hassel* (CDU)	517	411	79,5
7. WP 1972-76	13.12.1972	*Annemarie Renger* (SPD)	516	438	84,9
8. WP 1976-80	14.12.1976	*Karl Carstens* (CDU)	516	346	67,1
	31.5.1979	*Richard Stücklen* (CDU)	469	410	87,4
9. WP 1980-83	4.11.1980	*Richard Stücklen* (CDU)	515	463	89,9
10. WP 1983-87	29.3.1983	*Rainer Barzel* (CDU)	509	407	80,0
11. WP 1987-90	18.2.1987	*Philipp Jenninger* (CDU)	471	340	72,2
	25.11.1988	*Rita Süssmuth* (CDU)	475	380	80,0
12. WP 1990-94	20.12.1990	*Rita Süssmuth* (CDU)	650	525	80,0

Ergebnisse der Wahlen der Bundestagspräsidenten					
Wahlperiode	Tag der Wahl	Bundestagspräsident(in)	Abgegebene Stimmen	davon Ja- Stimmen	Stimmenanteil der Ja-Stimmen in Prozent der abgegebenen Stimmen
13. WP 1994-98	10.11.1994	*Rita Süssmuth* (CDU)	669	555	83,0
14. WP 1998-02	26.10.1998	*Wolfgang Thierse* (SPD)	666	512	76,9
15. WP 2002-05	17.10.2002	*Wolfgang Thierse* (SPD)	596	357	59,9
16. WP 2005-09	18.10.2005	*Norbert Lammert* (CDU)	607	564	92,9
17. WP seit 2009	27.10.2009	*Norbert Lammert* (CDU)	617	522	84,6

Kann ein Bundestagspräsident abgesetzt werden?

Nein: Ein Bundestagspräsident kann nicht abgesetzt und auch nicht abgewählt werden! Die Geschäftsordnung legt fest, dass er bei Konstituierung des Bundestages für die Dauer einer Wahlperiode gewählt wird. Doch das bedeutet nicht, dass das Haus nicht die Möglichkeit hat, einen Präsidenten unter besonderen Umständen zum Rücktritt zu veranlassen. Es liegt dann immerhin beim Präsidenten, zu entscheiden, ob er sich in der Lage sieht, seine Funktionen weiterhin auszuüben oder auf sein Amt zu verzichten. So heißt es in einem Geschäftsordnungskommentar von *Hans Trossmann*. – Bisher sind vier Bundestagspräsidenten von ihrem Amt zurückgetreten: 1950 *Erich Köhler*, 1969 *Eugen Gerstenmaier*, 1984 *Rainer Barzel* und 1988 *Philipp Jenninger*. Die Rücktritte von *Gerstenmaier* und *Barzel* weisen manche Parallelen auf: Beide Präsidenten gerieten nicht – wie *Erich Köhler* – wegen ihrer Amtsführung in die öffentliche Auseinandersetzung, sondern wegen privater Angelegenheiten. Keinem von beiden konnte irgendein strafrechtlich relevanter Vorwurf gemacht werden. Vielmehr stellte bereits der Tatbestand, wegen privater finanzieller Angelegenheiten in die Schlagzeilen geraten zu sein, für das Parlament eine Belastung dar, aus der schließlich „die Konsequenzen" zu ziehen waren. – Die Umstände des

Rücktritts von *Jenninger* machen die besondere Sensibilität des Amtes deutlich: Infolge einer zum 50. Jahrestag der antijüdischen Pogrome des NS-Regimes („Reichspogromnacht") missverständlich vorgetragenen Rede mit zunächst missverstandenen Passagen trat *Jenninger* am 11. November 1988 vom Amt des Bundestagspräsidenten zurück, nicht ohne sein Bedauern zum Ausdruck gebracht zu haben, Gefühle verletzt zu haben. – *Rita Süssmuth* trat in der sogenannten „Dienstwagenaffäre" nicht vom Amt zurück; der Bundesrechnungshof bescheinigte ihr am 31. Mai 1991, mit der Nutzung ihres Dienstwagens durch ihren Ehemann nicht gegen die geltenden Bestimmungen verstoßen zu haben, aber er empfahl eine grundlegende Neuregelung der Nutzungsbestimmungen zu treffen.

Wer waren die Vizepräsidenten des Deutschen Bundestages?

Die Vizepräsidenten des Deutschen Bundestages vertreten den Bundestagspräsidenten in Abwesenheit bei der Wahrnehmung seiner Aufgaben.

Amtszeiten der Vizepräsidenten des Deutschen Bundestages		
Wahlperiode	Vizepräsidenten	Amtszeit
1. WP 1949-1953	Prof. Dr. *Carlo Schmid* (SPD) Dr. *Hermann Schäfer* (FDP)	7. 9. 1949 bis 6. 10. 1953
2. WP 1953-1957	1) Prof. Dr. *Carlo Schmid* (SPD) 2) Dr. *Richard Jaeger* (CDU/CSU) 3) Dr. *Hermann Schäfer* (FDP) 4) Dr. *Ludwig Schneider* (FDP, ab 23. 2. 1956 fraktionslos, ab 15. 3. 1956 DA, ab 26. 6. 1956 FVP) 5) Dr. *Max Becker* (FDP)	6. 10. 1953 bis 15. 10. 1957 6. 10. 1953 bis 15. 10. 1957 6. 10. 1953 bis 20. 10. 1953 28. 10. 1953 bis 15. 10. 1957 4. 7. 1956 bis 15. 10. 1957
3. WP 1957-1961	1) Prof. Dr. *Carlo Schmid* (SPD) 2) Dr. *Richard Jaeger* (CDU/CSU) 3) Dr. *Max Becker* (FDP) Dr. *Thomas Dehler* (FDP) 4) Dr. *Victor-Emanuel Preusker* (DP, ab 1. 7. 1960 fraktionslos, ab 20. 9. 1960 CDU/CSU)	15. 10. 1957 bis 17. 10. 1961 15. 10. 1957 bis 17. 10. 1961 15. 10. 1957 bis 29. 7. 1960 (†) 28. 9. 1960 bis 17. 10. 1961 23. 4. 1958 bis 4. 10. 1960

Amtszeiten der Vizepräsidenten des Deutschen Bundestages		
Wahlperiode	Vizepräsidenten	Amtszeit
4. WP 1961-1965	1) Prof. Dr. *Carlo Schmid* (SPD) 2) Dr. *Richard Jaeger* (CDU/CSU) 3) Dr. *Thomas Dehler* (FDP) 4) *Erwin Schoettle* (SPD)	17. 10. 1961 bis 19. 10. 1965
5. WP 1965-1969	1) Prof. Dr. *Carlo Schmid* (SPD) Dr. *Karl Mommer* (SPD) 2) Dr. *Richard Jaeger* (CDU/CSU) Dr. *Maria Probst* (CDU/CSU) Dr. *Richard Jaeger* (CDU/CSU) 3) Dr. *Thomas Dehler* (FDP) *Walter Scheel* (FDP) 4) *Erwin Schoettle* (SPD)	19. 10. 1965 bis 1. 12. 1966 14. 12. 1966 bis 20. 10. 1969 19. 10. 1965 bis 26. 10. 1965 9. 12. 1965 bis (†) 1. 5. 1967 11. 5. 1967 bis 20. 10. 1969 19. 10. 1965 bis 21. 7. 1967 (†) 8. 9. 1967 bis 20. 10. 1969 19. 10. 1965 bis 20. 10. 1969
6. WP 1969-1972	1) Prof. Dr. *Carlo Schmid* (SPD 2) Dr. *Richard Jaeger* (CDU/CSU) 3) Dr. *Hermann Schmitt-Vockenhausen* (SPD) 4) *Liselotte Funcke* (FDP)	28. 10. 1969 bis 13. 12. 1972
7. WP 1972-1976	1) *Kai-Uwe von Hassel* (CDU/CSU) 2) Dr. *Richard Jaeger* (CDU/CSU) 3) Dr. *Hermann Schmitt-Vockenhausen* (SPD) 4) *Liselotte Funcke* (FDP)	13. 12. 1972 bis 14. 12. 1976
8. WP 1976-1980	1) *Annemarie Renger* (SPD) 2) *Richard Stücklen* (CDU/CSU) Dr. *Richard von Weizsäcker* (CDU/CSU) 3) Dr. *Hermann Schmitt-Vockenhausen* (SPD) 4) *Georg Leber* (SPD) 5) *Liselotte Funcke* (FDP) *Richard Wurbs* (FDP)	14. 12. 1976 bis 4. 11. 1980 14. 12. 1976 bis 31. 5. 1979 21. 6. 1979 bis 4. 11. 1980 14. 12. 1976 bis (†) 2. 8. 1979 12. 9. 1979 bis 4. 11. 1979 14. 12. 1976 bis 23. 11. 1979 28. 11. 1979 bis 4. 11. 1980

Amtszeiten der Vizepräsidenten des Deutschen Bundestages		
Wahlperiode	Vizepräsidenten	Amtszeit
9. WP 1980-1983	1) *Annemarie Renger* (SPD) 2) Dr. *Richard von Weizsäcker* (CDU/CSU) *Heinrich Windelen* (CDU/CSU) 3) *Georg Leber* (SPD) 4) *Richard Wurbs* (FDP)	4. 11. 1980 bis 29. 3. 1983 4. 11. 1980 bis 21. 3. 1981 2. 4. 1981 bis 29. 3. 1983 4. 11. 1980 bis 29. 3. 1983 4. 11. 1980 bis 29. 3. 1983
10. WP 1983-1987	1) *Annemarie Renger* (SPD) 2) *Richard Stücklen* (CDU/CSU) 3) *Heinz Westphal* (SPD) 4) *Richard Wurbs* (FDP) 5) *Dieter-Julius Cronenberg* (FDP)	29. 3. 1983 bis 18. 2. 1987 29. 3. 1983 bis 18. 2. 1987 29. 3. 1983 bis 18. 2. 1987 29. 3. 1983 bis 13. 12. 1984 14. 12. 1984 bis 18. 2. 1987
11. WP 1987-1990	1) *Annemarie Renger* (SPD) 2) *Richard Stücklen* (CDU/CSU) 3) *Heinz Westphal* (SPD) 4) *Dieter-Julius Cronenberg* (FDP)	18. 2. 1987 bis 20. 12. 1990
12. WP 1990-1994	1) *Helmuth Becker* (SPD) 2) *Hans Klein* (CDU/CSU) 3) *Renate Schmidt* (SPD) 4) *Dieter-Julius Cronenberg* (FDP)	20. 12. 1990 bis 10. 11. 1994
13. WP 1994-1998	1) *Hans Klein* (CDU/CSU) *Michaela Geiger* (CDU/CSU) 2) *Hans-Ulrich Klose* (SPD) 3) *Antje Vollmer* (BÜNDNIS 90/ DIE GRÜNEN) 4) Dr. *Burkhard Hirsch* (FDP)	10. 11. 1994 bis (†) 26. 11. 1996 16. 1. 1997 bis 26. 10. 1998 10. 11. 1994 bis 26. 10. 1998 10. 11. 1994 bis 26. 10. 1998 10. 11. 1994 bis 26. 10. 1998
14. WP 1998-2002	1) *Anke Fuchs* (SPD) 2) Dr. h.c. *Rudolf Seiters* (CDU/CSU) 3) *Antje Vollmer* (BÜNDNIS 90/ DIE GRÜNEN) 4) *Hermann Otto Solms* (FDP) 5) *Petra Bläss* (PDS)	26. 10. 1998 bis 17. 10. 2002

Amtszeiten der Vizepräsidenten des Deutschen Bundestages		
Wahlperiode	Vizepräsidenten	Amtszeit
15. WP 2002-2005	1) Dr. h.c. *Susanne Kastner* (SPD) 2) Dr. *Norbert Lammert* (CDU/CSU) 3) *Antje Vollmer* (BÜNDNIS 90/ DIE GRÜNEN) 4) *Hermann Otto Solms* (FDP)	17. 10. 2002 bis 18. 10. 2005
16. WP 2005-2009	1) Dr. h.c. *Wolfgang Thierse* (SPD) 2) *Gerda Hasselfeldt* (CDU/CSU) 3) Dr. h.c. *Susanne Kastner* (SPD) 4) *Hermann Otto Solms* (FDP) 5) *Petra Pau* (DIE LINKE.) 6) *Katrin Göring-Eckardt* (BÜNDNIS 90/DIE GRÜNEN)	18. 10. 2005 bis 27. 10. 2009 18. 10. 2005 bis 27. 10. 2009 18. 10. 2005 bis 27. 10. 2009 18. 10. 2005 bis 27. 10. 2009 7. 4. 2006 bis 27. 10. 2009 18. 10. 2005 bis 27. 10. 2009
17. WP 2009-	1) Dr. h.c. *Wolfgang Thierse* (SPD) 2) *Gerda Hasselfeldt* (CDU/CSU) *Eduard Oswald* (CDU/CSU) 4) *Hermann Otto Solms* (FDP) 5) *Petra Pau* (DIE LINKE.) 6) *Katrin Göring-Eckardt* (BÜNDNIS 90/DIE GRÜNEN)	seit 27. 10. 2009 27. 10. 2009 bis 16. 3. 2011 seit 23. 3. 2011 seit 27. 10. 2009 seit 27. 10. 2009 seit 27. 10. 2009

Wofür bedarf es eines Alterspräsidenten?

Mit Zusammentritt des neuen Bundestages zu seiner 1., konstituierenden Sitzung endet die vorangegangene Wahlperiode und damit auch die Amtszeit des „für die Dauer der Wahlperiode" gewählten bisherigen Bundestagspräsidenten, der immerhin den neuen Bundestag noch einberuft. Aber der neue Bundestag steht vor der Notwendigkeit, sich zur Konstituierung eine Sitzungsleitung zu bestellen. Die Lösung ist der „Alterspräsident". In der Geschäftsordnung (§ 1) des Bundestages heißt es u. a. dazu: „In der ersten Sitzung des Bundestages führt das an Jahren älteste oder, wenn es ablehnt, das nächstälteste Mitglied des Bundestages den Vorsitz, bis der neu gewählte Präsident oder einer seiner Stellvertreter das Amt übernimmt."

Der Alterspräsident als vorläufiges Leitungsorgan eines das Volk repräsentierenden Parlaments war erstmals in der Französischen Revolutionsverfassung von 1791 verankert.

Wichtigste Aufgabe des Alterspräsidenten des Deutschen Bundestages ist es, die Wahl des neuen Bundestagspräsidenten zu leiten, nachdem zuvor ein Beschluss über die Geschäftsordnung gefasst, vorläufige Schriftführer ernannt und die Namen der Mitglieder des Deutschen Bundestages festgestellt wurden. Ist die Konstituierung des neuen Bundestages solchermaßen vollzogen und sind die Aufgaben des Alterspräsidenten erfüllt, übernimmt den Vorsitz der neu gewählte Bundestagspräsident.

Die Alterspräsidenten des Bundestages nutzen die Gelegenheit zu einer kurzen, nachdenkenswerten Ansprache mit möglichst unstreitigen Gedanken zum Selbstverständnis des Parlaments, aber auch zu allgemeinen politischen Fragen. Diese Tradition geht auf die KPD-Abgeordnete *Clara Zetkin* zurück, die als Alterspräsidentin des 6. Deutschen Reichstags am 30. August 1932 erstmals die Gelegenheit ergriff, eine kurze politische Ansprache zu halten. Bei der Konstituierung des Parlamentarischen Rates am 1. September 1948 würdigte der Alterspräsident *Adolph Schönfelder* (SPD) in einer Ansprache den historischen Moment, in dem nun der Parlamentarische Rat seine Arbeit am Grundgesetz aufnahm. Ebenso hielt *Paul Löbe*, der langjährige Präsident des Deutschen Reichstages, in der ersten Stunde des parlamentarischen Neubeginns in Deutschland 1949 im Bundestag als Alterspräsident eine Ansprache. Ein Recht, eine Ansprache zu halten, gibt es jedoch nicht; hier liegt allenfalls eine Duldung durch das Plenum vor. Vor Konstituierung des 13. Bundestages, als erstmals ein Abgeordneter aus den neuen Bundesländern, *Stefan Heym* (PDS), als Alterspräsident fungierte, gab es innerhalb der im Bundestag vertretenen Volksparteien Überlegungen zu einer Reform des Instituts des Alterspräsidenten, die jedoch nach Konstituierung des 13. Bundestages nicht weiterverfolgt wurde.

Die Alterspräsidenten des Deutschen Bundestages seit 1949		
Wahlperiode	Alterspräsident	Bemerkungen
1. WP 1949	*Paul Löbe* (SPD) *14. Dezember 1875	1920-1924 und 1925-1932 Präsident des Deutschen Reichstages
2. WP 1953	Dr. *Marie-Elisabeth Lüders* (FDP) *25. Juni 1878	Das älteste Mitglied, Dr. h.c. *Konrad Adenauer* (*5. Januar 1876) lehnte die Alterspräsidentschaft ab
3. WP 1957	Dr. *Marie-Elisabeth Lüders* (FDP) *25. Juni 1878	Das älteste Mitglied, Dr. h.c. *Konrad Adenauer* lehnte die Alterspräsidentschaft erneut ab
4. WP 1961	Dr. h.c. *Robert Pferdmenges* (CDU/CSU) *27. März 1880	Das älteste Mitglied, Dr. h.c. *Konrad Adenauer* lehnte die Alterspräsidentschaft wiederum ab
5. WP 1965	Dr. h.c. *Konrad Adenauer* (CDU/CSU) *5. Januar 1876	Während der Wahlperiode am 19. April 1967 verstorben
6. WP 1969	*William Borm* (FDP) *7. Juli 1895	
7. WP 1972	Prof. Dr. *Ludwig Erhard* (CDU/CSU) *4. Februar 1897	
8. WP 1976	Prof. Dr. *Ludwig Erhard* (CDU/CSU) *4. Februar 1897	Während der Wahlperiode am 5. Mai 1977 verstorben
9. WP 1980	*Herbert Wehner* (SPD) *11. Juli 1906	
10. WP 1983	*Willy Brandt* (SPD) *18. Dezember 1913	*Egon Franke* (SPD) am 11. April 1913 geboren, lehnte die Alterspräsidentschaft auf Wunsch der SPD-Fraktion ab
11. WP 1987	*Willy Brandt* (SPD) *18. Dezember 1913	
12. WP 1990	*Willy Brandt* (SPD) *18. Dezember 1913	Während der Wahlperiode am 8. Oktober 1992 verstorben
13. WP 1994	*Stefan Heym* (PDS) *10. April 1913	Mandatsniederlegung während der Wahlperiode am 31. Oktober 1995
14. WP 1998	*Fred Gebhardt* (PDS) *27. Februar 1928	Während der Wahlperiode am 15. August 2000 verstorben

Die Alterspräsidenten des Deutschen Bundestages seit 1949		
Wahlperiode	Alterspräsident	Bemerkungen
15. WP 2002	*Otto Schily* (SPD) *20. Juli 1932	
16. WP 2005	*Otto Schily* (SPD) *20. Juli 1932	
17. WP 2009	Prof. Dr. *Heinz Riesenhuber* (CDU/CSU) *1. Dezember 1935	

Können außer den Alterspräsidenten, Präsidenten oder Vizepräsidenten auch „normale" Abgeordnete eine Plenarsitzung leiten?

In der Geschäftsordnung des Bundestages (§ 8) ist festgelegt, dass der Alterspräsident die Leitung der Sitzung übernimmt, wenn alle Mitglieder des Präsidiums verhindert sind. Bislang gab es nur zwei solcher Fälle:
- Am 18. April 1958 übernahm der Abgeordnete *Kurt Pohle* (SPD) die Leitung der Sitzung, weil Bundestagspräsident *Eugen Gerstenmaier* die Sitzung verlassen musste (3. WP, 23. Sitzung, S. 1260).
- Am 12. März 1971 gab es einen zweiten und bisher letzten Fall, wo mit dem Abgeordneten *Siegfried Meister* (CDU) ein Alterspräsident bestimmt wurde, die einberufene Sitzung sogar zu eröffnen (6. WP, 108. Sitzung, S. 6295).

Während *Pohle* 1958 im Plenarprotokoll mit „Vizepräsident i. A" bezeichnet wurde, erhielt *Meister* die Bezeichnung „Präsident i. A".

6. Plenum – Abstimmungen – Ordnungsrufe

Wie lange dauert eine Plenarsitzung durchschnittlich?

Zu den vielen interessanten Details aus dem Sitzungsbetrieb zählt auch die Frage nach Anzahl, Sitzungszeit und durchschnittlicher Länge einer Plenarsitzung:

Plenarsitzungsstatistik								
Wahlperiode	Plenarsitzungen	davon Sondersitzungen gem. Art. 39 Abs. 3 GG	Sitzungszeiten				Seitenzahl der Stenografischen Berichte	Anzahl der Drucksachen
			Gesamtsitzungszeit in Stunden	Sitzungszeit abzüglich der Sitzungsunterbrechungen	Durchschnittliche Dauer pro Sitzung (Stunden: Minuten)	Durchschnittliche Sitzungsdauer pro Kalenderjahr (Stunden: Minuten)		
1. WP (1949-1953)	282	2	1801	1714	6:05	428:24	14285	4682
2. WP (1953-1957)	227	0	1581	1440	6:20	359:53	13568	3783
3. WP (1957-1961)	168	1	1134	1049	6:14	262:11	9806	3007
4. WP (1961-1965)	198	3	1091	985	4:58	246:14	10102	3799
5. WP (1965-1969)	247	3	1392	1254	5:04	313:27	13875	4695
6. WP (1969-1972)	199	4	1091	988	4:58	329:25	11841	3831

Plenarsitzungsstatistik								
Wahlperiode	Plenarsitzungen	davon Sondersitzungen gem. Art. 39 Abs. 3 GG	Gesamtsitzungszeit in Stunden	Sitzungszeit abzüglich der Sitzungsunterbrechungen	Sitzungszeiten		Seitenzahl der Stenografischen Berichte	Anzahl der Drucksachen
					Durchschnittliche Dauer pro Sitzung (Stunden: Minuten)	Durchschnittliche Sitzungsdauer pro Kalenderjahr (Stunden: Minuten)		
7. WP (1972-1976)	259	4	1565	1485	5:44	371:14	18597	5953
8. WP (1976-1980)	230	1	1411	1304	5:40	325:53	18769	4520
9. WP (1980-1983)	142	0	859	805	5:40	324:02	8994	2443
10. WP (1983-1987)	256	3	1789	1683	6:35	430:28	20091	6830
11. WP (1987-1990)	236	5	1730	1646	6:59	429:28	18935	8546
12. WP (1990-1994)	243	6	1844	1802	7:25	459:58	21752	8611

Plenarsitzungsstatistik								
Wahlperiode	Plenarsitzungen	davon Sondersitzungen gem. Art. 39 Abs. 3 GG	Sitzungszeiten				Seitenzahl der Stenografischen Berichte	Anzahl der Drucksachen
			Gesamtsitzungszeit in Stunden	Sitzungszeit abzüglich der Sitzungsunterbrechungen	Durchschnittliche Dauer pro Sitzung (Stunden: Minuten)	Durchschnittliche Sitzungsdauer pro Kalenderjahr (Stunden: Minuten)		
13. WP (1994-1998)	248	7	1864	1833	7:24	458:20	23176	11472
14. WP (1998-2002)	253	8	1999	1966	7:46	491:37	25633	10006
15. WP (2002-2005)	187	1	1353	1312	7:01	451:13	17591	6016
16. WP (2005-2009)	233	2	1806	1771	7:36	442:58	26375	14163

Wie lange dauerte die kürzeste Bundestagssitzung?

Die kürzeste Bundestagssitzung dauerte eine Minute. In der folgenden Übersicht sind jene Plenarsitzungen des Bundestages aufgeführt, die fünf Minuten oder kürzer andauerten.

Wahlperiode	Sitzungs-nummer	Datum	Uhrzeit	Dauer in Minuten
4. WP (1961-1965)	113	7.2.1964	13.35 – 13.38	3
5. WP (1965-1969)	104	19.4.1967	14.31 – 14.33	2
	162	27.3.1968	21.13 – 21.15	2
6. WP (1969-1972)	3	21.10.1969	16.00 – 16.03	3
7. WP (1972-1976)	3	14.2.1972	16.01 – 16.06	5
	47	20.6.1973	18.45 – 18.49	4
	83	13.3.1974	09.00 – 09.01	1
8. WP (1976-1980)	3	15.12.1976	14.02 – 14.05	3
	102	1.9.1978	12.01 – 12.06	5
9. WP (1980-1983)	3	5.11.1980	15.00 – 15.03	3
	119	1.10.1982	17.30 – 17.34	4
13. WP (1994-1998)	3	15.11.1994	15.00 – 15.03	3
15. WP (2002-2005)	50	17.6.2003	14.00 – 14.02	2

Wie lange dauerte die längste Bundestagssitzung?

Die längste Sitzung fand am 24./25. November 1949 statt; sie dauerte von 10.30 Uhr bis 6.23 Uhr morgens. Abzüglich der Sitzungsunterbrechungen (Pausen) dauerte diese Sitzung jedoch nur 814 Minuten. Zieht man die Sitzungsunterbrechungen von den einzelnen Sitzungen ab, fand die längste Sitzung in der Geschichte des Bundestages mit 1279 Minuten am 28. November 1985 statt.

Nachfolgend sind alle Plenarsitzungen des Bundestags aufgeführt, die mindestens 900 Minuten oder über die mitternächtliche Stunde hinaus andauerten.

Wahlperiode	Sitzungs-nummer	Datum	Uhrzeit	Dauer in Minuten (Abzüglich der Sitzungsunterbrechungen)
1. WP (1949-1953)	18	24.11.1949	10.20 - 06.23	814
	36	9.2.1950	14.41 - 00.54	613
	145	31.5.1951	13.01 - 01.40	759
	160	11.7.1951	09.02 - 00.38	936
	168	16.10.1951	13.30 - 00.40	670
	183	10.1.1952	09.31 - 04.42	1151
	242	5.12.1952	09.04 - 03.31	963
2. WP (1953-1957)	71	26.2.1955	09.02 - 01.17	916
	159	6.7.1956	09.02 - 03.43	911
	187	21.1.1957	09.02 - 00.19	794
	188	31.1.1957	09.02 - 00.16	761
3. WP (1957-1961)	9	23.1.1958	09.01 - 01.26	894
6. WP (1969-1972)	100	10.2.1971	09.00 - 00.56	956
7. WP (1972-1976)	95	25.4.1974	09.01 - 01.08	843
	102	21.5.1974	09.00 - 02.08	973
	235	8.4.1976	09.00 - 01.29	961
	242	13.5.1976	09.00 - 00.33	865
10. WP (1983-1987)	44	8.12.1983	09.00 - 24.00	900
	101	15.11.1984	09.00 - 00.14	828
	103	27.11.1984	10.00 - 00.02	771
	178	28.11.1985	09.01 - 23.17	1279
	216	15.5.1986	08.00 - 22.27	1247
11. WP (1987-1990)	87	23.6.1988	09.00 - 02.05	877
	149	15.6.1989	09.00 - 00.09	865
12. WP (1990-1994)	64	5.12.1991	09.00 - 00.14	856
	99	25.6.1992	09.00 - 00.58	913
	122	24.11.1992	09.00 - 00.27	641
	235	23.6.1994	12.00 - 00.18	738
	243	21.9.1994	10.00 - 02.52	1012

Wahlperiode	Sitzungs-nummer	Datum	Uhrzeit	Dauer in Minuten (Abzüglich der Sitzungsunterbrechungen)
13. WP (1994-1998)	30	29.3.1995	09.00 - 01.30	990
	61	12.10.1995	09.00 - 02.01	990
	89	29.2.1996	09.00 - 00.26	926
	107	23.5.1996	09.00 - 00.30	930
	110	13.6.1996	09.00 - 00.16	908
	128	10.10.1996	09.00 - 00.32	932
	241	18.6.1998	09.00 - 02.45	1065
14. WP (1998-2002)	39	6.5.1999	09.30 - 01.05	846
	54	15.9.1999	09.00 - 00.04	784
	55	16.9.1999	09.00 - 00.52	832
	114	6.7.2000	09.00 - 00.14	914
	140	7.12.2000	09.00 - 00.33	923
16. WP (2005-2009)	43	29.6.2006	09.00 - 00.25	844
	227	18.6.2009	09.00 - 01.01	922
	230	2.7.2009	09.01 - 01.08	938

Warum sitzen die Abgeordneten von DIE LINKE. links außen, die FDP rechts außen und die Grünen in der Mitte?

Als im März 1956 eine Gruppe von Abgeordneten aus der FDP austraten und die „Demokratische Arbeitsgemeinschaft" (DA) bildeten, wurde der hessische FDP-Abgeordnete *Max Becker* von einem Korrespondenten gefragt, ob die FDP zukünftig rechts oder links von der CDU sitzen werde. *Becker* sagte daraufhin: „Ich pflege Politik mit dem Kopf zu machen – nicht mit dem Gegenteil …".

Dennoch: Die Frage, wer sitzt wo im Plenarsaal, ist nicht unerheblich. Die Sitzordnung der Fraktionen im Plenum des Deutschen Bundestages geht auf Entwicklungen in der Französischen Revolution (1789-1799) zurück. Nach dem Sturz *Napoleons* bildete sich in der französischen Deputiertenkammer die Unterscheidung in „links" und „rechts", indem der Adel den Ehrenplatz zur Rechten des Präsidenten beanspruchte, während der dritte Stand zu seiner Linken saß. Aus dieser Sitzordnung heraus entstand die Bezeichnung politischer Parteien. In dem Maße jedoch, in dem die Parteien sich in den letzten Jahrzehnten „entideologisierten" und sich zu demokratischen Integrationsparteien entwickelten, ist das alte Rechts-Links-Schema zweifelhaft geworden. Deshalb ist auch die Sitzordnung im Plenum des Bundestages, die sich noch an dem Rechts-Links-Schema orientiert, nicht von vornherein ein Indiz für die von diesen Parteien aktuell vertretene Politik. Vom Präsidenten aus gesehen nahmen die Fraktionen des Deutschen Bundestages zu Beginn der jeweiligen Wahlperiode bisher folgende Sitzordnung ein:

Wahlperiode	Sitzanordnung von links nach rechts
1. WP (1949-1953)	KPD, SPD, CDU/CSU, FDP, DP, FU, Fraktionslose
2. WP (1953-1957)	SPD, GB/BHE (dahinter in der letzten und vorletzten Reihe Fraktionslose), CDU/CSU, FDP, DP
3. WP (1957-1961)	SPD, CDU/CSU, FDP, DP
4. bis 9. WP (1961-1983)	SPD CDU/CSU, FDP
10.-11. WP (1983-1990)	SPD, DIE GRÜNEN, CDU/CSU, FDP
12. WP (1990-1994)	PDS/LL, SPD, BÜNDNIS 90/DIE GRÜNEN, CDU/CSU, FDP
13. WP (1994-1998)	PDS, SPD, BÜNDNIS 90/DIE GRÜNEN, CDU/CSU, FDP
14. WP (1998-2002)	SPD, BÜNDNIS 90/DIE GRÜNEN, CDU/CSU, FDP
15. WP (2002-2005)	SPD (dahinter in der letzten Reihe Fraktionslose), BÜNDNIS 90/DIE GRÜNEN, CDU/CSU, FDP
seit 16. WP (2005-2009)	DIE LINKE., SPD, BÜNDNIS 90/DIE GRÜNEN, CDU/CSU, FDP

Warum sitzen manchmal nur so wenige Abgeordnete im Plenum?

Wiederholt sieht man auf Bildern, die Fernsehen oder Zeitungen aus dem Plenarsaal übermitteln, leere Sitzreihen im Plenarsaal des Bundestages. Das liegt daran, dass die Abgeordneten auch während der laufenden Debatte Verpflichtungen außerhalb des Plenarsaals nachkommen. Sie nehmen an Sitzungen anderer Gremien und Ausschüsse des Bundestages teil, treffen sich mit Behörden-, Interessen- oder Pressevertretern oder nehmen an Diskussionen mit Besuchergruppen teil.

Wie viele namentliche Abstimmungen gab es im Bundestag?

Namentliche Abstimmungen sind eine besondere Form der Abstimmung, die bei den meisten im Bundestag verabschiedeten Gesetzen erfolgt. Sie hat insofern besondere Bedeutung, als dass die Voten der Abgeordneten später namentlich im Protokoll des Bundestages veröffentlicht werden, und sich somit jeder Interessierte informieren kann, wie z. B. „sein" Wahlkreisabgeordneter abgestimmt hat. Zu den Gesetzen und Anträgen wird in der Regel einmal abgestimmt. Freilich gibt es immer wieder zu einem Gesetz oder Antrag auch Änderungsvorschläge, über die dann nach dem in der Geschäftsordnung geregelten Verfahren abgestimmt wird. Bisher ist einmal dieses Abstimmungsverfahren durch eine Oppositionspartei mit dem Ziel, Fundamentalopposition zu demonstrieren ad absurdum geführt worden: Im Zusammenhang mit der Verabschiedung des Bundesfernstraßengesetzes wurden am 30. Januar 1986 von den Grünen insgesamt 209 Änderungsanträge eingebracht, über die jeweils einzeln abgestimmt werden musste. Für alle Beteiligten – auch die Antragsteller – war klar, dass diese Anträge allesamt scheitern würden. Dennoch machten sich die Grünen eine Gaudi daraus, die Geduld der Abgeordneten der bei ihnen als etabliert geltenden Fraktionen auf die Probe zu stellen und Belastungsfähigkeit und Organisationstalent der Bundestagsverwaltung auszureizen, die spontan tausende von Stimmkarten bereithalten musste. Die 209 Änderungsanträge der Grünen in dieser Sitzung standen auch statistisch gesehen in einem Missverhältnis zu den insgesamt 128 weiteren namentlichen Abstimmungen des 10. Deutschen Bundestages.

Wahlperiode	Namentliche Abstimmung
1. WP (1949-1953)	136
2. WP (1953-1957)	168
3. WP (1957-1961)	46
4. WP (1961-1965)	38
5. WP (1965-1969)	24
6. WP (1969-1972)	38
7. WP (1972-1976)	53
8. WP (1976-1980)	58
9. WP (1980-1983)	26
10. WP (1983-1987)	128
11. WP (1987-1990)	162
12. WP (1990-1994)	129
13. WP (1994-1998)	180
14. WP (1998-2002)	164
15. WP (2002-2005)	102
16. WP (2005-2009)	176

Woher hat der „Hammelsprung" seinen Namen?

Wenn Zweifel über das Ergebnis der Abstimmung entstehen, verlassen die Abgeordneten zur Zählung jeder einzelnen Stimme den Plenarsaal und kommen über die Ja-, Nein- oder Enthaltungs-Tür wieder in den Saal hinein. Dieses Auszählverfahren kennt die Geschäftsordnung des Reichstags seit 1874 und auch einige Landtage, darunter das Preußische Abgeordnetenhaus. Für diese Abstimmungsverfahren ist nachweislich erstmals in der Presse am 12. November 1874 der Begriff „Hammelsprung" verwendet worden, als auch das Preußische Abgeordnetenhaus das Zählverfahren einführte. Das Wort „Hammelsprung" ist eines jener Wortschöpfungen, die im Parlament entstanden sind, aber anders als etwa „Stimmvieh" seinen negativen Begriffsinhalt inzwischen abgestreift hat. Das lag vielleicht auch daran, dass der Architekt *Paul Wallot* in dem 1894 fertig gestellten Reichstag den Hammelsprung in das Bildprogramm der beiden Abstimmungstüren, die in den Plenarsaal hineinführten, aufgenommen hatte. Die Intarsia auf der „Ja-Tür" zeigte die antike Gestalt des geblendeten *Polyphem* aus der Odyssee, seinen Widdern über den Rücken streichend (und nicht zählend), während oberhalb der anderen Tür die schlesische Sagengestalt *Rübezahl* abgebildet war.

Die Zählung der Stimmen erfolgt inzwischen ausgesprochen selten.

Wahlperiode	Hammelsprung
1. WP (1949-1953)	181
2. WP (1953-1957)	121
3. WP (1957-1961)	62
4. WP (1961-1965)	40
5. WP (1965-1969)	36
6. WP 1969-1972)	27
7. WP (1972-1976)	6
8. WP (1976-1980)	4
9. WP (1980-1983)	2
10. WP (1983-1987)	10
11. WP (1987-1990)	4
12. WP (1990-1994)	4
13. WP (1994-1998)	6
14. WP (1998-2002)	6
15. WP (2002-2005)	4
16. WP (2005-2009)	5

Wird im Bundestag anders gelacht als außerhalb?

Marcus Hoinle stellte in einer Untersuchung mit dem Thema „Heiterkeit im ganzen Hause" (Zeitschrift für Parlamentsfragen, 2001) für die 13. und 14. Wahlperiode fest, dass Lachen infolge seines gruppenbildenden und kommunikativen Charakters von grundlegender Bedeutung für das Innenleben des Parlaments ist, ohne dem Ernst der politischen Sache zu schaden und die Würde des Hohen

Hauses zu beeinträchtigen. Ferner stellt er fest, dass parlamentarisches Lachen nie zweck-, gelegentlich aber sinnfrei ist. Wenn es sinnfrei ist, dann wird im stenographischen Protokoll parteiübergreifende „Heiterkeit" notiert. *Hoinle* stellt fest:
- „Lachen bedeutet Parteinahme. Wer mitlacht, signalisiert Gruppenzugehörigkeit".
- „Lachen braucht Distanz. Risikofreie Ferne, Gleichgültigkeit oder Nichtbetroffenheit […] erleichtern das Lachen über Menschen wie Sachen."
- „Lachen entlastet und befreit. In einem kurzen Augenblick der Ungebundenheit können Ärger, Aggressionen und Ängste wenn nicht vermindert, so doch verdrängt werden."
- „Lachen überzeugt. Wer mitlacht, bestätigt die Linie einer Partei. Als non-verbale Komponente der Argumentation trägt es zur Demaskierung und Aufklärung bei und ist als Instrument oppositioneller Kritik und Kontrolle, mithin ein ›natürliches Gegenmittel gegen die Hybris der mächtigen Männer‹."
- Nicht gelacht wird aus Gründen der political correctness über Frauen- und sogenannte „Blondinenwitze" sowie „über ostdeutsche Befindlichkeiten oder Unterschiede zwischen Ost- und Westdeutschland, da hier die Brisanz der politischen Realität unpolitischer Heiterkeit entgegensteht."

Im Parlament zeigt sich Lachen mit seinen zwei Gesichtern:

„es bildet Gruppen und grenzt zugleich aus,
es greift an und verteidigt,
es täuscht und enthüllt,
es stiftet sowohl Unruhe als auch Ordnung,
es entspannt und bedroht,
es deklassiert und erhebt,
es vereinnahmt und motiviert."

Auf welche drei Arten wird im Bundestag gelacht?

So differenziert das Lachen im Bundestag psychologisch bewertet werden kann, so unmissverständlich ist das Protokollieren von Lachen im Stenographischen Bericht des Bundestages. Dort ist es jahrzehntelang Praxis, nonverbale Meinungsbekundungen wie Raunen,

Beifall, Lachen oder das Überreichen von Blumensträußen in der stenografischen Mitschrift der Parlamentsdebatten unmissverständlich zu protokollieren. Lachen wird im Bundestagsprotokoll grundsätzlich als „Lachen" ausgewiesen, Mitlachen wird als „Heiterkeit" wiedergegeben und schließlich gibt es noch die Notiz „Heiterkeit und Beifall".

Beim Beifall ist es nicht ganz so einfach wie beim Lachen. So kennen die Protokolle des Bundestages beim Beifall je nach Dauer und Stärke Steigerungsmöglichkeiten:

	Stärke →	
Dauer ↓	Beifall	Lebhafter Beifall
	Anhaltender Beifall	Anhaltender lebhafter Beifall
	Langanhaltender Beifall	Langanhaltender lebhafter Beifall

Demonstrativer oder ironischer Beifall wird im Protokoll nicht eigens bewertet, aber von den zur protokollierten ernst gemeinten Beifallsbekundungen durch einen langen Strich abgesetzt:

Beifall bei der Fraktion LMA und der
Fraktion ABC – Beifall der Abgeordneten
Beate Mustermann (Fraktion XYZ)

Gelegentlich gibt es auch „standing ovations". In diesem Fall vermerkt das Protokoll:

Beifall bei der Fraktion LMA und der
Fraktion ABC– Die Abgeordneten der
Fraktion LMA und ABC erheben sich.

Schließlich wird der Beifall noch zugeordnet: Nach Beifall *eines* Abgeordneten, nach von *Teilen einer* Fraktion und nach der *ganzen* Fraktion. Zuerst wird die Fraktion des jeweils aktuellen Redners protokolliert. Die übrigen Fraktionen werden in der Reihenfolge der Fraktionsstärke genannt. Zum Schluss werden die fraktionslosen Abgeordneten aufgeführt.

Im Gegenzug zu Heiterkeit und Beifall kann es im Bundestag auch zum Einsatz der Glocke des Bundestagspräsidenten kommen. Der Anlass zum Einsatz der Glocke ist dann im stenographischen Protokoll vermerkt mit „Unruhe", „Anhaltende Unruhe" oder „Große Unruhe".

Zu den Ausnahmen, die im Plenarprotokoll verzeichnet werden, gehörte es, als notiert werden musste, dass vor den Abgeordnetenbänken ein Insekt fliegt, weil der Redner in seiner Rede darauf auch einging. Die Rede wäre an dieser Stelle sonst unverständlich gewesen (25. November 1987, S. 2876).

Warum wird auf der Regierungsbank nie applaudiert?

Auf der Regierungsbank wird nicht applaudiert. Somit vermeidet die Regierung eine demonstrative Fraternisierung mit dem sie kontrollierenden Bundestag. Auch sind nicht alle Bundesminister Mitglied des Deutschen Bundestages. Sollte ein Bundesminister oder gar der Bundeskanzler dennoch klatschen, so tut er das nur als Abgeordneter und dann eben von seinem Abgeordnetensitz im Plenum aus.

Darf im Bundestag Unsinn geredet werden?

Während der Zuruf, ein Abgeordneter rede „Quatsch", ausdrücklich als unparlamentarischer Ausdruck gilt, ist Unsinn oder Nonsens-Reden offensichtlich erlaubt: Der Abgeordnete *Hans Dichgans* (CDU/CSU) wenigstens gehörte zu den bedeutenden Unsinn-Rednern im Bundestag. Er führte am 25. Oktober 1967 im Plenum anlässlich einer Debatte über die Einführung von 15-minütigen Reden aus:

> „Ich möchte hier leidenschaftlich für das Recht des Abgeordneten eintreten, Unsinn zu reden. Es ist eins der Grundrechte des Parlaments. Gute Debatten brauchen falsche Argumente ebenso wie die richtigen. Die Richtigen können sich nur an den falschen entzünden, und die Kollegen, die zu viel Unsinn fürchten, kann ich damit trösten: Auch der Unsinn soll ja auf maximal 15 Minuten beschränkt bleiben."

Warum durfte der Showmaster Thomas Gottschalk nicht im Bundestag reden?

Das Rederecht im Deutschen Bundestag ist auf wenige Personenkreise beschränkt:
- Rede**recht** haben die zum Bundestag gewählten Abgeordneten;
- Rede**privileg** besitzen die Mitglieder des Bundesrates und der Bundesregierung sowie ihre Beauftragten;
- der Rede**pflicht** auf besonderes Verlangen unterliegt seit 1965 der Wehrbeauftragte des Deutschen Bundestages.

Der Bundestag hat also keine Rechtsgrundlage, Nichtparlamentariern Rederecht zu gewähren. Dass nun ein Showmaster, wie *Thomas Gottschalk*, der bei einer verlorenen Fernsehwette versprach, im Bundestag reden zu wollen, dieses Rederecht nicht erhielt, lag daran, dass eine der Volksbelustigung dienende Show mit der Würde des Bundestags nicht vereinbar ist. Unabhängig davon, dass der Bundestag bei einem Redner keinen Einfluss darüber hätte ausüben können, was und worüber er spricht, kann es nicht sein, dass ein Showmaster die Gelegenheit erhält, sich daraus einen Gag auf Kosten des Bundestages zu machen. Von einem klugen Menschen hätte erwarten werden können, dass der Bundestag ungeeignet ist für derartige Scherze. Weil *Gottschalk* das eingesehen hatte, reagierte er auf die Ablehnung seines Ansinnens vernünftiger Weise nicht mehr.

Wann dürfen Gäste im Parlament sprechen?

Ausländische Gäste hielten entweder auf besondere Einladung und zu besonderen Anlässen Rederecht im Bundestag. Dies geschah außerhalb einer regulären Plenarsitzung oder außerhalb der Tagesordnung. D. h. der Bundestag hat für entsprechende Ansprachen entweder seine Sitzung oder seine Beratungen (gegebenenfalls stillschweigend) unterbrochen oder es handelte sich um eine eigens zu diesem Zweck einberufene Sitzung des Bundestages. Das nachfolgende Verzeichnis belegt, dass es sich bei den Rednern längst nicht immer um amtierende Staatsoberhäupter handelt. Insbesondere zur Gedenkstunde des Deutschen Bundestages zum „Tag des Gedenkens an die Opfer des Nationalsozialismus" wurden vielfach auch Prominente außerhalb der Politik eingeladen, im Bundestag zu sprechen:

Gäste als Redner im Bundestag

1. Wahlperiode 1949-1953

1) *Arthur Woodburn*, Leiter der britischen Delegation der Internationalen Parlamentarischen Union (IPU), 18. September 1951.
2) *Theodore Francis Green*, Mitglied des Senats der Vereinigten Staaten von Amerika als Sprecher einer Delegation beider Häuser des amerikanischen Kongresses, 14. November 1951.
3) *Muhlis Tumay*, Erster Vizepräsident der Türkischen Großen Nationalversammlung als Sprecher einer Delegation der Türkischen Großen Nationalversammlung, 12. Dezember 1951.

2. Wahlperiode 1953-1957

4) *Joseph W. Martin*, Speaker des Repräsentantenhauses der Vereinigten Staaten von Amerika, 29. Oktober 1953.

4. Wahlperiode 1961-1965

5) *Per Federspiel*, Präsident der Beratenden Versammlung des Europarats, 14. Februar 1962.

5. Wahlperiode 1965-1969

6) *Richard Milhous Nixon*, Präsident der Vereinigten Staaten von Amerika, 26. Februar 1969.

9. Wahlperiode 1980-1983

7) *Ronald Reagan*, Präsident der Vereinigten Staaten von Amerika, 9. Juni 1982.
8) *François Mitterand*, Präsident der Französischen Republik, 20. Januar 1983.

10. Wahlperiode 1983-1987

9) *Fritz R. Stern*, amerikanischer Historiker und Hochschullehrer, 17. Juni 1987

13. WAHLPERIODE 1994-1998

10) *Władisław Bartoszewski*, Minister für Auswärtige Angelegenheiten der Republik Polen, 28. April 1995 zum Gedenken an den 8. Mai 1945.
11) *Ezer Weizmann*, Präsident des Staates Israel, 16. Januar 1996.
12) *Nelson Mandela*, Präsident der Republik Südafrika, 22. Mai 1996.
13) *Václav Havel*, Präsident der Tschechischen Republik, 24. Mai 1997, anlässlich der deutsch-tschechischen Erklärung.

14. WAHLPERIODE 1998-2002

14) *Najma Heptulla*, Präsidentin a.i. des Rates der Interparlamentarischen Union und Vizepräsidentin des indische Oberhauses, 7. September 1999, während des Festaktes „50 Jahre Deutscher Bundestag".
15) *George Bush*, ehem. Präsident der Vereinigten Staaten von Amerika, 9. November 1999 anlässlich der Sonderveranstaltung des Deutschen Bundestages „10. Jahrestag des Falls der Mauer".
16) *Michail Gorbatschow*, ehem. Präsidiumsvorsitzender des Obersten Sowjets und ehem. erster sowjetischer Präsident, 9. November 1999, anlässlich der Sonderveranstaltung des Deutschen Bundestages „10. Jahrestag des Falls der Mauer".
17) *Elie Wiesel*, amerikanischer Historiker und Schriftsteller, 27. Januar 2000, anlässlich der Gedenkstunde des Deutschen Bundestages zum „Tag des Gedenkens an die Opfer des Nationalsozialismus".
18) *Jacques Chirac*, Präsident der französischen Republik, 27. Juni 2000.
19) *Wladimir Putin*, Präsident der Russischen Föderation, 25. September 2001.
20) *Bronisław Geremek,* ehemaliger Außenminister der Republik Polen, 28. Januar 2002, anlässlich der Gedenkstunde des Deutschen Bundestages zum „Tag des Gedenkens an die Opfer des Nationalsozialismus".

21) *Kofi Annan*, Generalsekretär der Vereinten Nationen, 28. Februar 2002.
22) *George W. Bush*, Präsident der Vereinigten Staaten von Amerika, 23. Mai 2002.

15. Wahlperiode 2002-2005

23) *Jorge Semprún*, ehemaliger Kulturminister des Königreichs Spanien, 27. Januar 2003, anlässlich der Gedenkstunde des Deutschen Bundestages zum „Tag des Gedenkens an die Opfer des Nationalsozialismus".
24) *Simone Veil*, ehemalige französische Ministerin und ehemalige EU-Parlamentspräsidentin, 27. Januar 2004, anlässlich der Gedenkstunde des Deutschen Bundestages zum „Tag des Gedenkens an die Opfer des Nationalsozialismus".
25) *Viktor Juschtschenko*, Präsident der Ukraine, 9. März 2005.
26) *Moshe Katsav*, Präsident des Staates Israel, 31. Mai 2005.

16. Wahlperiode 2005-2009

27) *Imre Kertész*, ungarischer Schriftsteller, 29. Januar 2007, anlässlich der Gedenkstunde des Deutschen Bundestages zum „Tag des Gedenkens an die Opfer des Nationalsozialismus".

17. Wahlperiode seit 2009

28) *Shimon Perez*, Präsident des Staates Israel, am 27. Januar 2010 anlässlich der Gedenkstunde des Deutschen Bundestages zum „Tag des Gedenkens an die Opfer des Nationalsozialismus" im Deutschen Bundestag.
29) *Feliks Tych*, polnischer Historiker und ehemaliger Direktor des Jüdischen Historischen Instituts in Warschau, am 27. Januar 2011 anlässlich der Gedenkstunde des Deutschen Bundestages zum „Tag des Gedenkens an die Opfer des Nationalsozialismus" im Deutschen Bundestag.
30) *Marcel Reich-Ranicki*, am 27. Januar 2012 anlässlich der Gedenkstunde des Deutschen Bundestages zum „Tag des Gedenkens an die Opfer des Nationalsozialismus" im Deutschen Bundestag.

Was bedeutet „Würde des Parlaments"?

Schon die Geschäftsordnung des Reichstags von 1922 forderte ausdrücklich die „Würde" des Parlaments ein und betrachtete es als eine Aufgabe des Parlamentspräsidenten, darauf zu achten, dass diese gewahrt wird. Auch bevor die Geschäftsordnung diese Bestimmung aufnahm, wurde selbstverständlich während einer Sitzung im Plenum nicht gegessen und nicht geraucht. Noch heute wird lediglich dem jeweiligen Redner ein Glas Wasser auf das Rednerpult gestellt. Mit der Würde des Parlaments unvereinbar sind unparlamentarisches Verhalten und Äußerungen, Flüche und vor allem Schlägereien. Sie ziehen Ordnungsmaßnahmen des Präsidenten nach sich. Der zur Durchsetzung hierzu auch auf die mit einem Frack bekleideten sogenannten Saaldiener zurückgreifen kann, um Störungen zu unterbinden.

Gibt es eine Kleiderordnung im Bundestag?

Annemarie Renger (SPD) beklagte sich in ihrer Amtszeit als Bundestagspräsidentin (1972-1976) über schlecht angezogene Abgeordneten. Der Abgeordnete *Ernst Müller-Hermann* (CDU/CSU) widmete ihr daraufhin ein Gedicht, das bei den Abgeordneten über die Fraktionsgrenzen hinaus große Beachtung fand:

Sehr geehrte Frau Präsidentin!

Ihre Kritik an den Kollegen
Macht auch mich ganz stark verlegen.
Wie ich es der „WELT" entnahm,
Macht Sie der Männeranblick gram.
Sie müssen sich die Haare raufen,
Wenn Männer so auf einem Haufen
Und scheußlich durch die Gegend laufen.

Mit schief gebundenen Krawatten,
Mit Sakkos, die wir früher hatten,
Mit ausgemachten Ringelstrümpfen,
Mit Tabaksqualm zum Naserümpfen,
Mit Flecken auf den Oberhemden,

Mit Haar-Toupets, die stets befremden,
Mit Hosen, die total zerknittert,
Was jedes Frauenherz erschüttert,
Zumal wenn sie zu kurz geraten
Und freigeben behaarte Waden.

Kurzum, die Männer-Rasselbande
Ist für das Parlament 'ne Schande!

Ich überlege mittlerweile,
wie dem abzuhelfen sei.

Punkt 1 des Morgens: Frühappell!
Die Herren melden sich zur Stell'.
Und vor den Präsidiumsstufen
Wird jeder einzeln aufgerufen,
Und der Präsidentendamen eine
Prüft Hände, Anzug, Beine.

Wenn einer dreimal sehr adrett ist,
Gleich ob er groß, klein, schmal und fett ist,
Wird – registriert ganz hoch erfreut –
Vom Freitags-Plenumsdienst befreit.

Wer dreimal auffällig erwiesen
Wird streng zur Ordnung hingewiesen,
Muß freitags zum allgemeinen Nützen
Bis zum Schluß im Plenum sitzen.

Der Ältestenrat, der weise Kreis,
Vielleicht noch Besseres weiß.
Nachdem das Jahr der Frau vorbei,
Ist ja der Weg für Neues frei.

So wär' ein Antrag ganz gebührlich
– Und interfraktionell natürlich –,
Der Bundestag empfiehlt – er kann es
Das „Jahr des wohlgepflegten Mannes".

Joschka Fischer (Grüne) hatte in einem Interview, das am 9. April 1983 in dem Frankfurter Sponti-Blatt „Pflasterstrand" veröffentlicht wurde, bemerkt: „Die im Bundestag werden schnell merken, dass die Inhalte und die Charaktere entscheiden und nicht die Garderobe".

Von Bundestagspräsident *Philipp Jenninger* (CDU/CSU), der sich als erster Präsident mit den Grünen auseinanderzusetzen hatte, die damals noch durchweg in Norwegerpullovern, Turnschuhen und Blue Jeans in den Bundestag einzogen, stammt der Ausdruck: „Ich kenne keine Kleiderordnung".

Zu Beginn des Jahres 2011 (17. Wahlperiode) legte das Bundestagspräsidium darauf Wert, dass unter Bestätigung des Diktums von *Jenninger*, dennoch die Schriftführer der Würde des Parlamentes entsprechend angemessen bekleidet seien. Dazu gehöre bei den männlichen Abgeordneten eine Krawatte.

Warum wurde das „A…loch"-Zitat von Joschka Fischer von 1984 nicht im Stenographischen Bericht des Bundestages protokolliert?

„Herr Präsident, Sie sind ein Arschloch, mit Verlaub!" – so rief der spätere Bundesaußenminister *„Joschka"* Fischer (Grüne) am 18. Oktober 1984 im Plenarsaal. Zu dieser Zeit trug *Fischer*, wie die meisten seiner Fraktionskollegen auch während der Plenarsitzungen noch lässige Freizeitkleidung und Turnschuhe. Mit „A…loch" war Bundestagsvizepräsident *Richard Stücklen* (CDU/CSU), der die Leitung der Plenarsitzung inne hatte, gemeint, und dessen Sitzungsleitung *Fischer* massiv kritisierte. Anlass waren tumultartige Unmutsäußerungen und Proteste der Grünen, weil Vizepräsident *Stücklen* der Grünen-Abgeordneten *Christa Nickels* das Wort entzogen hatte. *Fischer* rief *Stücklen* entgegen: „Unglaublich, was Sie hier machen." Daraufhin rief ihn *Stücklen* zur Ordnung. Auch nach einem zweiten Ordnungsruf gab *Fischer* keine Ruhe, woraufhin *Stücklen Fischer* von der weiteren Teilnahme an der Sitzung ausschloss. *Fischer* daraufhin: „Schließen Sie uns doch am besten gleich alle aus!"

Das nahm *Stücklen* schließlich zum Anlass, die Sitzung zu unterbrechen, solange der Abgeordnete *Fischer*, der ja von der weiteren Teilnahme der Sitzung ausgeschlossen war, den Plenarsaal verlassen hatte. Damit unterbrachen auch die Parlamentsstenographen ihre Arbeit.

Fischer brachte die Unterbrechung der Sitzung noch mehr in Rage und es kam zu der bereits zitierten verbalen Entgleisung. Nach Wiederaufnahme der Sitzung hatte Vizepräsidentin *Annemarie Renger* (SPD) die Sitzungsleitung und schloss *Fischer* (wohl nach Rücksprache mit dem Bundestagspräsidium) für einen weiteren Sitzungstag von den Beratungen des Bundestags aus. Später entschuldigte sich *Fischer* für seine unparlamentarische Entgleisung bei *Stücklen*.

Nur weil Sitzungsunterbrechung war, fand das Zitat keinen Eingang in das amtliche Schrifttum des Bundestages. Und so sehr die Beschimpfung *Fischer* in die Schlagzeilen brachte, so wenig Bedeutung maß *Stücklen* selbst dem Ausruf bei. Wenigstens fand der Ausruf *Fischers* keine Aufnahme in *Stücklens* autobiographischem Werk „Mit Humor und Augenmaß. Geschichten, Anekdoten und eine Enthüllung". Und noch ein kleines Nachspiel hatte diese Begebenheit: Als Fischer in den Jahren, in denen der Bundestag im Wasserwerk tagte, eines Tages als Vertreter des Landes Hessen die Bank des Bundesrates verlassen hatte und sich mit einer kurzen Geste beim amtierenden Präsidenten, *Hans* (*Jonny*) *Klein* (CDU/CSU) verabschiedete, raunte dieser *Fischer* zu: „Was bin ich froh, dass Sie mich nicht Arschloch genannt haben." Auch dieses war außerhalb des Protokolls gesprochen und ist nur mündlich überliefert.

Wofür erhielt Kurt Schumacher den ersten Sitzungsausschluss im Bundestag?

Besonders durch die ausführliche Schilderung in den Lebenserinnerungen von Bundeskanzler *Konrad Adenauer* (CDU/CSU) ist der erste Sitzungsausschluss, den 1949 ein Abgeordneter erhielt, nachhaltig in die Frühgeschichte des Bundestages eingegangen und unvergessen geblieben. *Adenauer* hatte im November 1949 in zähen Verhandlungen mit dem amerikanischen, britischen sowie französischen Hohen Kommissar für Deutschland an dem so genannten „Petersberger Abkommen" mitgewirkt, das einige Erleichterungen in den Beziehungen zwischen Besatzungsmächten und Westdeutschland bringen sollte. Zu diesem Zweck sollten deutsche Vertreter in der sogenannten „Ruhrbehörde" mit den Alliierten zusammenarbeiten. Darüber hinaus wurde auch die politische Vision formuliert, die Bundesrepublik als ein „friedliebendes Mitglied in die europäische Gemeinschaft" eingliedern zu wollen. Schließlich sollten etliche – nicht jedoch alle – Industriebetriebe vor einer weiteren Demontage befreit werden und zugleich mit Unterstützung durch den Marshall-Plan der Wiederaufbau in Deutschland vorangetrieben werden. *Adenauer* hatte dieses in seiner Regierungserklärung am 24. November 1949 erläutert, als in der Debatte, die sich bis in die frühen Morgenstunden des nächsten Tages hinzog, die SPD durch verschiedene Redner deutlich machte, dass die Alliierten offensichtlich ein Interesse hätten, *Adenauers* „autoritäres Regime" zu stützen. Folgerichtig lehnte die SPD aus ihrer Sicht das Petersberger Abkommen und eine Mitwirkung in der Ruhrbehörde ab. *Adenauer* konterte unter Hinweis auf die Erleichterungen in der Demontage, dass die SPD offensichtlich „eher die ganze Demontage bis zu Ende gehen" lassen wolle, als die mit dem Abkommen ermöglichten Erleichterungen anzunehmen. In der hitzigen Debatte erschallte vom linken Flügel an *Adenauer* die Frage: „Sind Sie noch ein Deutscher?". Daraufhin ließ sich der SPD-Parteivorsitzende und Fraktionsvorsitzende im Bundestag, *Kurt Schumacher*, dazu verleiten, spontan „Der Bundeskanzler der Alliierten!" auszurufen:

Der Zwischenruf von *Kurt Schumacher*

„Bundeskanzler Dr. ADENAUER: *[...] Ist sie [die Opposition] bereit, einen Vertreter in die Ruhrbehörde zu schicken, oder nicht? Und wenn sie erklärt: nein, – dann weiß sie auf Grund der Erklärungen, die mir der General Robertson abgegeben hat, dass die Demontage bis zu Ende durchgeführt wird.*
(Abg. Dr. Schumacher: Das ist nicht wahr! – Hört! Hört! und Gegenrufe bei den Regierungsparteien. – Weitere erregte Zurufe von der SPD und KPD. – Glocke des Präsidenten. – Abg. Renner: Wo steht denn das? – Zurufe links: Sind Sie noch ein Deutscher? – Sprechen Sie als deutscher Kanzler? – Abg. Dr. Schumacher: Der Bundeskanzler der Alliierten!)

Präsident Dr. KÖHLER: *Herr Abgeordneter Schumacher, – –*
(Stürmische Protestrufe in der Mitte und rechts. Großer Lärm und Klappen mit den Pultdeckeln. – Abgeordnete der SPD und der CDU/CSU erheben sich von den Plätzen und führen erregte Auseinandersetzungen. – Anhaltendes Glockenzeichen des Präsidenten. – Fortdauernder Lärm.)
Herr Abgeordneter Dr. Schumacher, – –
(Anhaltender Lärm und fortgesetzte Pfuirufe und Rufe in der Mitte und rechts: Unerhört! Raus! Raus!)
Herr Abgeordneter Dr. Schumacher, – –
(Andauernder Lärm. – Anhaltendes Glockenzeichen des Präsidenten. – Fortdauernder Lärm.)
Herr Abgeordneter Dr. Schumacher! Für diese Bezeichnung des Bundeskanzlers als Bundeskanzler der Alliierten rufe ich Sie zur Ordnung!
(Fortgesetzte Unruhe.)
Herr Bundeskanzler, fahren Sie bitte fort!
(Fortdauernder Lärm. – Abg. Ollenhauer: Herr Adenauer hat ihn herausgefordert und niemand anders! – Weitere erregte Zurufe und persönliche Auseinandersetzungen. – Glocke des Präsidenten. – Andauernder Lärm. – Glocke des Präsidenten. – Abg. Dr. Oellers: Ich beantrage Einberufung des Ältestenrats! – Fortdauernde Unruhe und Zurufe.)
– Ich habe doch Herrn Abgeordneten Dr. Schumacher zur Ordnung gerufen!
(Zuruf in der Mitte: Das genügt nicht! – Abg. Dr. Oellers: Herr Präsident, ich beantrage die sofortige Einberufung des Ältestenrats und bitte um Abstimmung! – Bundeskanzler Dr. Adenauer verlässt die Rednertribüne. – Fortgesetzte große Unruhe. – Glocke des Präsidenten.)
Meine Damen und Herren, – –
(Anhaltender Lärm. – Abg. Strauß: Sie müssen sich jetzt entschuldigen, sonst ziehen wir aus dem Parlament! – Anhaltendes Glockenzeichen des Präsidenten.)
– Meine Damen und Herren, ich bitte Sie einen Augenblick um Ruhe, damit wir diese Angelegenheit abwickeln können!
Es liegt mir der Antrag auf Unterbrechung der Sitzung und auf sofortige Einberufung des Ältestenrats vor angesichts der Schwere der Bezeichnung, die der Herr Abgeordnete Dr. Schumacher gebraucht hat.
(Lebhafte Zustimmung bei den Regierungsparteien und Widerspruch links. – Erneuter Lärm.) –

Ich stelle fest, dass die Mehrheit für die Unterbrechung ist. Ich unterbreche die Sitzung und berufe sofort den Ältestenrat ein.
(Lebhafte Bravorufe und Händeklatschen bei den Regierungsparteien. – Fortdauernde Unruhe links.)
(Unterbrechung der Sitzung: Freitag, den 25. November 1949, 3 Uhr 21 Minuten.)"
Auszug aus: Verhandlungen des Deutschen Bundestages, Stenografische Berichte, 1. Wahlperiode 1949, 18. Plenarsitzung, S. 524 f.

Ist der Zwischenruf erlaubt?

Der Zwischenruf ist erlaubt und nicht nur das: Er ist ein beliebtes parlamentarisches Mittel, eine Bundestagsdebatte lebhaft(er) zu gestalten. Zwischenrufe statistisch zu erfassen ist müßig. In einem Fall hat Bundeskanzler *Konrad Adenauer* aber die Zwischenrufe während seiner Rede zählen lassen. Am 13. Februar 1952 beschwerte er sich bei Bundestagspräsident *Hermann Ehlers*, dass er während seiner Rede am 7. Februar insgesamt 185 Mal von der kommunistischen Gruppe „durch z. T. in schreiendem Ton vorgebrachte Zwischenrufe unterbrochen worden [sei]. Das bedeutet, dass im Durchschnitt auf je ¾-Minuten ein Zwischenruf gekommen ist." Zwischenrufe, wenn sie zu häufig gemacht werden und zugleich unparlamentarische Ausdrücke enthalten, werden durch eine Ordnungsmaßnahme des Präsidenten zurückgewiesen.

Welche Ordnungsmaßnahmen kann ein Parlamentspräsidenten verhängen?

Im politischen Diskurs kommt es durchaus vor, dass bei besonderer Aufregung die Emotionen „mit einem durchgehen". Dabei kann es zu Zwischenrufen, Störversuchen und sogar zu Tätlichkeiten kommen. Dem jeweiligen amtierenden Präsidenten stehen zur Wiederherstellung der Ordnung bei solcherlei Störungen in den Plenarsitzungen im Rahmen seiner Ordnungsgewalt verschiedene Maßnahmen zur Verfügung. Die Rüge ist in der Geschäftsordnung des Bundestages nicht geregelt; sie entspricht einem parlamentarischen Brauch. Hingegen kann der Präsident einen Redner, der vom Verhandlungsgegenstand abschweift, zur Sache verweisen. Er „muss", wenn ein Redner während einer Rede dreimal zur Sache oder dreimal zur Ordnung gerufen und beim zweiten Male auf die Folgen eines dritten Rufes zur Sache oder zur Ordnung hingewiesen worden ist, ihm das Wort entziehen. Er „soll", überschreitet der Redner seine Redezeit nach einmaliger Mahnung, diesem das Wort entziehen. Wegen gröblicher Verletzung der Ordnung kann der Präsident ein Mitglied des Bundestages für die Dauer der Sitzung aus dem Saal verweisen. Bis zum Schluss der Sitzung muss der Präsident bekannt geben, für wie viele Sitzungstage der Betroffene ausgeschlossen wird. Ein Mitglied des Bundestages kann bis zu dreißig Sitzungstage ausgeschlossen werden. Üblicherweise wird bei „unparlamentarischem" Verhalten ein Ordnungsruf erteilt.

Ordnungsmaßnahmen							
Wahlperiode	Rügen	Verweisungen zur Sache	Ordnungsrufe	Wortentziehung	Sitzungsausschlüsse	Unterbrechung der Sitzung wegen störender Unruhe	Aufhebung der Sitzung wegen störender Unruhe
1. (1949-1953)	0	58	156	40	17	2	0
2. (1953-1957)	3	7	36	0	0	0	0
3. (1957-1961)	7	3	41	0	0	0	0
4. (1961-1965)	2	1	7	0	0	0	0
5. (1965-1969)	5	3	6	2	0	0	0
6. (1969-1972)	12	4	13	6	0	0	0
7. (1972-1976)	25	9	28	5	0	0	0
8. (1976-1980)	25	4	30	1	0	0	0
9. (1980-1983)	5	0	13	1	0	0	0
10. (1983-1987)	12	10	132	16	2	1	0
11. (1987-1990)	7	2	87	18	3	0	0
12. (1990-1994)	3	4	33	7	0	0	0
13. (1994-1998)	3	12	32	9	0	0	0
14. (1998-2002)	9	1	7	7	0	1	0
15. (2002-2005)	1	2	10	2	0	0	0
16. (2005-2009)	7	0	2	2	0	1	0

Wofür gab es Ordnungsrufe im Bundestag?

Das nachfolgende Verzeichnis aller Äußerungen bzw. Veranlassungen für Ordnungsrufe belegt sehr schön, dass in der ersten Wahlperiode häufig Ordnungsrufe erteilt wurden für unparlamentarische Äußerungen, folgerichtig die Zahl der Ordnungsrufe, wie übrigens auch der Rügen inzwischen drastisch zurückgegangen ist. Für die Zusammenstellung der Ordnungsrufe sind die Stenographischen Berichte durchgesehen worden. Der Name desjenigen, der zur Ordnung gerufen wurde, ist nicht aufgeführt worden.

1. WP (1949-1953)

„verlogene Hetze" 20.9.1949 – „Die Oder-Neiße-Grenze ist die Grenze des Friedens." 22.9.1949 – „Faschisten" 30.9.1949 – „Der Bundeskanzler der Alliierten!" 24./25.11.1949 – „Marionettenregierung" 16.12.1949 – „... das ganze Gebaren dieses Hauses ... doch in etwa wie ein Theater anmutet." 16.12.1949 – „Lüge" 20.1.1950 – „Diese Hetze dürfen Sie betreiben und müssen Sie betreiben gemäß dem Willen der USA-Monopolkapitalisten und Kriegstreiber" 27.1.1950 – „Wenn hier jemand in deutscher Sprache für diese Zustände eine Lanze bricht, dann können wir ihn nur verachten." 1.2.1950 – „Ich war bisher der Auffassung, dass Abmachungen des Ältestenrates als Abmachungen unter Gentlemen gelten. Herr Dr. *Bucerius* hat mir heute Abend beigebracht, dass ich mich in dieser Annahme geirrt habe." 1.2.1950 – „Narr" 10.2.1950 – „USA-*Euler*" 10.2.1950 – „Nazi-Advokat" 16.2.1950 – „... dass die Hetze die Basis der politischen Tätigkeit dieser Regierung und der Mehrheit in diesem Hause ist." 16.2.1950 – „Vorbereitung des Krieges" 16.2.1950 – „Sie sollen uns keine Gemeinheiten unterstellen!" 23.2.1950 – „Flegelei", „Lümmeleien" 16.3.1950 – „Aber wenn Herr Minister *Dehler* spricht, ist es jedesmal ein nationales Unglück!" 16.3.1950 – „Heute morgen erlebten wir die ganze Würdelosigkeit dieser Regierung." 23.3.1950 – „demagogisches Betrugsmanöver an den Kriegsopfern" 26.4.1950 – „Hetze" 5.5.1950 – „freche Behauptung" 1.6.1950 – „brutale Unterdrückung der Minderheit" 13.6.1950 – „... dass wir es nicht wie Sie als eine Ehre betrachten, mit den Spionageorganisationen der Besatzungsmächte zusammenzuarbeiten" 27.7.1950 – „… abgekartetes Spiel mit kriminellen Vorwänden" 27.7.1950 – „wenn Sie die Absicht gehabt hätten, ein ehrliches Untersuchungsverfahren zu führen" 27.7.1950 – „Die Mehrheit des Hauses hat sich ja gestern noch viel flegeliger benommen." 28.7.1950 – „wüste Rede" 21.9.1950 – „wie es zu dem von ihm propagierten Krieg steht" 16.11.1950 – „politischer Gangster" 7.12.1950 – „Lügenbold" 7.12.1950 – „Fleegel" 7.12.1950 – „Das gibt es ja in keinem Kulturstaat der Welt, dass Leute mitwählen, die nicht hingehören!" (bezogen auf die Flüchtlinge) 13.12.1950 – „Jetzt aber, da Sie Ihren Krieg vorbereiten wollen, …" 18.1.1951 – „seine geheimen Konspirationen hinter dem Rücken des Volkes" 24.1.1951 – „armer Irrer" 15.2.1951 – „Agent" 1.3.1951 – „Demagogie" 9.3.1951 – „Bürgerkriegsarmee unter dem irreführenden Namen einer Grenzschutzbehörde" 9.3.1951 – „kriegsvorbereitende Menschen" 16.3.1951 – „mit Ekel von diesem Menschen abwenden werden" 5.4.1951 – „Erzlügner" 19.4.1951, 26.4.1951 – „Renegat" 26.4.1951 – „hat es noch keinen Reichsminister oder Bundesminister der Justiz gegeben, der der demokratischen Rechtsordnung …, soviel Schimpf und Schande angetan hat wie dieser Bundesjustizminister Dr. *Dehler*." 9.5.1951 – „Deputierter des Petersberges" 23.5.1951 – „ausgesprochene Schläger" 6.6.1951 – „diese Regierung, deren Politik gegenüber dem Volk systematisch darauf hinausläuft, den Hunger und das Elend zu vergrößern" 7.6.1951 – „deren Regierungspolitik systematisch darauf hinausläuft, die Kriegsvorbereitung vorwärtszutreiben" 7.6.1951 – „die wahren Hintergründe dieser Korruptionserscheinungen zu vernebeln" 7.6.1951 – „scheinemäßig" 7.6.1951 – „besudeln", „heuchlerisch" 7.6.1951 – „Korruptionsfonds" 13.6.1951 – „Polizei, die eine Bürgerkriegstruppe ist" 20.6.1951 – „Dr. *Adenauer*, der mit Herrn *Grandval* den Schumanplan preist und auf Anweisung von Herrn *McCloy* seine schnelle Ratifizierung fordert" 6.7.1951 – „Schamlosigkeit" 6.7.1951 – „auf fremdes Geheiß geschaffenen westdeutschen Bundesrepublik" 9.7.1951 – „pure Lüge" 11.7.1951 – „Renegat" 11.7.1951 – „Rotzjunge" 12.7.1951 – „Man soll Hanswursten ihre Hanswurstiaden lassen!" 12.7.1951 – „Betrugsmanöver" 13.9.1951 – „schamlose Burschen" 26.9.1951 – „Regierung der Kriegsvorbereitung" 10.10.1951 – „unflätige Goebbelspropaganda" 16.10.1951 – „Provokateur" „Hetzrede" 17.10.1951 – „Kollaborateur" 15.11.1951 – „... mit *Adenauer*, dem Wiederaufrüster, dem Kriegsvorbereiter und Verderber unseres Volkes" 12.12.1951 – „Ihr wieherndes Gelächter lässt mich nur Rückschlüsse auf das Niveau des Parlaments ziehen." 10.1.1952 – „... dass die Bundesregierung ... eindeutig die Saar verraten und verkauft hat!" 11.1.1952 – „Ich danke für diese Demokratie!" 16.1.1952 – „... der Bundesregierung ... wichtiger ist, auf den Schlössern und auf dem Petersberg angesehen zu sein als bei den deutschen Menschen in Westdeutschland selbst." 23.1.1952 – „feige" 23.1.1952 – „Politik des Mordes seiner Jugend" 24.1.1952 – " „Wenn dieses Haus auch nur noch einen Funken von Selbstachtung besitzt, ..." 24.1.1952 –"Schaumschlägerei" 6.2.1952 – „Lüge" 7.2.1952 – „Wenn Herr *Blank* auch nur einen Funken Ehr- und Schamgefühl hätte ..." 8.2.1952 – „gelogen" 8.2.1952 – „Was Sie hier meinen, das sind die Angehörigen der Agenten, der Diversanten, der Verbrecher, die Sie in die DDR schicken, um dort Attentate zu begehen und Zersetzungsarbeit zu machen." 20.2.1952 – „armer Irrer" 21.2.1952 – „der amtierende Oberbürgermeister im Westberliner sogenannten Abgeordnetenhaus" 28.2.1952 – „Sie sind die größte Panne!" 23.4.1952 – „Täuschungsmanöver" 23.4.1952 – „Das hätte *Hitler* nicht besser sagen können!" 23.4.1952 – „Lümmeleien" 24.4.1952 – „Bruch der Geschäftsordnung" 6.5.1952 – „übles demagogisches Manöver" 7.5.1952 – „Rotzjunge" 8.5.1952 – „Wir sind zu einer echten Aussprache bei diesem merkwürdigen *Adolf-Hitler*-Gedächtnissaal überhaupt nicht in der Lage." 9.5.1952 – „Renegat" 9.5.1952 – „Ich will herausstellen, dass der Mörder ..." 14.5.1952 – „Quatsch" 11.6.1952 – „... wurde sogar der Herr Bundespräsident bemüht, die komplizierte Klagemaschine von Karlsruhe in Bewegung zu setzen" 18.6.1952 – „naive Provokationssucht" 18.6.1952 – „Ehrgeiz eines zu kurz gekommenen Oberleutnants" 18.6.1952 – „Wie der kleine Moritz das sieht" 9.7.1952 – "dumm" 9.7.1952 – „*Loritz* spricht zu § 51!" 16.7.1952 – „reaktionäre Abstimmungsmaschine" 19.7.1952 – „flegelhaft" 19.7.1952 – „Unverschämtheit" 11.9.1952 – „Sie lügen ja wie gedruckt" 17.9.1952 – "Kriegstreiber" 23.10.1952 – „Schweinigeleien" 27.11.1952 – „Das sagen Sie wider besseres Wissen!" 3.12.1952 – "... das amtliche Zusammenwirken mit Mordorganisationen wie dem BdJ ..." 4.12.1952 – „Der ist besoffen!" 5.12.1952 – „… Regierung des Landesverrats, des Volksverrats!" 29.1.1953 – „… Herrn *Dulles* … diesem Scharfmacher" 4.2.1953 – „schwerwiegendes ehrenrühriges Verhalten" 25.2.1953 – „unerhörte Praxis in diesem Hause" 26.2.1953 – „gemeiner Lügner" 4.3.1953 – „Verleumder" 4.3.1953 – „… die mehr oder weniger tölpelhaften Entgleisungen eines Ministers." 4.3.1953 – „Heuchelei" 18.3.1953 – „Und Sie sind als Lügner überführt worden!" 19.3.1953 – „Verbrecher" 20.3. 1953 – „Hetze" 26.3.1953 – „Verfassungsbrecher" 28.4.1953 – „Verlogenheit Ihrer demagogischen Methoden" 6.5.1953 – „Diebstahl" 2.6.1953 – „Lüge" 10.6.1953 – „Goebbels'schen Propagandalügen-Methoden" 12.6.1953 – „… System des Wahlbetrugs, … System der Tricks und Drehs …" 17.6.1953 – „Dann soll er nachher weiterschlafen." 24.6.1953 – „Statthalter des amerikanischen Imperialismus in Westdeutschland" 24.6.1953 – „… die Interessen der amerikanischen Imperialisten und Kriegstreiber wahrzunehmen …" 24.6.1953 – „Er [Bundeskanzler *Adenauer*] will, … seinen imperialistischen Auftraggebern in Europa ein neue Basis für deren Angriffskrieg gegen die Friedensmacht der Sowjetunion –" 24.6.1953 – „Dieser Außenminister ist … bereits zu einem internationalen Ärgernis geworden –" 24.6.1953 – „… indem man Deutsche gegen Deutsche hetzt und das ganze Volk in eine Panikstimmung treibt –" 24.6.1953

2. WP (1953-1957)

„Lump" 16.9.1954 – zu Eigen machen des Zwischenrufs „Lump" 17.9.1954 – „… auch Minister sehr dumm dahereden können." 18.9.1954 – „gelogen" 16.12.1954 – „Der hat es gerade nötig!" 23.2.1955 – „armseliger Zwischenrufer aus dem Hintergrund" 24.2.1955 – „Geheul" 26.2.1955 – „gelogen" 27.2.1955 – „Lüge" 22.3.1956 – „verleumden" 22.3.1956 – „Wenn ich dorthin schaue, dann sehe ich manchmal die Zwiebeltürme des Kreml!" 12.4.1956 – „unverschämter Lümmel" 12.4.1956 – „feige" 19.4.1956 – „Ausnahmen sind die Minister, die haben keins [Gewissen]!" 4.5.1956 – „Giftküche des Bundeskanzleramtes" 20.6.1956 – „Heil Hitler!" 4.7.1956 – „Schmutzig wie immer!" 6.7.1956 – „Lügner" 6.7.1956 – „Lügner und Verleumder" 6.7.1956 – „Christlich-Deutschnationale Union" 6.7.1956 – „Totengräber der deutschen Demokratie"

8.11.1956 – „lügen" 8.11.1956 – „Unverschämtheit" 17.1.1957 – „Verleumder" 31.1.1957 – „Sie wissen, dass Sie lügen, deshalb verweigern Sie die Antwort!" 31.1.1957 – „Ich wiederhole es für den Nachhilfeschüler *Lenz* zum drittenmal!" 31.1.1957 – "SS marschiert!" 4.4.1957, 5.4.1957 – „Sie haben heute noch die geistigen SA-Stiefel an!" 4.4.1957, 5.4.1957 – „Sie leiden ja an geistiger Schwäche!" 10.4.1957 – „Kriegshetzer" 22.5.1957 – „Bei der Wahrheit zu bleiben, Herr *Schneider*, und nicht zu lügen!" 26.6.1957

3. WP (1957-1961)

„Reden Sie deutsch!" 23.1.1958 – „Lügner" 23.1.1958 – „frecher Unsinn" 20.3.1958, 21.3.1958 – „unverschämter Lümmel" 21.3.1958 – "Ehrabschneider (Bremerhaven)"! 21.3.1958 – „Verleumder, berufsmäßiger!" 21.3.1958 – „schweinische Hetze" 21., 22. und 25.3.1958 – „Kopfjäger von Formosa" 21.3.1958 – „Sie wollen doch schießen!" 21.3.1958 – „Der schlimmste Lümmel in diesem Hohen Hause!" 22.3.1958, 25.3.1958 – „ausgemachter Strolch" 22.3.1958, 25.3.1958 – „Dieser Lump da!" 22.3.1958 – „Ich nenne Sie den frechsten Lümmel in diesem Hause!" 22.3.1958, 25.3.1958 – „Sie sind eine Beleidigung für das ganze Haus!" 22.3.1958, 25.3.1958 – „Totengräber der Demokratie" 22.3.1958, 25.3.1958 – „Brunnenvergifter" 22.3.1958, 25.3.1958 – „bundesdeutsche Atomkanone *Franz Josef Strauß*" 25.3.1958 – „Heuchler" 24.4.1958 – „einstudierter Pharisäer" 24.4.1958 – „veruntreut" 8.5.1958, 9.5.1958 – „Pfui! Lügner!" 26.6.1958 – „Warum so arrogant!" 27.6.1958 – „Großschnauzigkeit" 2.7.1958 – „Lügenkanzler" 12.6.1959 – „schmutzige Rede" 22.10.1959 – „Sie lügen!" 5.11.1959 – „Der Baron lügt!" 5.11.1959 – „Er lügt bewusst!" 5.11.1959 – „Schafskopf" 5.11.1959 – „bewusste Lüge" 3.12.1959 – „Strolch" 18.2.1960 – „Frechheit" 29.6.1960 – Störung der Ordnung 14.3.1961 – „Verleumder", „Lümmel" 28.6.1961

4. WP (1961-1965)

„Flegel" 14.3.1962, 4.3.1964, 26.2.1965 – „Sauhaufen" 27.6.1963, 28.6.1963 – „Mithörminister" 7.2.1964 – „Schmutzfink" 24.2.1965 – „Lügt wie der *Strauß*" 16.6.1965

5. WP (1965-1969)

„nihilistischer Pöbelhaufen" 30.11.1965 – „Quatschkopf" 17.2.1966 – „Verleumder" 24.3.1966 – „Dreckschleuder" 26.5.1966 – „Drecksack" 26.5.1966 – „Nicht mit Dreck schleudern …" 12.5.1967

6. WP (1969-1972)

„Lümmel!" 19.1.1970, 25.2.1970 – „Heckenschütze" 6.11.1970 – „Sie sind ein Verleumder!" 4.2.1971, 5.2.1971 – „dummes Geschwätz" 10.2.1971 – „Karikatur" 12.2.1971 – „Das ist eine Lüge!" 12.2.1971 – „Flegel" 12.2.1971 – „Wenn Sie es bewusst sagen, lügen Sie!" 20.10.1971 – „kluge Idioten" 1.3.1972, 17.3.1972 – „Schmutzfink" 1.3.1972, 17.3.1972 – Verdacht des Alkoholeinflusses gegenüber einem Abgeordneten 27.4.1972

7. WP (1972-1976)

„Lüge" 31.1.1973 – „Verleumder" 18.6.1973 – „Lügner" 21.3.1974 – „Schwein" 21.5.1974 – „Goebbels" 20.9.1974, 26.9.1974, 13. und 14.3.1975 – „Lügner und Fälscher" 19.3.1975, 20.3.1975 – „lügen" 12.6.1975 – „Sprechen Sie für die SPD oder die SED?" 19.6.1975 – „Verrückter" 19.6.1975 – „lügen" 17.9.1975 – „Sie waren doch Spion!" 26.11.1975 – „Fälscher" 15.1.1976 – „Ratte" 22.1.1976 – „Lügen, Betrüger" 19.2.1976 – „übler Heuchler" 12.5.1976 – „Sumpfblüte" 24.6.1976 – „Übelkrähe" 24.6.1976 – „gemeines Wesen" 30.6.1976

8. WP (1976-1980)

„Lüge" 21.1.1977 – „Lump" 16.3.1977 – „Verleumder" 21.6.1977, 28.6.1979 – „Partisan" 22.6.1977 – „Heuchelei", „dumm" 27.10.1977 – „Lümmel" 27.10.1977 – „Lügenbold" 27.10.1977 – „Sie haben die Hose gestrichen voll!" 8.12.1977 – „Quatschkopf", „Quatsch", „Sie haben doch keine Ahnung" 19.1.1978 – „Flegel" 26.1.1978, 24.1.1979, 15.2.1979 – „Pöbel" 16.3.1978 – „schamloser Demagoge" 16.3.1978 – „feixende Meute" 1.6.1978 – „Pöbel" 14.12.1978 – „Lümmel" 25.1.1979 – „Spucknapf", „Pfui Teufel!" 25.1.1979 – „Lüge" 8.2.1979 – „heucheln" 15.2.1979 – „Dummkopf" 15.2.1979 – „Einer der Stalin gedient hat!" 29.3.1979 – „Frühstücksverleumder" 28.11.1979

9. WP (1980-1983)

„Verleumder" 26.11.1980, 14.5.1981 – „Quatsch", „Unfug" 22.1.1981 – „Flaschenkopf" 12.11.1981 – „Falschmünzer" 5.2.1982 – „Heuchler" 4.3.1982 – „glatte Lüge" 25.3.1982 – „Verleumder" 13.10.1982 – „Sie lügen" 10.11.1982 – „Heuchler" 10.11.1982, 17.12.1982 – „Dreckschleuder" 14.12.1982 – „übler Demagoge" 14.12.1982

10. WP (1983-1987)

Entfaltung eines Transparents neben dem Rednerpult 4.5.1983 – „… mehr als eine nur geistige Nähe zum nationalsozialistischen Verbrechen …" 5.5.1983 – „Ein purer Demagoge sind Sie, sonst nichts" 5.5.1983 – „arroganter Schnösel" 19.5.1983 – „Fälscher" 9.6.1983 – „Denunziant" 23.6.1983 – „Flegel" 24.6.1983 – (Antwort auf die Äußerung: „Wollen Sie uns eigentlich für dumm verkaufen?":) „Sie sind es schon" 30.9.1983 – „schießwütiger Zelluloid-Cowboy" (*Ronald Reagan*, Präsident der USA) 27.10.1983 – „CIA-Agent *Spranger*" 10.11.1983 – Ausweitung des Worts zur Geschäftsordnung zu einem Sachbeitrag 21.11.1983 – „Jetzt lügen Sie" 21.11.1983 – „Verleumder" 21. und 22.11.1983 – „Demagoge" 22.11.1983 – „entblödet" 22.11.1983 – Nichteinhaltung der vorgeschriebenen Form einer Erklärung zur Abstimmung 22.11.1983 – „Mini-*Goebbels*" 22.11.1983 – „Nazi-Rede" 22.11.1983 – „Rotzjunge" 22.11.1983 – „Herr *Althammer*, Sie sind eine christliche Dreckschleuder" 1.12.1983 – „Oberheuchler" 7.12.1983 – „Dieser Clown" 8.12.1983 – Vorwurf der Bestechung durch die Industrie gegenüber Bundeskanzler *Kohl* 8.12.1983 – „Lümmel" 8.12.1983 – „arroganter Schnösel" 8.12.1983, 9.12.1983 – nicht ausdrücklich genannte unparlamentarische Äußerungen 8.12.1983 – „Hampelmann" 27.1.1984 – „Lügner" 14.3.1984 – „Wenn ich Sie Saubermänner hier sitzen sehe … Sie sind von der Sauberkeit, die über Leichen geht." 12.4.1984 – „Heuchler" 3.5.1984, 4.5.1984 – „Eine Wende …, die unser Land zu einer Bakschisch- und Bananenrepublik zu machen droht" 24.5.1984 – „Herr *Kohl* und seine Kumpane" 24.5.1984 – „… hier in der größten Schwindelbude der Nation" 24.5.1984 – "blödes Geschwätz" 24.5.1984 – „Schmierfink" 8.6.1984 – „pöbelnde Leute" 31.7.1984 – „lügen" 13.9.1984 – „Das ist eine Lüge, Herr *Kohl*"

14.9.1984 – „Sie als bleifreier Hanswurst" 20.9.1984 – „Minister für Verteidigungsangriff sind Sie" (gegenüber Bundesminister für Verteidigung) 4.10.1984 – „Heuchler" 4.10.1984 – „… der Bundesinnenminister als braunschimmernder Nachlassverwalter der nationalsozialistischen Ausländer-Polizeiverordnung" 5.10.1984 – „jener brandstiftende Biedermann namens *Wallmann*, seines Zeichens Oberbürgermeister von Frankfurt" 5.10.1984 – „Sie Heuchler" 16.11.1984 – „Unverschämter Lümmel" 27.11.1984 – „Lüge" 27.11.1984 – „Lügner" 30.11.1984 – „unverschämt", „schamlos" 5.12.1984 – „Sie sind ein Schwachkopf" 25.1.1985 – Bezeichnung des Bundesadlers im Plenarsaal als „Raubvogel" 18.4.1985 – „Dreckschleuder" 19.4.1985 – „Verleumder" 25.4.1985 – Bezeichnung des Präsidenten der USA, *Ronald Reagan*, als „gefährlichsten Terroristen der Welt" (Beleidigung eines ausländischen Staatsmannes) 5.9.1985 – „Handlanger Moskaus" 11.9.1985, 12.9.1985 – „Verleumder" 11.9.1985, 12.9.1985 – „Sie sind nicht nur der größte und bösartigste Verleumder dieser Republik, Sie sind auch der übelste und schamloseste Pharisäer dieses Landes"; Bezeichnung von Mitgliedern des Hauses als „Vertretung des neureichen Bonzentums" 13.9.1985, 25.9.1985 – „Pfui Teufel" 3.10.1985 – „Nicht die Irren, die Sie einsperren, sind krank, sondern für Sie müssten Tausende von Irrenhäusern gebaut werden" 3.10.1985 – Aufforderung zu einer gesetzeswidrigen Handlung 3.10.1985 – „Arroganter Affe" 16.10.1985 – „Heuchelei von Herrn *Gansel*" 17.10.1985 – „Fälscher" 6.11.1985 – „Demagoge" 26.11.1985 – „Wer so zur internationalen Witzfigur geworden ist, wie dieser Bundeskanzler …" 26.11.1985 – „Sie sind ein Finanzkasper" 27.11.1985 – „Ein Flegel ist das" 28.11.1985 – „Das ist doch dummes Zeug" 28.11.1985 – „Pfeffersack" 28.11.1985 – Andeutung des Alkoholmissbrauchs durch Mitglieder des Bundestages 5.12.1985 – „Betrügereien" 6.12.1985 – „Staatsstreich der Justiz" 16.1.1986 – „unverschämter Bengel" 23.1.1986, 24.1.1986, 29.1.1986 – „Ihr seid die Nazis von heute" 20.2.1986 – „Schäbiger Verleumder" 20.3.1986 – „Heuchler" 21.3.1986 – „Das ist ein Terrorist und bleibt einer, der *Reagan*" 16.4.1986 – „Eine Lüge ist das wieder! Genau das ist die *Zimmermann*'sche Lüge" 14.5.1986 – „Krebsminister" 14.5.1986 – „Sie braucht sich hier nicht alles gefallen zu lassen, das sage ich, bei diesem Pöbel" 14.5.1986 – „Sie sind doch ein Schwätzer" 15.5.1986 – „Ein dummer Demagoge sind Sie, und sonst nichts" 15.5.1986 – „Verleumder" 15.5.1986 – „Wer sich von den Sowjets bezahlen lässt, kann nicht vor den Sowjets protestieren" 15.5.1986 – „Sie finanzieren Mörder" 16.5.1986 – „Umweltchaoten" 6.6.1986 – „Lügner" 6.6.1986 – „Sie sind ein unverschämter Verleumder" 19.6.1986 – „Heuchler" 10.9.1986 – „Sie lügen bewusst" 10.9.1986 – „Sie sind ein Demagoge und sagen die Unwahrheit, Herr Kollege ..." 11.9.1986 – „So ein feiger Hund" 11.9.1986 – „Lügen! Aber hier Lügen in die Welt setzen!" 25.9.1986 – „Verleumder" 2.10.1986 – „Sie sind ein Schwachkopf" 16.10.1986 – Bezeichnung eines Mitglieds des Hauses als „Terrorist" 13.11.1986 – Beleidigung des Bundeskanzlers Helmut Kohl 13.11.1986 – „Lügner" 26.11.1986 – „Lügenkanzler" 26.11.1986 – Bezeichnung von Mitgliedern des Bundestages als „Mob" 27.11.1986 – „Flegel" 4.12.1986

11. WP (1987-1990)

Zu Bundesminister für Finanzen *Stoltenberg*: „Ihre Handlung ist vergleichbar mit der eines politischen Steuerbetrügers" 19.3.1987 – „Sie sind die Koalition der Polizeispitzel, aber nicht der Mitte" 19.3.1987 – „Boykott ist und bleibt Ehrensache" (Aufforderung zu einer gesetzwidrigen Handlung) 19.3.1987 – Vorwurf der Kriegsvorbereitung gegenüber einem Mitglied des Hauses 20.3.1987 – „Lüge" 2.4.1987 – Aufforderung zu einer gesetzwidrigen Handlung 2.4.1987 – Aufforderung zu einer gesetzwidrigen Handlung 7.5.1987 – „Quatschkopf" 7.5.1987 – „Sie lügen" 7.5.1987 – Zweimaliger Ordnungsruf wegen Missachtung einer Aufforderung des Präsidenten, sich den Gepflogenheiten des Hauses gemäß zu verhalten: Hände in den Hosentaschen während einer Zwischenfrage 8.5.1987 – störender Zwischenruf 21.5.1987 – „Du Zyniker, du dummer" 4.6.1987 – „Sie sind auch ein Brandstifter" (nicht im Plenarprotokoll) 14.10.1987 – „Dreckschleuder" 14.10.1987 – „Ein Lügner, wie er im Buche steht" 6.11.1987 – „Sie sind der übelste Heuchler" 13.11.1987 – „Feigling" 24.11.1987 – Nichtbeachtung einer Aufforderung des amtierenden Präsidenten (Stehenbleiben beim Mikrophon trotz Ablehnung des Redners, eine Zwischenfrage zu beantworten und trotz wiederholter Aufforderung des amtierenden Präsidenten, Platz zu nehmen) 27.11.1987 – „Feigling" 4.12.1987 – „Das ist Heuchelei! Das ist pure Heuchelei! ... Sie heucheln hier!" 10.12.1987 – „Terroristin" 10.12.1987 – „Unver-schämter Lümmel" 26.2.1988 – „..., dass Sie der größte Wirtschaftskriminelle sind, der in diesem Lande existiert" 21.4.1988 – „... bei dem rechtsradikalen, sehr stark dem Alkohol zuneigenden Generalbundesanwalt" 22.9.1988 – „Ein Flegel ist das" 26.10.1988 – Vorwurf an Mitglieder des Bundestages, sich kriminell verhalten zu haben und käuflich gewesen zu sein 1.12.1988 – „Heuchler vom Dienst" 2.12.1988 – „Sie Lümmel" 18.1.1989 – „Die Bundesregierung ist zu einem einzigen Klub von Hampelmännern der Rüstungsindustrie verkommen" 27.1.1989 – „Wahlkampf im Gauleiterstil" 9.3.1989 – Vorwurf der Hetze 9.3.1989 – „Sie sind eine scheinheilige Schlange" 9.3.1989 – „Aufgeblasener Schwätzer" 17.3.1989 – „Sie sind ein ganz schlimmer Demagoge" 27.4.1989 – „Das war eine Schau! Ist denn der Staatsanwalt, der seine Freundin hat abtreiben lassen, noch in Diensten?" 12.5.1989 – „Schauprozess" 12.5.1989 – „Sie lügen" 31.5.1989 – „Ganovenstück" 14.6.1989 – „Sie sind eine Hetzerin" 15.6.1989 – Vorwurf, eine Bundestagsfraktion mit vordemokratischem Bewusstsein, deren Mitglieder durch rassistische Zwischenrufe aufgefallen seien, wolle Nachhilfeunterricht in Demokratie geben 23.6.1989 – „wer die Bevölkerung dermaßen verarscht, ... der lügt" 29.9.1989 – Werfen einer Frisbeescheibe vom Rednerpult in den Plenarsaal 29.9.1989 – „Dumm-bolzen" 4.10.1989 – Vergleich mit Nazizeit 4.10.1989 – „Lügner" 5.10.1989 – „Alte Giftspritze" 5.10.1989 – „Kasper vom Dienst" 16.11.1989 – „Das ist ein Stinktier" 7.12.1989 – „Wenn Sie so lügen, ist das nicht möglich" 14.12.1989 – „Ein ausgemachter Quatsch! Ich habe ja auch nicht so einen Quatsch geredet!" 14.12.1989 – „Liberale Mörderkomplizen" 17.1.1990 – „Dumm und frech" 26.1.1990 – „Wild gewordener Gartenzwerg" 26.1.1990 – „Ein hemmungsloser Demagoge sind Sie" 15.2.1990 – „Hetzer" (nicht im Plenarprotokoll) 15.2.1990 – „Angelogen, Lügenbold" 10.5.1990 – „Heuchler" 10.5.1990 – „Sie sind ein verkommener Grüß-Gott-August" (nicht im Plenarprotokoll) 11.5.1990 – „Heuchler" 21.6.1990 – „Lümmel" 24.10.1990 – „Waffenschieberkabinett" 26.10.1990 – „Berufsdenunziant" 26.10.1990

– "Parlamentarischer Cheflügner" 30.10.1990 – „Verleumder" 30.10.1990 – „Arroganter Schnösel" 30.10.1990

12. WP (1990-1994)

„Herr Kanzler, Ihre Erklärung ist entweder Ausdruck von Heuchelei oder Ausdruck von völligem Unverständnis dessen, was da am Golf losgegangen ist" 17.1.1991 – Vorwurf, die Bundesregierung beteilige sich an Völkermord 21.2.1991 – „Alter Verleumder" 21.2.1991 – „Ein unverschämter Lümmel" 26.4.1991 – „Was lügen Sie da?" 6.6.1991 – „Sie stehen in der Tradition eines Massenmörders wie *Globke*" 5.9.1991 – „Das ist der übelste und dümmste Polemiker des Bundestages" 19.9.1991 – „Pogromhetzer in der Bundesregierung" 18.10.1991 – „... haben nur Sie Hanseln hier die Weisheit gepachtet?" 12.12.1991 – „Heuchelbruder" 19.2.1992 – „Das ist ein Hanswurst" 19.3.1992 – „So ein Rindvieh" 27.11.1992 – Bezeichnung der Soldaten als „potentielle Vergewaltiger" 10.12.1992 – „Scheiß-Regierung" 21.1.1993 – „Sie sind ein Heuchler" 3.3.1993 – „Er ist aber ein vornehmer Heuchler" 3.3.1993 – „Meute" 11.3.1993 – Behauptung, in der deutschen Außenpolitik hätten mörderische Optionen Platz 16.6.1993 – „Rosstäuscher" 1.7.1993 – „Volksverhetzer" 2.7.1993 – „So ein arroganter Pinsel! Sie sind ein Feigling!" 8.9.1993 – „Ein schwarzer Flegel ist das! Nein, er ist ein Flegel!" 9.9.1993 – Ein Mitglied des Bundestages wird von einem Zwischenrufer mit Gangstern und Verbrechern in einen direkten Zusammenhang gebracht 10.9.1993 – Vorwurf gegenüber der Mehrheit im Ausschuss für Arbeit und Sozialordnung, sie arbeite quasi mit diktatorischen Methoden 23.9.1993 – „Oberschreier" 1.10.1993 – „Sie sind der größte Heuchler der Republik" 1.10.1993 – „Heuchler! Pharisäer!" 1.10.1993 – „Sie lügen ja schon wieder!" 1.10.1993 – „die SPD ist vor allen Dingen aufgefordert, aufzuhören, die Menschen in unserem Land zu verhetzen" 24.11.1993 – „Demagogin" (nicht im Plenarprotokoll) 2.12.1993 – „staatliche Hehlerei gegen politische Gruppen" 4.2.1994 – Bezeichnung der Politik des Außenministers als eine Politik der „offenen Lüge" 13.4.1994 – „Der hat damals schon gelogen" (nicht im Plenarprotokoll) 29.4.1994 – „Sie lügen! Sie sind ein Lügner! Sie lügen! Der lügt!" 6.9.1994

13. WP (1994-1998)

„Beamtenkiller" 18.1.1995 – „Schmeißt das Gesindel raus!" 9.2.1995 – „… dass ein Abschiebevertrag abgeschlossen wird, … der dazu führt, dass es tatsächlich zu Massenabschiebungen, d.h. Beihilfe zum Mord kommt." 16.2.1995 – „Selbstverständlich! Sie würden den Krieg heute noch weiterführen." (Der Zweite Weltkrieg war gemeint) 16.3.1995 – „Betonbolschewisten" 12.10.1995 – „Sie sind ein Lügner!" 9.2.1996 – „Sie sind parteilich, Herr Präsident!" 8.3.1996 – (Ordnungsruf wegen Nichtbeachtung einer Aufforderung des amtierenden Präsidenten) Aufgrund des Zwischenrufes „Viel zu lange!" (bezogen auf die Mitgliedschaft eines Koalitionsabgeordneten im Bundestag) forderte der amtierende Präsident dazu auf, die unparlamentarische Äußerung zurückzunehmen. Anstelle der Zurücknahme machte der Zwischenrufer folgende Bemerkung, die den Ordnungsruf zur Folge hatte: „Ich stelle nicht das Recht jedes Deutschen in Frage, Mitglied dieses Parlaments zu sein, egal wie lange. Aber Abgeordneten, die draußen `Hü!` sagen und hier `Hott!` abstimmen, muss man auch einmal etwas sagen können." 14.3.1996 – „Wenn ich ein Kommunist bin, sind Sie ein Faschist!" 13.6.1996 – „Heuchler!" 28.6.1996 – „Lügnerin" 28.6.1996 – „Fälscher" 26.9.1996 – „Hasch-Ministerin" 5.12.1996 – „kläffender Goldhamster" 12.12.1996 – „Halten Sie doch einmal die Gosche und hören Sie zu, Sie Kamel!" 20.3.1997 – „Scheißregierung!" 9.9.1997 – „Brandstifter" 12.9.1991 – „Sie lügen pausenlos!" 9.10.1997 – „Weihnachtsgans" 12.12.1997 – „Sie August!" 12.2.1998 – „boshafte Verleumdung" 1.4.1998 – Ein Abgeordneter wird zur Ordnung gerufen, weil er eine als unparlamentarisch beanstandete Äußerung eines Zwischenrufers bekräftigt hat. (Beanstandet wurde der Zwischenruf „Sauhaufen" gegenüber Mitgliedern des Bundestages, die zu Beginn der Rede des Vorsitzenden einer Oppositionsfraktion den Saal verließen.) 6.5.1998 – „Verleumder!" 27.5.1998 – „Ihr seid ein Pack!" 17.6.1998 – Die Äußerung ist im Protokoll nicht aufgeführt, ist aber ersichtlich aus der Wiederholung des Zurufs der Abg. *Heidemarie Lüth*, PDS: „Wer hier normal ist oder nicht, wird sich im September zeigen!" 23.6.1998 – „alternder Lümmel" 24.6.1998 – „Quatschkopf" 24.6.1998 – „übler Verleumder" 2.9.1998

14. WP (1998-2002)

„Freches Luder" 25.2.1999 –„Ich habe als Parlamentsneuling hier eben gelernt, dass ‚Geschwafel' unparlamentarisch ist, aber ‚Entsorgung' von Menschen nicht." 11.11.1999 – Vergleichen mit Begriffen oder Namen aus der nationalsozialistischen Zeit „Ausgaben von *Streichers* ‚Stürmer‹" 15.3.2000 – Bekräftigung des Zitats vom 15.3.2000 mit Vergleichen aus der nationalsozialistischen Zeit „Recht hat er!" 29.11.2000 – „Wider besseres Wissen die Unwahrheit sagen heißt nach der grammatikalischen und tatsächlichen Definition lügen. Dies ist kein parlamentarischer Ausdruck, aber ich verwende ihn bewusst als jemand, der normalerweise gute Argumente hat und Ihnen Recht gibt, wenn Sie den Finger auf die Wunde legen." 11.9.2001 – „Volksverhetzer" 13.12.2001

15. WP (2002-2005)

„Kriegshetzer!" 7.11.2002 – „Der griesgrämige Kabinettsgrufti *Schily*, der gerade eingetroffen ist, agiert hier im Parlament mit Scheibenwischergesten und unflätigen Kommentaren!" 18.3.2003 – „Dreckschleuder!" 19.3.2003 – „Und die Feigheit der Präsidentin!" 19.3.2003 – „Hetze!" 11.9.2003 – „Aber nicht Ihre Verlogenheit! Ihre Rede ist die pure Verlogenheit!" 24.11.2004 – „Sie sind dafür der Zuhälter – wenn man so will –, Herr Bundesminister *Fischer*!" 24.11.2004 – „Heuchler!" 24.11.2004 – „Das ist eine Fünf mit zwölf Nullen, etwa so viele, wie dort gerade auf der Regierungsbank in den ersten beiden Reihen sitzen!" 24.11.2004 – Vorwurf an einen Bundesminister, Stasi-Methoden anzuwenden 16.6.2005.

Wer bekam wie viele Ordnungsrufe, Rügen und Zurückweisungen unparlamentarischer Äußerungen?

In den hier nachfolgenden sechs Übersichten wurde eine Hitliste über die Abgeordneten versucht, die die häufigsten Ordnungsrufe, Rügen und Zurückweisungen unparlamentarischer Äußerungen erhielten. Bei diesen Zusammenstellungen war die absolute Zahl ausschlaggebend. Fairer Weise muss die Anzahl der Ordnungsmaßnahmen einer Person in Relation zu ihrer Mandatsdauer gesehen werden, die deswegen auch in den Übersichten enthalten ist. So haben z. B.

13 KPD-Abgeordnete in der 1. Wahlperiode 114 Ordnungsrufe von 608 Ordnungsrufen erhalten, die insgesamt von der 1. bis zur 15. Wahlperiode erteilt wurden. Übrigens haben auffallend wenige weibliche Abgeordnete Ordnungsmaßnahmen erhalten; das liegt daran, dass sie zahlenmäßig bis heute den männlichen Abgeordneten unterlegen sind.

Die häufigsten **Ordnungsrufe** seit 1949 wurden folgenden Abgeordneten erteilt:			
Rang	Abgeordneter	MdB in:	Anzahl
1	*Heinz Renner* (KPD)	1. WP	47
2	*Herbert Wehner* (SPD)	1.-9. WP	45
3	*Ottmar Schreiner* (SPD)	9.-16. WP	23
4	*Walter Fisch* (KPD)	1. WP	22
5	*Joschka Fischer* (GRÜNE, BÜNDNIS 90 / DIE GRÜNEN)	10., 13.-16. WP	11
6	*Gerhard O. Pfeffermann* (CDU/CSU) *Eckhard Stratmann[-Mertens]* (Bündnis 90/ DIE GRÜNEN)	7.-12. WP 10.-11. WP	8
7	*Adolf Arndt* (SPD) *Max Reimann* (KPD) *Friedrich Rische* (KPD) *Helmut Schmidt* (SPD)	1.-5. WP 1. WP 1. WP 2-10. WP	7
8	*Norbert Gansel* (SPD) *Oskar Müller* (Frankfurt) (KPD) *Otto Niebergall* (KPD) *Franz Richter* alias *Fritz Rössler* (SRP) *Gertrud Schilling* (Grüne)	7.-13. WP 1. WP 1. WP 1. WP 11. WP	6

Die häufigsten **Ordnungsrufe** seit 1949 wurden folgenden Abgeordneten erteilt:			
Rang	Abgeordneter	MdB in:	Anzahl
9	*Hans Apel* (SPD)	5.-11. WP	5
	Fritz Eschmann (SPD)	2.-5. WP	
	Otto Heinrich Greve (SPD)	1.-3. WP	
	Ingrid Matthäus-Maier (FDP später SPD)	8.-14. WP	
	Wilhelm Mellies (SPD)	1.-3. WP	
	Hugo Paul (KPD)	1. WP	
	Friedrich Schäfer (Tübingen) (SPD)	3.-8. WP	
	Hermann Scheer (SPD)	9.-16. WP	
	Otto Schily (GRÜNE später SPD)	10.-16. WP	
	Anton Stark (CDU/CSU)	5.-11. WP	
	Hans-Christian Ströbele (Grüne, BÜNDNIS 90/ DIE GRÜNEN)	10., 14.-16. WP	
	Grete Thiele (KDP)	1. WP	
	Trude Unruh (Grüne)	11. WP	

Ordnungsrufe 1.-16. WP im Überblick			
Rang	Partei	Anzahl der betroffenen Abgeordneten	Anzahl	in Prozent
1	SPD	94	258	42,6 %
2	KPD	13	114	18,8 %
3	CDU/CSU	69	104	17,2 %
4	GRÜNE	38	84	13,9 %
5	PDS bzw. DIE LINKE.	9	16	2,6 %
6	FDP	8	9	1,1 %
	Andere	12	23	3,8 %
	Gesamt	236	608	100,0 %

Statistiken zu den Rügen:

Die häufigsten **Rügen** seit 1949 wurden den Abgeordneten … erteilt			
Rang	Abgeordneter	MdB	Anzahl
1	*Herbert Wehner* (SPD)	1.-9. WP	18
2	*Ottmar Schreiner* (SPD)	9.-16. WP	3
	Franz Josef Strauß (CDU/CSU)	1.-8. u. 11. WP	3
3	*Hermann Schmitt-Vockenhausen* (SPD)	2.-8. WP	2

Rügen 1.-16. WP im Überblick				
Rang	Partei	Anzahl der betroffenen Abgeordneten	Anzahl	in Prozent
1	SPD	34	64	51,6 %
2	CDU	37	42	33,9 %
3	BÜNDNIS90/ DIE GRÜNEN	7	9	7,3 %
4	FDP	6	6	4,8 %
5	DIE LINKE.	2	2	1,6 %
6	DP	1	1	0,8 %
	Gesamt	88	124	100,0 %

Statistiken zu den Zurückweisungen unparlamentarischer Äußerungen:

Die häufigsten Zurückweisungen **unparlamentarischer Äußerungen** seit 1949 gingen an die Abgeordneten			
Rang	Abgeordneter	MdB	Anzahl
1	*Herbert Wehner* (SPD)	1.-9. WP	13
2	*Ottmar Schreiner* (SPD)	9.-15. WP	10
3	*Gerhard O. Pfeffermann* (CDU/CSU)	7.-12. WP	6
4	*Wolfgang Roth* (SPD)	8.-12. WP	5
5	*Hubert Kleinert* (BÜNDNIS 90/GRÜNE)	10.-11. WP	4

Zurückweisung **unparlamentarischer Äußerungen** 1.-16. WP im Überblick				
Rang	Partei	Anzahl der betroffenen Abgeordneten	Anzahl	in Prozent
1	SPD	93	158	39,7 %
2	CDU/CSU	94	125	31,4 %
3	BÜNDNIS 90/ DIE GRÜNEN	45	69	17,3 %
4	FDP	19	19	4,8 %
5	DIE LINKE.	10	11	2,8 %
6	KPD	5	7	1,8 %
7	Andere	11	9	2,2 %
	Gesamt	277	398	100,0 %

Wie viele Abgeordnete wurden von der Teilnahme an der Sitzung ausgeschlossen?

In der Geschichte des Deutschen Bundestages gab es bislang 24 Sitzungsausschlüsse. Bei Sitzungsausschluss wird ein Abgeordneter tatsächlich vom gesamten Plenargeschehen ausgeschlossen und kann so auch während seines Ausschlusses nicht an Abstimmungen zu Gesetzesvorlagen teilnehmen. Gegen den Sitzungsausschluss kann ein ausgeschlossener Abgeordneter Einspruch erheben, der dann im Plenum behandelt wird. Mit einer Ausnahme (Nr. 18: *Karl Wittrock*) sind Einsprüche vom Plenum immer abgelehnt worden.

Nun könnte es sein, dass mit dem Sitzungsausschluss ein Abstimmungsergebnis beeinflusst werden könnte. Hierauf ist beim Ausschluss des Abgeordneten *Rische* (Nr. 11) durch Bundestagspräsident *Hermann Ehlers* ausdrücklich hingewiesen worden, welcher den Ausschluss für einen späteren Sitzungstermin angeordnet hatte, um eben nicht den Eindruck zu erwecken, dass er das Stimmverhältnis bei einer wichtigen Abstimmung parteiisch beeinflussen wollte.

Von den bisherigen Sitzungsausschlüssen hob sich der Sitzungsausschluss am 26. Februar 2010 in mehrfacherweise ab: Nach eigener Zählung anhand der Filmaufzeichnungen haben etwa 40 Abgeordnete der Fraktion DIE LINKEN. im Anschluss an eine Rede einer Fraktionskollegin Spruchbänder hochgehalten. Bundestagspräsident *Norbert Lammert* hatte daraufhin die Abgeordneten aufgefordert, die Spruchbänder herunterzunehmen und danach schließlich „alle Kollegen der Fraktion, die dieser Aufforderung nicht gefolgt sind" vom weiteren Verlauf der Sitzung ausgeschlossen. Daraufhin hat die gesamte Fraktion DIE LINKE. den Plenarsaal verlassen. Am Ende der Aussprache wurde abweichend von § 126 der Geschäftsordnung des Bundestages beschlossen, den ausgeschlossen Mitgliedern des Bundestages die Teilnahme an der Namentlichen Abstimmung zu ermöglichen.

Sitzungsausschlüsse im Deutschen Bundestag		
1. Wahlperiode (1949-1953)		
1) *Kurt Schumacher* (SPD)	18. Sitzung vom 24./25. 11. 1949	für 20 Sitzungstage
2) *Günter Goetzendorff* (DRP-Gast)	31. Sitzung vom 26. 1. 1950	für 20 Sitzungstage
3) *Walter Seuffert* (SPD)	41. und 42. Sitzung vom 24. 2. 1950	„für den Rest der heutigen Sitzung"
4) *Wolfgang Hedler* (DRP-Gast)	46. Sitzung vom 10. 3. 1950	„von der Teilnahme an der heutigen Sitzung"
5) *Herbert Wehner* (SPD)	49. Sitzung vom 22. 3. 1950	für 10 Sitzungstage
6) *Rudolf-Ernst Heiland* (SPD)	49. Sitzung vom 22. 3. 1950	für 8 Sitzungstage
7) *Max Reimann* (KPD)	68. Sitzung vom 13. 6. 1950	für 30 Sitzungstage
8) *Heinz Renner* (KPD)	69. Sitzung vom 15. 6. 1950	für 20 Sitzungstage
9) *Oskar Müller* (KPD)	69. Sitzung vom 15. 6. 1950	für 20 Sitzungstage
10) *Walter Vesper* (KPD)	69. Sitzung vom 15. 6. 1950	für 20 Sitzungstage
11) *Friedrich Rische* (KPD)	69. Sitzung vom 15. 6. 1950	für 20 Sitzungstage
12) *Walter Fisch* (KPD)	80. Sitzung vom 27. 7. 1950	für 30 Sitzungstage
13) *Franz Richter* (fraktionslos)	183. Sitzung vom 10. 1. 1952	für drei Sitzungstage
14) *Heinz Renner* (KPD)	211. Sitzung vom 14. 5. 1952	für 20 Sitzungstage
15) *Franz Neumann* (SPD)	242. Sitzung vom 5. 12. 1952	„ich weise Sie aus dem Saal"
16) *Friedrich Rische* (KPD)	252. Sitzung vom 4. 3. 1953	für drei Sitzungstage
17) *Alfred Loritz* (WAV)	276. Sitzung vom 25. 6. 1953	„ich weise Sie … aus dem Saal"
3. Wahlperiode (1957-1961)		
18) *Karl Wittrock* (SPD)	150. Sitzung vom 14. 3. 1961	„für die Dauer der Sitzung"
10. Wahlperiode (1983-1987)		
19) *Jürgen Reents* (DIE GRÜNEN)	91. Sitzung vom 18. 10. 1984	„von der Teilnahme an dieser Plenarsitzung"

Sitzungsausschlüsse im Deutschen Bundestag		
20) *Joseph Fischer* (DIE GRÜNEN)	91. Sitzung vom 18. 10. 1984	„von der weiteren Teilnahme an der Sitzung", sowie für einen weiteren Sitzungstag
11. Wahlperiode (1987-1990)		
21) *Eckhard Stratmann* (DIE GRÜNEN)	3. Sitzung vom 12. 3. 1987	„für diesen und den nächsten Sitzungstag"
22) *German Meneses Vogl* (DIE GRÜNEN)	207. Sitzung vom 26. 4. 1990	„für diesen Tag"
23) *Jutta Oesterle-Schwerin* (DIE GRÜNEN)	207. Sitzung vom 26. 4. 1990	„für diesen Tag"
17. Wahlperiode (2009-)		
24) Ca. 40 Mitglieder der Fraktion DIE LINKE.	25. Sitzung vom 26. 2. 2010	„vom weiteren Verlauf der Sitzung" – an der Namentlichen Abstimmung durften sich die Mitglieder der Fraktion DIE LINKE. jedoch beteiligen
25) *Herbert Behrens, Heidrun Dittrich, Heike Hänsel, Inge Höger, Annette Groth, Michael Schlecht* (DIE LINKE.)	60. Sitzung vom 17. 9. 2010	„für die beiden nächsten Sitzungstage" Der Ausschluss wurde nicht vollzogen

Alkohol und Drogen im Bundestag?

1.) Die Bremer Nachrichten berichteten am 16. Dezember 1967 von einem ehemaligen Regierungsrat aus der Bundestagsverwaltung, der zum „Zechpreller" geworden sei und deswegen vor Gericht kam. Der Angeklagte, der „seine Karriere in der Bundeshauptstadt dem Alkohol geopfert" hatte, gab als Gründe an: Überarbeitung in Bonn während seiner Tätigkeit als Regierungsrat, gesundheitliche Probleme und dann „die vielen Empfänge, wo man mittrinken musste".

2.) In seinem autobiographischem Werk „Mit Humor und Augenmaß. Geschichten, Anekdoten und eine Enthüllung" (S. 161), berichtet der ehemalige Parlamentspräsident *Richard Stücklen*

(CDU/CSU) von MdB *Hermann Höcherl* (CDU/CSU), der „in abendlicher Gesellschaft gern mal ein Gläschen, dann und wann auch eines zuviel getrunken" habe.
3.) Die spätere Bundestagspräsidentin *Annemarie Renger* (SPD) erinnerte sich Jahre später an die frühen Jahre des Bundestages und schrieb (Ein politisches Leben, S. 163): „Es gab einige Kollegen, die trockene Kehlen nicht vertragen konnten. Eines Tages ordnete *Eugen Gerstenmaier* […] an, dass es ab 21 Uhr keinen Alkoholausschank mehr gab. Das stieß auf Widerspruch, half auch wenig, so dass die leicht zu umgehende Anordnung wieder aufgehoben wurde."
4.) *Joschka Fischer* (Grüne) hatte schon wenige Wochen nachdem er sein Mandat im Bundestag angetreten hatte (1983), in einem Interview, das am 9. April 1983 in dem Frankfurter Sponti-Blatt „Pflasterstrand" veröffentlicht wurde, behauptet, der Bundestag sei „eine unglaubliche Alkoholikerversammlung". Wörtlich führte er aus: „[…] die Länge und die Mächtigkeit der Fahnen vor dem Bundeshaus entspricht in direkter Proportion der Intensität der Fahnen, die die Abgeordneten der anderen Parteien im Plenarsaal vor sich her blasen. Der Bundestag ist eine unglaubliche Alkoholikerversammlung, die teilweise ganz ordinär nach Schnaps stinkt. Je länger die Sitzung dauert, desto intensiver. Du siehst sie bechernd und zechend in der Kantine, mit jeder Stunde weiter unter den Tisch rutschend. Und wenn dann wieder Abstimmung ist … Es ist ein offenes Geheimnis, alle Journalisten erzählen Dir, dass bei besonders langen Sitzungen am Ende die Beschlussfähigkeit fast am Alkoholspiegel scheitert. Deshalb auch jenes tiefe Bedürfnis nach Fahrern in Bonn.". Schon die Sprache verriet, dass Fischer weniger einen Zustandsbericht über den Bundestag abgab, als vielmehr in drastischer Weise Einzelbeobachtungen zum Besten gab, um damit auf Kosten seiner Abgeordnetenkollegen die Frankfurter Spontiszene zu belustigen. Gleichzeitig setzte sich Fischer für den straffreien Haschischkonsum ein und empfahl diesen auch den Abgeordneten. Er schrieb dazu im gleichen Beitrag: „Der Gesundheit des Hohen Hauses – und damit auch der Funktionsfähigkeit unserer Demo-

kratie – stünde die Frage der Legalisierung eines weitaus gesünderen Stoffes gut an. Dann würde alles etwas cooler werden".
5.) Im Bundestag wurde erzählt, dass *Joschka Fischer*, kurz nachdem sein Beitrag erschienen war, bei einer interfraktionellen Besprechung der Parlamentarischen Geschäftsführer von seinem Kollegen *Wolfgang Schäuble* (CDU/CSU) ein Glas Sekt angeboten wurde. *Fischer* soll mit der Begründung abgelehnt haben, der Abend zuvor sei schon „zu hart" gewesen. – Was an diesem Abend passiert war, wurde von *Fischer* nie erläutert.
6.) Am 27. Oktober 2000 hatten der Fernsehreporter *Martin Lettmayer* sowie der Geschäftsführer der Produktionsfirma Meta Productions und Moderator der SAT.1-Sendereihe „Akte 2000", *Ulrich Meyer*, ohne Erlaubnis in Toilettenräumen des Reichstagsgebäudes Filmaufnahmen von sogenannten Wischtests gemacht, mit denen aufgrund fragwürdiger Methoden der Nachweis für angebliche Spuren von Kokain erbracht werden sollte. Die Berichte darüber wurden am 31. Oktober und 7. November 2000 ausgestrahlt. Die Staatsanwaltschaft Berlin wurde eingeschaltet. Sie hatte keine konkreten Anhaltspunkte für bestimmte Straftaten bestimmter Personen gefunden und war zum Ergebnis gekommen, dass das ihr vorliegende Material nicht den Anforderungen für ein Ermittlungsverfahren genügte. Nach Erörterung im Präsidium und Ältestenrat des Deutschen Bundestages reagierte Bundestagspräsident *Wolfgang Thierse* (SPD) am 17. November 2000: Wegen Verstoßes gegen die Hausordnung und die Zugangs- und Verhaltensregeln für die Liegenschaften des Deutschen Bundestages wurde den beiden Journalisten eine Erlaubnis im Bundestag journalistisch zu arbeiten, für die Dauer eines Jahres entzogen.
7.) Der schleswig-holsteinische Landespolitiker *Wolfgang Kubicki* (FDP) bemerkte in einem Interview in „Die Zeit" vom 18. März 2010 auf die Frage, ob er nicht auch in den Deutschen Bundestag möchte: „Nein, es ist Teil meiner Überlebensstrategie. Ich würde in Berlin zum Trinker werden, vielleicht auch zum Hurenbock. Ich bin inzwischen zum dritten Mal verheiratet, und ich will auf keinen Fall auch diese Ehe ruinieren."

Was sind „Saaldiener"?

„Saaldiener" werden umgangssprachlich die Plenarsekretäre und Plenarassistenten genannt. Sie unterstützen den Bundestagspräsidenten bei der Ausübung seines Amtes während einer Plenarsitzung. Sie verteilen z. B. Unterlagen und Material (Bundestags-Drucksachen) in ausreichender Stückzahl im Plenum. Sie lösen die jeweiligen akustischen und optischen Signale aus und kündigen somit z.B. den Beginn der Christlichen Morgenfeier (8:30 Uhr), einer Aktuellen Stunde oder von Abstimmungen (z. B.: Namentliche Abstimmung und Hammelsprung) an. Vor Beginn der Plenarsitzungen kontrollieren sie, ob die Mikrofonanlagen und Übertragungseinrichtungen für Dolmetscher einwandfrei funktionieren. Gegebenenfalls veranlassen sie, dass defekte Geräte ausgetauscht bzw. die notwendigen Reparaturen durchgeführt werden. Während der Sitzungen kümmern sie sich darum, dass das Rednerpult je nach Körpergröße des Redners genügend hoch eingestellt ist und jeweils ein frisches Glas Wasser bereit steht. Sie kontrollieren die Abstimmkarten in den Schließfächern der Abgeordneten auf Vollzähligkeit, und überwachen die von vielen Beteiligten vorbereiteten Abstimmungen im Plenum. Saaldiener überbringen Nachrichten und Material an Abgeordnete in den Plenarsaal und sind das Bindeglied zwischen „Stenographischem Dienst" und allen Rednern eines Sitzungstages.

Warum tragen die Saaldiener einen Frack?

Die Saaldiener sind die einzige Personengruppe im Bundestag, für die es eine Kleiderordnung gibt. Nachdem die junge Bundesrepublik Deutschland Anfang der 1950er Jahre auf dem Weg war, ihre Souveränität zu erlangen, erstarkte auch im Bundestag ein neues Selbstbewusstsein. In Anlehnung an die Bekleidung der Diener in der französischen Botschaft in Bonn, schlug Bundestagspräsident *Eugen Gerstenmaier* vor, die Saaldiener mit einem Frack auszustatten. Dadurch sollten sie insbesondere von den Abgeordneten schnell zu unterscheiden sein bzw. auch erkannt werden. Der Frack wurde erstmals im Januar 1955 getragen.

Seit wann gibt es weibliche Saaldiener?

Längst ist der Saaldiener nicht mehr nur männlichen Geschlechts. 70 Prozent der Plenarassistenten sind weiblich. 1985, unter Bundestagspräsident *Philipp Jenninger* (CDU/CSU), wurden in der Botenmeisterei des Bundestages erstmals weibliche Mitarbeiter eingestellt. Sie erhielten als Dienstkleidung einen blauen Blazer mit der Aufschrift „Deutscher Bundestag" am Revers. Die Absicht, sie auch als Saaldiener einzusetzen, stand jedoch unter einem Lösungsvorbehalt der Bekleidungsfrage. Damen wirken im Frack kokett, konstatierten im Oktober 1987 die „Bremer Nachrichten" unter Hinweis auf *Marlene Dietrich*. Schließlich wurde ein eigenes Kostüm für die Plenarassistentinnen entworfen, das aus dem gleichen Stoff gefertigt war wie der Frack der Saaldiener. Es handelte sich dabei um eine „mitternachtsblaue" Jacke mit zwei verdeckten Taschen an der Unterseite. Zwei Reihen von je drei goldfarbenen Knöpfen mit Bundesadler auf der Vorderseite. Links oben war eine Brusttasche, in der zwei weiße Spitzenrandtücher stecken. An den Ärmeln sind je zwei goldfarbene Manschettenknöpfe mit Bundesadler. Erstmals wurde das Kostüm während einer Plenarsitzung im Bundestag am 19. Januar 1989 durch zwei Saaldienerinnen getragen. Es war ein sinnfälliges Datum: Auf den Tag genau war es 70 Jahre her, dass von Frauen erstmals das aktive und passive Wahlrecht in Deutschland ausgeübt werden konnte.

Gibt es ein Parlamentszeremoniell?

Ein aufwendiges und prächtiges Hofzeremoniell können wir am Fernseher miterleben, wenn an den europäischen Königshöfen geheiratet wird. In der Bundesrepublik Deutschland wurde nach der nationalsozialistischen Zeit und dem Zweiten Weltkrieg bewusst auf ein pompöses Staatszeremoniell verzichtet. So gibt es auch nur ein kleines Parlamentszeremoniell. Es wurde gleichzeitig mit dem Frack der Saaldiener am 27. Januar 1955 eingeführt: Unmittelbar bevor der amtierende Präsident den Plenarsaal betritt, ertönt im Plenarsaal über Lautsprecher ein sonorer Glockenton, der sich wie ein langgezogener Gongschlag anhört. Es handelt sich dabei um das auf Tonband aufgenommene Geläut der Berliner Freiheitsglocke. Gleich darauf schallt durch ein Mikrophon verstärkt der Ruf eines der beiden am Eingang postierten Saaldiener: „Der Präsident". Daraufhin erheben sich die im Plenarsaal zusammengekommenen Abgeordneten. Wenn der Präsident sein Pult erreicht hat und die Sitzung eröffnet, nehmen die Abgeordneten ihren Sitzplatz wieder ein.

Welche protokollarische Rangordnung wird im Bundestag befolgt?

Bei Veranstaltungen des und im Bundestag gibt es eine protokollarische Rangordnung. Diese Rangordnung kommt insbesondere bei Begrüßungen oder bei der Sitzanordnung zur Geltung. Die innerhalb einer Zahl zusammengefassten Persönlichkeiten sind untereinander ranggleich:
1. Präsident des Deutschen Bundestages
2. Bundeskanzler
3. Vizepräsidenten des Deutschen Bundestages (Wenn der Präsident von der stärksten Fraktion gestellt wird, kommt der 1. Vizepräsident aus der zweitstärksten Fraktion.)
Fraktionsvorsitzende/Vorsitzender der CSU-Landesgruppe *(in der Reihenfolge der Stärke der Fraktionen)*
Bundesminister *(in der Reihenfolge der Ressorts)*
Vorsitzende der im Deutschen Bundestag vertretenen Parteien *(in der Reihenfolge der Stärke der bei der letzten Bundestagswahl auf sie entfallenen Stimmen)*
ehemalige Bundestagspräsidenten und Bundeskanzler *(soweit sie Mitglied des Deutschen Bundestages sind)*
4. Stellvertretende Fraktionsvorsitzende
Ausschussvorsitzende (*in der Reihenfolge der Ausschüsse*)
Stellvertretende Vorsitzende der im Bundestag vertretenen Parteien *(in der Reihenfolge der Stärke der bei der letzten Bundestagswahl auf sie entfallenen Stimmen)*
5. Staatsminister/Parlamentarische Staatssekretäre *(in der Reihenfolge der Ressorts)*
Parlamentarische Geschäftsführer der Fraktionen
6. Arbeitsgruppen-/Arbeitskreisvorsitzende der Fraktionen

Mitglieder der Fraktionsvorstände
Stellvertretende Ausschussvorsitzende *(in der Reihenfolge der Ausschüsse)*
Mitglieder des Ältestenrates *(in der Reihenfolge der Stärke der Fraktionen)*
Vorsitzende der Parlamentariergruppen
7. Schriftführer
Obleute der Fraktionen in den Ausschüssen
8. sonstige MdB

7. Aus dem Arbeitsalltag eines Abgeordneten

Was erscheint Abgeordneten bei ihrer Arbeit im Bundestag besonders wichtig?

Nach einer 1996 (*Patzelt* in: Zeitschrift für Parlamentsfragen 1996, S. 477) veröffentlichten Umfrage unter Bundestagsabgeordneten halten 95 % der MdB die Ausschusssitzungen für wichtig, 92 % die Fraktionssitzungen, 91 % die Sitzungen von Arbeitsgruppen oder Arbeitskreisen ihrer Fraktionen und nur 50 % die Plenarsitzungen.

70 % der MdB halten informelle Kontakte mit Kollegen der eigenen Partei für wichtig, 43 % auch den Kontakt zu Kollegen der Koalitionsfraktionen, nur 25 % der MdB meinen, dass informelle Kontakte mit der Opposition bedeutend sind. Informelle Kontakte mit Beamten der Ministerialbürokratie im Zusammenhang mit der Gesetzgebung und Kontrolltätigkeit werden von 56 % für genauso wichtig erachtet wie Kontakte mit Vertretern von Verbänden und Interessengruppen. 57 % der MdB halten Kontakte mit Journalisten für bedeutend, da sie deren Vermittlungsleistung schätzen.

91 % erachten an ihrem Beruf die Selbständigkeit in deren Ausgestaltung als schön, 88 % schätzen die Vielfalt und die eröffneten Kontakt- und Informationsmöglichkeiten, 87 % sind froh darüber, aus ihrer Position heraus „Bürgern helfen zu können".

Wie sieht der perfekte Abgeordnete aus?

„Selbstverständlich gibt es ihn, den perfekten Abgeordneten. Er ist täglich 24 Stunden aktiv, 365 Tage im Jahr. Er ist sowohl in Berlin als auch in seinem Wahlkreis präsent, er nimmt an sämtlichen Arbeitsgruppen, Ausschuss-, Fraktions- und Plenarsitzungen teil, simultan, aber auch an jedem Schützenfest und jeder Vereinsversammlung seines Wahlkreises und nebenbei hat er für jeden jederzeit ein offenes Ohr. Er kennt sich aus in der Arbeitswelt und hat den Bezug zur Praxis nie verloren, geht aber keiner Nebentätigkeit nach. Er hat den direkten Draht zur Wirtschaft, zu den Kirchen, zu den Verbänden und Gewerkschaften, aber er pflegt größte Distanz. Er hat die Selbstlosigkeit eines Missionars, die

Genialität eines Nobelpreisträgers, die Geduld einer Gouvernante und das dicke Fell eines Elefanten. ..."

So beschrieb Bundestagspräsident *Norbert Lammert* (CDU/CSU) mit launigen Worten (in: *Wolfgang Börnsen*, Vorbild mit kleinen Fehlern, 2006) den idealtypischen Abgeordneten des Deutschen Bundestages. Zwei Anmerkungen seien dazu erlaubt: 1.) Das Tierreich kennt zwar die „eierlegende Wollmilchsau" nicht, doch 2.) dafür wurde für den Bundestag der Abgeordnete *Mierscheid* erfunden.

Wer ist Jakob Maria Mierscheid?

Mierscheid ist ein fiktiver Abgeordneter des Deutschen Bundestages, in dessen Biographie sich Merkmale und Verhaltensweisen eines angeblich typischen MdB mit Daten der Geschichte der SPD verbinden. *Mierscheid* wurde am 1. März 1933 geboren und trat, obwohl katholisch, in die SPD ein, was freilich erst nach dem „Godesberger Programm" (1959) möglich geworden war und wurde Gewerkschaftsmitglied. *Mierscheid* ist verwitwet und hat vier Kinder. Selbstbewusst schreibt er auf der Internetseite des Bundestages: „Ich bin weder eine Erfindung, noch ein Patent, ich bin die Lösung. [... und] gehöre [...] zu den Säulen unseres Staatswesens." Am 12. Dezember 1979 (ein Tag nach dem Tod des SPD-Abgeordneten *Carlo Schmid*) wurde Mierscheid Mitglied des Deutschen Bundestages.

Er ist Hinterbänkler. Schwerpunkte seiner politischen Arbeit sind neben allgemeinen Sozialfragen und Problemen der Berufsausbildung vor allem die Aufzucht und Pflege der geringelten Haubentaube in Mitteleuropa und anderswo sowie Untersuchungen des Nord-Süd-Gefälles in Deutschland. Eine seiner jüngsten Aktivitäten ist seine Schrift „Über die Ruderboote", in der er sich kritisch mit dem Ruder-Achter, einem Kunstwerk im Berliner Jakob-Kaiser-Haus auseinandersetzt. Am 1. April 2004 wurde die untere Brücke über die Spree, die das Paul-Löbe-Haus und das Marie-Elisabeth-Lüders-Haus verbindet, nach *Mierscheid* benannt. Eine ausreichende Beschilderung des „Jakob-Mierscheid-Steg" scheiterte bisher daran, dass „die Bolzen", die verwendet werden sollten, sich „als Nieten" erwiesen hatten. *Mierscheid* trat im Juli 2005 überraschend aus der SPD aus. Er strebe eine zweite Karriere in dem geplanten Linksbündnis aus PDS und WASG an. Kurz nach ihrer Veröffentlichung ließ *Mierscheid* diese Meldung allerdings durch die SPD-Fraktion wieder dementieren. In der 16. Wahlperiode kam *Mierscheid* als Nachrücker in den Bundestag. Auf die Angabe seiner Nebeneinkünfte verzichtete *Mierscheid* mit der Bemerkung: „Ich bin halt kein Angeber".

Seine Verlautbarungen und Pressemitteilungen finden sich im Internet unter http://www.bundestag.de/mdb/mierscheid_info.html. Instruktiv ist seine Biographie: *Jakob Mierscheid*. Aus dem Leben eines Abgeordneten. Eine politische Holografie. Baden-Baden 1998, Herausgegeben von: *Dietrich Sperling* und *Friedhelm Wollner*.

Dürfen Abgeordnete auch Ferien machen?

Seit vielen Jahren beteuern Abgeordnete aller Fraktionen, dass die parlamentarische Sommerpause von ihnen genutzt würde, um im Wahlkreis Termine und Aufgaben wahrzunehmen. Solche Meldungen scheinen erforderlich, um Neid und Missgunst entgegenzuwirken, denen die Parlamentarier inzwischen nicht mehr nur von Boulevard-Blättern ausgesetzt werden. War in den ersten Jahren des Bestehens des Deutschen Bundestages auf die Sommerpause großer Wert gelegt worden, damit das Parlament künftig nicht nur mit Berufspolitikern besetzt werden würde, so ist es heute ein Zeichen von Professionalisierung der Politik, wenn Abgeordnete ein Recht in Anspruch nehmen, das sogar Arbeitslosen zusteht: Ferien zu machen.

Parlamentsferien gab und gibt es im Weimarer Reichstag und im Deutschen Bundestag. Nicht jedoch im Kaiserreich, wo die Sitzungsunterbrechungen auf kaiserliche Anordnung möglich waren. Als Grund für die Unterbrechung der Sessionen wurden mangelnde Beratungsgegenstände angeführt. So blieb die Schaffung der „parlamentarischen Sommerpause" in Deutschland der Weimarer Verfassunggebenden Versammlung und später dann dem Deutschen Reichstag der Weimarer Republik vorbehalten, die erstmals über ein Selbstbestimmungsrecht verfügten. Erst jetzt wurde die Erholungsbedürftigkeit der Parlamentarier als Grund für die Parlamentsferien genannt. Der Bundestag hat 1950 an diese Tradition angeknüpft, denn auch er war damals noch kein Parlament von Berufspolitikern.

8. Gesetzgebung

Wie viele Gesetze wurden bisher im Bundestag behandelt?

Die Statistik zur Gesetzgebung gibt Auskunft über die Anzahl der Gesetze:

Gesetzgebung	1. WP 1949-1953	2. WP 1953-1957	3. WP 1957-1961	4. WP 1961-1965	5. WP 1965-1969	6. WP 1969-1972	7. WP 1972-1976	8. WP 1976-1980
Gesamtzahl der beim Bundesrat bzw. Bundestag eingebrachten Gesetzesvorhaben Davon:							704	505
– Regierungsvorlagen							471	323
– Gesetzesanträge von Ländern							97	71
– davon bereits in der Wahlperiode zuvor dem Bundesrat zugeleitet								
– Initiativen des Bundestages	301	414	207	245	227	171	136	111
Beim Bundestag eingebracht	805	877	613	635	665	577	670	485
– Regierungsvorlagen	472	446	401	378	417	362	461	322
– Initiativen des Bundesrates	32	17	5	12	21	44	73	52
– Initiativen des Bundestages	301	414	207	245	227	171	136	111
Im Bundestag in 1. Beratung behandelt							658	478
Vom Bundestag verabschiedet Davon:	545	507	424	427	453	335	516	354
– Regierungsvorlagen	392	368	348	329	368	259	427	288

Gesetzgebung	1. WP 1949-1953	2. WP 1953-1957	3. WP 1957-1961	4. WP 1961-1965	5. WP 1965-1969	6. WP 1969-1972	7. WP 1972-1976	8. WP 1976-1980
– Initiativen des Bundesrates	12	7	2	2	9	13	17	15
– Initiativen des Bundestages	141	132	74	96	76	58	62	39
– Vereinigung und Abspaltung von Initiativen							10	12
Im Bundesrat behandelte Gesetzesbeschlüsse							516	354
– Gesetze, bei denen der Vermittlungsausschuss angerufen wurde durch:	75	65	49	39	39	33	96	71
– den Bundesrat	70	59	46	34	34	31	96	69
– die Bundesregierung	3	3	3	3	4	2	7	7
– den Bundestag	2	3	0	2	1	0	1	1
Gesetze, bei denen der Bundesrat im (2.) Durchgang oder im Vermittlungsverfahren die Zustimmung versagte							11	10
Gesetze, bei denen der Bundesrat Einspruch einlegte							6	7
Gesetze, bei denen der Einspruch vom Bundestag zurückgewiesen wurde							5	5
Verkündet insgesamt Davon:							506	339
– als zustimmungsbedürftig verkündet							266	180

Gesetzgebung	1. WP 1949-1953	2. WP 1953-1957	3. WP 1957-1961	4. WP 1961-1965	5. WP 1965-1969	6. WP 1969-1972	7. WP 1972-1976	8. WP 1976-1980
– davon nach Auffassung des Bundestages nicht zustimmungsbedürftig							7	2
– als nicht zustimmungsbedürftig verkündet							240	159
– davon nach Auffassung des Bundesrates zustimmungsbedürftig							62	26
Davon:								
– Regierungsvorlagen							421	276
– Initiativen des Bundesrates							17	15
– Initiativen des Bundestages							58	36
– Vereinigung und Abspaltungen von Initiativen							10	12
Zahl der Grundgesetzänderungsgesetze	3	6	3	2	12	5	3	0
– darin Änderungen von GG Artikeln	1	13	2	2	40	10	2	0
– darin Einfügungen von GG Artikeln	1	11	3	0	17	1	1	0
– darin Streichungen von GG Artikeln	1	0	0	0	4	0	0	0
– dadurch betroffene GG Artikel	3	24	5	2	61	11	3	0

Gesetzgebung	1. WP 1949-1953	2. WP 1953-1957	3. WP 1957-1961	4. WP 1961-1965	5. WP 1965-1969	6. WP 1969-1972	7. WP 1972-1976	8. WP 1976-1980
Zahl der durch nummerierten Drucksachen des Bundestages	4682	3783	3007	3799	4695	3831	5953	4520
Zahl der EU Vorlagen (früher EG Vorlagen; seit 3. WP)			13	224	745	946	1759	1706

Gesetzgebung	9. WP 1980-1983	10. WP 1983-1987	11. WP 1987-1990	12. WP 1990-1994	13. WP 1994-1998	14. WP 1998-2002	15. WP 2002-2005	16. WP 2005-2009
Gesamtzahl der beim Bundesrat bzw. Bundestag eingebrachten Gesetzesvorhaben Davon:	269	612	687	895	1013	1002	760	970
– Regierungsvorlagen	155	285	324	419	449	450	362	539
– Gesetzesanträge von Ländern	56	144	136	179	235	224	187	167
– davon bereits in der Wahlperiode zuvor dem Bundesrat zugeleitet			9	13	40	19	8	13
– Initiativen des Bundestages	58	183	227	297	329	328	211	264
Beim Bundestag eingebracht	242	522	595	800	923	864	643	905
– Regierungsvorlagen	146	280	321	407	443	443	320	537
– Initiativen des Bundesrates	38	59	47	96	151	93	112	104
– Initiativen des Bundestages	58	183	227	297	329	328	211	264
Im Bundestag in 1. Beratung behandelt	221	497	565	772	890	839	608	852
Vom Bundestag verabschiedet Davon:	139	320	369	507	566	559	400	616

Gesetzgebung	9. WP 1980-1983	10. WP 1983-1987	11. WP 1987-1990	12. WP 1990-1994	13. WP 1994-1998	14. WP 1998-2002	15. WP 2002-2005	16. WP 2005-2009
– Regierungsvorlagen	104	235	267	346	403	394	281	488
– Initiativen des Bundesrates	8	30	15	28	36	22	17	19
– Initiativen des Bundestages	16	40	68	92	102	108	85	89
– Vereinigung und Abspaltung von Initiativen	11	15	19	41	25	35	20	20
Im Bundesrat behandelte Gesetzesbeschlüsse	139	320	369	507	565	559	400	616
– Gesetze, bei denen der Vermittlungsausschuss angerufen wurde durch:	20	6	13	83	83	75	100	18
– den Bundesrat	17	6	13	71	74	66	90	17
– die Bundesregierung	3	0	0	14	10	10	11	1
– den Bundestag	0	0	0	0	8	1	1	0
Gesetze, bei denen der Bundesrat im (2.) Durchgang oder im Vermittlungsverfahren die Zustimmung versagte	4	0	1	21	20	19	21	1
Gesetze, bei denen der Bundesrat Einspruch einlegte	7	0	1	5	15	5	22	3
Gesetze, bei denen der Einspruch vom Bundestag zurückgewiesen wurde	6	0	1	4	14	2	22	3
Verkündet insgesamt	136	320	366	493	552	549	385	612
Davon:								
– als zustimmungsbedürftig verkündet	71	188	202	279	326	301	195	256

Gesetzgebung	9. WP 1980-1983	10. WP 1983-1987	11. WP 1987-1990	12. WP 1990-1994	13. WP 1994-1998	14. WP 1998-2002	15. WP 2002-2005	16. WP 2005-2009
– davon nach Auffassung des Bundestages nicht zustimmungsbedürftig	3	0	1	5	3	0	0	1
– als nicht zustimmungsbedürftig verkündet	65	132	164	214	225	248	190	356
– davon nach Auffassung des Bundesrates zustimmungsbedürftig	10	7	8	14	17	12	25	12
Davon:								
– Regierungsvorlagen	102	235	265	342	402	387	274	487
– Initiativen des Bundesrates	8	30	15	27	35	22	16	19
– Initiativen des Bundestages	15	40	67	85	92	106	79	86
– Vereinigung und Abspaltungen von Initiativen	11	15	19	39	23	34	16	20
Zahl der Grundgesetzänderungsgesetze	0	1	1[10]	6	4	5	0	6
– darin Änderungen von GG Artikeln	0	1	3	29	5	4	0	5
– darin Einfügungen von GG Artikeln	0	0	1	9	0	1	0	3
– darin Streichungen von GG Artikeln	0	0	1	0	0	0	0	1

10 Gesetz zu dem Vertrag vom 31. August 1990 zwischen der Bundesrepublik Deutsch land und der Deutschen Demokratischen Republik über die Herstellung der Einheit Deutschlands (Einigungsvertragsgesetz) vom 23. September 1990.

Gesetzgebung	9. WP 1980-1983	10. WP 1983-1987	11. WP 1987-1990	12. WP 1990-1994	13. WP 1994-1998	14. WP 1998-2002	15. WP 2002-2005	16. WP 2005-2009
– dadurch betroffene GG Artikel	0	1	5	38	4	5	0	36
Zahl der EU-Vorlagen (früher EG-Vorlagen; seit 3. WP)	1100	1685	2413	2070	2952	3137	2491	3896

Kann man auch in drei Tagen ein Gesetz einbringen und verabschieden?

Der Gang eines Gesetzes von seinem ersten Entwurf bis zu seiner Verkündung im Bundesgesetzblatt ist kompliziert und langwierig, vor allem, wenn der Ausschuss und später zur 2. Lesung insbesondere Oppositionsfraktionen an dem Gesetz Änderungswünsche vortragen, oder wenn Bundestag oder Bundesrat einem Gesetzentwurf nicht zustimmen und der Vermittlungsausschuss einberufen werden muss. Es gibt ganz wenige Gesetze, die jedoch sehr schnell verabschiedet werden; jene, die in einem Zeitraum von höchstens neun Tagen verabschiedet wurden, sind nachfolgend aufgeführt:

Wahlperiode	Dauer des Gesetzgebungsgangs in Tagen	Titel des Gesetzes	Gang der Gesetzgebung
1. WP (1949-1953)	9	Gesetz betreffend Weitergeltung der Getreidepreise vom 28.6.1951; verkündet am 30.6.1951 (BGBl. I S. 417)	**BT**-Drs. 2397 vom 21.6.1951; 1., 2. und 3. Beratung am 21.6.1951 **BR**-Dr. 525/51 vom 22.6.1951: Ausschusszuweisung; 28.6.1951 Kein Antrag auf Einberufung des Vermittlungsausschusses
3. WP (1957-1961)	7	Gesetz über Rechtsverordnungen im Bereich der Gerichtsbarkeit vom 1.7.1960, verkündet am 5.7.1960 (BGBl. I S. 481)	**BT**-Drs. 1965 vom 28.6.1960; 1. Beratung am 29.6.1960: Ausschussüberweisung; 2. und 3. Beratung am 29.6.1960: Annahme **BR**-Drs. 214/60 vom 1. 7. 1960: Ausschusszuweisung; 1.7.1960: Zustimmung

Wahlperiode	Dauer des Gesetzgebungsgangs in Tagen	Titel des Gesetzes	Gang der Gesetzgebung
noch 3. WP	9	Fünftes Gesetz zur Änderung des Gesetzes zur Förderung der Wirtschaft von Berlin (West) vom 25.3.1959, verkündet am 26. 3. 1959 (BGBl. I S. 160)	**BT**-Drs. 935 vom 17.3.1959 1. Beratung am 18.3.1959: Ausschussüberweisung 2. und 3. Beratung am 19.3.1959: Annahme **BR**-Drs. 95/59 vom 20.3.1959: Ausschusszuweisung; 20.3.1959: Zustimmung
	9	Drittes Gesetz zur Änderung des Angestelltenversicherungs- Neuregelungsgesetzes (3. ÄndG AnVNG) vom 25.3.1959, verkündet am 26.3.1959 (BGBl. I S. 161)	**BT**-Drs. 936 vom 17.3.1959; 1., 2. und 3. Beratung am 19.3.1959: Annahme **BR**-Drs. 96/59 vom 20.3.1959: Ausschusszuweisung; 20.3.1959: Zustimmung
5. WP (1965-1969)	9	Gesetz über Maßnahmen zur außenwirtschaftlichen Absicherung (AbsichG) vom 29.11.1968, verkündet am 30.11.1968 (BGBl. I S. 1255)	**BT**-Drs. 3524 vom 21.11.1968; 1. Beratung am 26. 11. 1968: Ausschussüberweisung; 2. und 3. Beratung am 28.11.1968: Annahme **BR**-Drs. 653/68 vom 29.11.1968: Ausschusszuweisung; 29.11.1968: Kein Antrag auf Einberufung des Vermittlungsausschusses
7. WP (1972-1976)	3	Gesetz zur Sicherung der Energieversorgung bei Gefährdung oder Störung der Einfuhren von Mineralöl oder Erdgas (Energiesicherungsgesetz) vom 9.11.1973, verkündet am 10.11.1973 (BGBl. I S. 1585)	**BT**-Drs. 1198 vom 7.11.1973; 1.Beratung am 7.11.1973: Ausschussüberweisung; 2. und 3. Beratung am 9.11.1973: Annahme **BR**-Drs. 707/73 vom 9.11.1973: am 9.11.1973: Zustimmung

Wahlperiode	Dauer des Gesetzgebungsgangs in Tagen	Titel des Gesetzes	Gang der Gesetzgebung
8. WP (1976-1980)	3	Gesetz zur Änderung des Einführungsgesetzes zum Gerichtsverfassungsgesetz (Kontaktsperregesetz) vom 30.9.1977, verkündet am 1.10.1977 (BGBl. I S. 1877)	**BT**-Drs. 935 vom 28.9.1977; 1.Beratung am 28.9.1977: Ausschussüberweisung; 2. und 3. Beratung am 29.9.1977: Annahme **BR**-Drs. 453/77 vom 29.9.1977: Ausschusszuweisung; 30.9.1977: Zustimmung
11. WP (1987-1990)	8	Zehntes Gesetz zur Änderung des Bundeswahlgesetzes sowie zur Änderung des Parteiengesetzes vom 8.10.1990, verkündet am 10.10.1990 (BGBl. I S. 2141)	**BT**-Drs. 8023 vom 2.10.1990; 1. Beratung am 4. 10. 1990: Ausschussüberweisung; 2. und 3. Beratung am 5.10.1990: Annahme **BR**-Drs. 680/90 vom 5.10.1990: Ausschusszuweisung; 8.10.1990: Zustimmung
14. WP (1998-2002)	3	Gesetz über das Verbot des Verfütterns, des innergemeinschaftlichen Verbringens und der Ausfuhr bestimmter Futtermittel, verkündet am 1.12.2000 (BGBl. I S. 1635)	**BT**-Drs. 4764 vom 28.11.2000; 1.Beratung am 28.11.2000: Ausschussüberweisung; 2. und 3. Beratung am 30.11.2000: Annahme **BR**-Dr. 792/00 vom 1.12.2000: Zustimmung
16. WP (2005-2009)	3	Gesetz zur Unterstützung eines Maßnahmenpakets zur Stabilisierung des Finanzmarktes (Finanzmarktstabilisierungsgesetz – FMStG) vom 17.10. 2008, verkündet am 17.10.2008 (BGBl. I S. 1983)	**BT**-Drs. 10600 vom 14.10.2008; 1. Beratung am 15.10.2008: Ausschussüberweisung; 2. und 3. Beratung am 17.10.2008: Annahme **BR**-Dr. 750/08 vom 17.10.2008; 18.10.2008: Zustimmung

Verwendete Abkürzungen: BGBl. – Bundesgesetzblatt; BR – Bundesrat; BT – Bundestag; Drs. – Drucksache.

Gibt es Gesetzentwürfe, die nie Gesetz wurden?

Der langjährige Fraktionsvorsitzende der SPD, *Peter Struck*, hat einmal das nach ihm „Strucksche Gesetz" benannte Diktum aufgestellt: „Kein Gesetzesentwurf verlässt den Bundestag so, wie er hereingekommen ist." Das liegt in der Natur des Beratungsganges eines Gesetzes, denn es geht vom Plenum an den Ausschuss und dann vom Ausschuss wieder zurück in das Plenum, um dort nach einer zweiten und dritten Lesung verabschiedet und schließlich verkündet zu werden. Aber es gibt auch Gesetzentwürfe, die in den Bundestag eingebracht werden, jedoch nie als Gesetz rauskommen. – Geht man davon aus, dass eine der zentralen Aufgaben des Bundestages die Gesetzgebung ist, so könnte man der nachfolgenden Statistik zufolge meinen, dass die 13. Wahlperiode, die ineffizienteste war. Das ist insofern ein Trugschluss, da Gesetzentwürfe von allen Fraktionen eingebracht werden können. So kann z.B. nicht ausgeschlossen werden, dass trotz aller Chancenlosigkeit auch Oppositionsfraktionen versuchen, Gesetzentwürfe einzubringen, um ihren Wählern gegenüber zu demonstrieren, dass von ihnen alles versucht wurde, gute Gesetze zu machen, auch wenn aussichtslos war, dass diese je verabschiedet und gar verkündet würden.

	7. WP 1972-1976	8. WP 1976-1980	9. WP 1980-1983	10. WP 1983-1987	11. WP 1987-1990
Beim Bundestag eingebrachte Gesetze	670	485	242	522	595
Verkündet insgesamt	506	339	136	320	366
Nicht Gesetz gewordene Entwürfe (Absolut und in %)	164	146	106	202	229
	24,5 %	30,1 %	43,8 %	38,7 %	38,5 %

	12. WP 1990-1994	13. WP 1994-1998	14. WP 1998-2002	15. WP 2002-2005	16. WP 2005-2009
Beim Bundestag eingebrachte Gesetze	800	923	864	643	905
Verkündet insgesamt	493	552	549	385	612
Nicht Gesetz gewordene Entwürfe (Absolut und in %)	307	372	315	258	293
	38,4 %	40,3 %	36,5 %	40,1 %	32,4 %

9. Kontrolltätigkeit – Petitionen – Wehrbeauftragter

Welche Möglichkeiten hat der Bundestag, die Regierung zu kontrollieren?

Eine der wichtigen Aufgaben des Bundestages ist die Kontrolle der Regierung. Dazu gehört es, Anfragen an die Regierung zu richten, die beantwortet werden müssen, Aktuelle Stunden und Fragestunden einzuberufen, sowie von der Bundesregierung Berichte zu besonderen politischen Fragen einzufordern.

Kontrolltätigkeit	1. WP 1949-1953	2. WP 1953-1957	3. WP 1957-1961	4. WP 1961-1965	5. WP 1965-1969	6. WP 1969-1972	7. WP 1972-1976	8. WP 1976-1980
Große Anfragen	160	97	49	35	45	31	24	47
Kleine Anfragen	355	377	411	308	488	569	480	434
Mündliche Anfragen (Fragestunde)	392	1069	1536	4786	10 733	6 966	12 925	11 826
– davon dringliche Anfragen			2	33	198	135	74	49
Schriftliche Anfragen						4107	5572	11 641
Zahl der Fragestunden	16	44	96	178	223	176	168[11]	135
Zahl der Aktuellen Stunden				2	17	8	20	9
Zahl der Berichte aus Kabinettssitzungen/ Regierungsbefragungen							8	
Zahl der Regierungserklärungen	27	15	8	10	24	25	38	22
Anteil der Opposition an parlamentarischen Initiativen (in %)								
Große Anfragen	38,1	52,6	87,7	68,6	36,4	80,6	75,0	70,2
Kleine Anfragen	58,9	38,7	64,0	43,8	43,0	82,8	88,8	84,3
Mündliche Anfragen (Fragestunde)	68,8	58,2	75,7	56,7		64,5	68,9	64,1

11 Der Rückgang der Zahl der Fragestunden ist dadurch bedingt, dass der Bundestag 1973/74 dazu überging, anstelle von drei Fragestunden zu je 60 Minuten zwei Frage stunden zu je 90 Minuten pro Sitzungswoche durchzuführen.

Kontrolltätigkeit	1. WP 1949-1953	2. WP 1953-1957	3. WP 1957-1961	4. WP 1961-1965	5. WP 1965-1969	6. WP 1969-1972	7. WP 1972-1976	8. WP 1976-1980
– davon: dringliche Anfragen								
Gesetzesinitiativen des Bundestages	31,2		52,2	29,8		71,4	54,4	64,0
Herbeirufung von Regierungsmitgliedern	100,0	85,7	100,0	100,0	100,0	100,0	100,0	100,0
Missbilligungs- und Entlassungsanträge gegen Regierungsmitglieder	100,0	100,0		100,0	100,0	100,0	100,0	100,0
Aktuelle Stunden				50,0	40,0	100,0	90,0	100,0
Untersuchungsausschüsse	77,8	66,7		100,0	50,0	100,0	100,0	100,0

Kontrolltätigkeit	9. WP 1980-1983	10. WP 1983-1987	11. WP 1987-1990	12. WP 1990-1994	13. WP 1994-1998	14. WP 1998-2002	15. WP 2002-2005	16. WP 2005-2009
Große Anfragen	32	175	145	98	156	101	65	63
Kleine Anfragen	297	1 006	1 419	1 382	2 070	1 813	797	3 299
Mündliche Anfragen (Fragestunde)	4 971	7 028	4 134	4 215	3 540	3 299	2 550	2 703
davon dringliche Anfragen	13	41	39	57	34	80	37	111
Schriftliche Anfragen	9 413	15 836	16 117	16 665	14 906	11 838	11 073	12 789
Zahl der Fragestunden	79	142	107	121	79	68	52	67
Zahl der Aktuellen Stunden	12	117	126	103	103	141	71	113
Zahl der Berichte aus Kabinettssitzungen/ Regierungsbefragungen		3	32	44	41	61	42	59
Zahl der Regierungserklärungen	16	49	38	35	46	60	23	34
Anteil der Opposition an parlamentarischen Initiativen (in %)								
– Große Anfragen	75,0	84,6	86,2	85,7	89,7	95,1	100,0	98,4
– Kleine Anfragen	84,1	95,9	98,5	98,1	89,1	99,1	99,7	100,0
– Mündliche Anfragen (Fragestunde)	60,6	65,9	70,1	66,1	80,9	94,3	98,9	93,9
– davon: dringliche Anfragen			82,9	92,3	85,3	97,5	100,0	100,0
– Gesetzesinitiativen des Bundestages	39,0	68,3	60,4	49,5	59,6	53,4	46,0	51,1
– Herbeirufung von Regierungsmitgliedern		100,0	100,0	100,0	100,0	100,0	100,0	100,0

Kontrolltätigkeit	9. WP 1980-1983	10. WP 1983-1987	11. WP 1987-1990	12. WP 1990-1994	13. WP 1994-1998	14. WP 1998-2002	15. WP 2002-2005	16. WP 2005-2009
– Missbilligungs- und Entlassungsanträge gegen Regierungsmitglieder	100,0	100,0	100,0	100,0	100,0	100,0		100,0
– Aktuelle Stunden	66,7	76,9	78,6	80,6	85,4	81,6	69,0	99,1
– Untersuchungsausschüsse	100,0	75,0	50,0	33,3	50,0	100,0	100,0	100,0

Wann wurde von der Vertrauensfrage Gebrauch gemacht?

Der Bundeskanzler der Bundesrepublik Deutschland kann jederzeit im Deutschen Bundestag den Antrag stellen, ihm das Vertrauen auszusprechen. In Artikel 68 Grundgesetz ist festgelegt, was geschehen kann, falls dieser Vertrauensantrag keine Mehrheit findet:

> „(1) Findet ein Antrag des Bundeskanzlers, ihm das Vertrauen auszusprechen, nicht die Zustimmung der Mehrheit der Mitglieder des Bundestages, so kann der Bundespräsident auf Vorschlag des Bundeskanzlers binnen einundzwanzig Tagen den Bundestag auflösen. Das Recht zur Auflösung erlischt, sobald der Bundestag mit der Mehrheit seiner Mitglieder einen anderen Bundeskanzler wählt.
> (2) Zwischen dem Antrage und der Abstimmung müssen achtundvierzig Stunden liegen."

Neben dieser Möglichkeit, einen Vertrauensantrag selbständig nach Artikel 68 Grundgesetz zu stellen, kann der Bundeskanzler auch den Vertrauensantrag mit einer Gesetzesvorlage verbinden (vgl. dazu Art. 81 Grundgesetz).

Mit der Vertrauensfrage verfügt der Bundeskanzler über ein Instrument, das zu zweierlei Zwecken eingesetzt werden kann: „zur Stabilisierung seiner Macht oder zur Initiierung von Neuwahlen".

In der Geschichte des Deutschen Bundestages hat bisher fünf Mal ein Bundeskanzler die Vertrauensfrage nach Artikel 68 GG gestellt:
1.) 1972 fand der Antrag von Bundeskanzler *Willy Brandt* (SPD), ihm das Vertrauen auszusprechen, nicht die erforderliche Mehrheit.

2.) 1982 stellte Bundeskanzler *Helmut Schmidt* (SPD) die Vertrauensfrage und erhielt die Zustimmung sämtlicher Abgeordneter der sozial-liberalen Regierungskoalition.
3.) Ebenfalls 1982 stellte Bundeskanzler *Helmut Kohl* (CDU) die Vertrauensfrage, um noch vor Ablauf der Wahlperiode Neuwahlen zum Bundestag zu ermöglichen.
4.) Im November 2001 stellte Bundeskanzler *Gerhard Schröder* (SPD) die Vertrauensfrage erstmals in Verbindung mit einem Gesetzentwurf. Er erhielt den Auftrag zur Fortsetzung seiner Regierung.
5.) Am 1. Juli 2005 stellte Bundeskanzler *Schröder* erneut die Vertrauensfrage, diesmal – wie 1982 Bundeskanzler *Kohl* – mit dem Willen, Neuwahlen zum Bundestag herbeizuführen.

Wie oft wurde ein Antrag mit einem konstruktiven Misstrauensvotum im Bundestag eingebracht?

Artikel 67 GG regelt ein Verfahren, das als „konstruktives Misstrauensvotum" bezeichnet wird:

> „(1) Der Bundestag kann dem Bundeskanzler das Misstrauen nur dadurch aussprechen, dass er mit der Mehrheit seiner Mitglieder einen Nachfolger wählt und den Bundespräsidenten ersucht, den Bundeskanzler zu entlassen. Der Bundespräsident muss dem Ersuchen entsprechen und den Gewählten ernennen.
> (2) Zwischen dem Antrage und der Wahl müssen achtundvierzig Stunden liegen."

In der Geschichte des Deutschen Bundestages hat es bisher zwei Mal einen Antrag nach Artikel 67 GG gegeben:
1.) Nach Fraktionswechsel einiger Abgeordneter der sozial-liberalen Koalition im Zusammenhang einer Missbilligung der Neuen Ostpolitik stellte die CDU/CSU-Fraktion am 25. April 1972 einen Antrag gegen Bundeskanzler *Willy Brandt* und schlug den CDU/CSU-Fraktionsvorsitzenden *Rainer Barzel* als Nachfolger vor. Der Antrag scheiterte, da, wie später bekannt wurde, durch das Ministerium für Staatssicherheit der DDR (Stasi) zwei Abgeordnete der CDU/CSU-Fraktion bestochen worden waren.

2.) Am 1. Oktober 1982 wurde mit dem konstruktiven Misstrauensvotum der Wechsel von der sozial-liberalen zur christlich-liberalen Koalition herbeigeführt. *Helmut Kohl* wurde mit 256, also sieben Stimmen mehr als notwendig, zum Nachfolger von Bundeskanzler *Helmut Schmidt* gewählt. Demnach hatten einige FDP-Abgeordnete gegen *Kohl* votiert. Mittels der von *Kohl* im Dezember 1982 gestellten Vertrauensfrage und der nach Absprache erfolgten Stimmenthaltung durch die FDP-Abgeordneten, wurden für März 1983 Neuwahlen ermöglicht, die die christlich-liberale Koalition bestätigten und damit regierungsfähig machten.

Wie viele Petitionen gab es bisher?

Die Petition eines Bürgers gehört im weitesten Sinne zum Kontrollrecht des Bundestages gegenüber der Bundesregierung.

Nach Artikel 17 des Grundgesetzes hat jedermann das Recht, sich einzeln oder in Gemeinschaft mit anderen schriftlich mit Bitten oder Beschwerden (Petitionen) an die zuständigen Stellen und an die Volksvertretung, insbesondere also auch an den Deutschen Bundestag, zu wenden. Unter „Bitten" sind in erster Linie Vorschläge zur Gesetzgebung zu verstehen. „Beschwerden" beziehen sich auf ein Handeln oder Unterlassen der Verwaltung im Einzelfall.

Das Recht, Petitionen einzureichen, haben natürliche Personen, unabhängig von Wohnsitz und Staatsangehörigkeit. Auch beschränkte oder fehlende Geschäftsfähigkeit stehen der selbständigen Ausübung des Petitionsrechts nicht entgegen, wenn der Einsender fähig ist, sein Anliegen in verständlicher Form zu äußern. Es können sich daher auch Jugendliche und Kinder an den Ausschuss wenden. Das Petitionsrecht steht ferner inländischen juristischen Personen des Privatrechts zu (vgl. Art. 19 Abs. 3 GG). Auch Soldaten können ohne Einhaltung des Dienstweges von dieser Möglichkeit Gebrauch machen.

Die Ausübung des Petitionsrechts ist an keine formellen Voraussetzungen geknüpft; die Eingabe muss allerdings schriftlich erfolgen, eigenhändig unterschrieben sein und ein verständliches Anliegen enthalten. Bei elektronisch übermittelten Petitionen ist die

Schriftlichkeit gewahrt, wenn der Urheber und dessen Postanschrift ersichtlich sind und das im Internet für elektronische Petitionen zur Verfügung gestellte Formular verwendet wird (elektronischer Ersatz der Unterschrift). Petitionen, die von allgemeinem Interesse sind können im Einvernehmen mit dem Petenten auf der Internetseite des Petitionsausschusses veröffentlicht werden (Öffentliche Petitionen). Mit der Veröffentlichung erhalten weitere Personen oder Personengruppen über das Internet die Gelegenheit zur Mitzeichnung der Petition oder zur Abgabe eines Diskussionsbeitrages hierzu.

So mancher Bürger hat, wenn er von seiner örtlichen Verwaltung mit seinem Anliegen abgelehnt wurde, mittels des Bundestages Recht und Zuspruch bekommen.

Wahlperiode	Petitionen ohne Masseneingaben	Zahl der Masseneingaben	Zahl der Themen bei den Masseneingaben
1. WP (1949-1953)	27200		
2. WP (1953-1957)	33000		
3. WP (1957-1961)	29559	303798	2
4. WP (1961-1965)	29993	553956	3
5. WP (1965-1969)	23232	10174	3
6. WP (1969-1972)	22882	44265	6
7. WP (1972-1976)	49204	205631	4
8. WP (1976-1980)	48846	90800	1
9. WP (1980-1983)	29748	440730	10
10. WP (1983-1987)	49118	239518	34
11. WP (1987-1990)	52528	272876	533
12. WP (1990-1994)	81881	437447	78
13. WP (1994-1998)	76150	1520534	39
14. WP (1998-2002)	69421	203579	34
15. WP (2002-2005)	55264	194831	31
16. WP (2005-2009)	69937	81834	38

Welche Aufgabe hat der Wehrbeauftragte des Deutschen Bundestages?

1956 wurde nach dem Vorbild des schwedischen Militie-Ombudsman in der Bundesrepublik Deutschland der Wehrbeauftragte eingeführt und in die Wehrverfassung der Bundesrepublik eingefügt. Der mit Gesetz vom 19. März 1956 beschlossene Grundgesetz-Artikel 45 b lautet: „Zum Schutz der Grundrechte und als Hilfsorgan des Bundestages bei der Ausübung der parlamentarischen Kontrolle wird ein Wehrbeauftragter des Bundestages berufen. ...". Der Wehrbeauftragte ist in vollem Umfang seines Verfassungsauftrages Hilfsorgan des Bundestages bei der Ausübung der parlamentarischen Kontrolle; er gehört damit ausschließlich zum legislativen Bereich. Dem Bundestag und dem Verteidigungsausschuss obliegen das parlamentarische Weisungsrecht. Eine parlamentarische Weisung kann nur erteilt werden, wenn der Verteidigungsausschuss den Vorgang nicht zum Gegenstand seiner eigenen Beratung macht. Eine Erörterung im Verteidigungsausschuss mit anschließendem Beschluss ist somit bereits eine Schranke für die parlamentarische Weisungserteilung durch den Bundestag an den Wehrbeauftragten. In seiner Eigenschaft als Petitionsinstanz für Soldaten wurden die rechtlichen Befugnisse des Wehrbeauftragten denen des Petitionsausschusses angeglichen. Der Wehrbeauftragte sowie seine Beamten, Angestellten und Arbeiter sind Bestandteile des Gesamtgefüges des Bundestages. Die Amtszeit des Wehrbeauftragten endet nach Ablauf von fünf Jahren, auch wenn der Nachfolger noch nicht gewählt ist. Die Vertretung des Wehrbeauftragten wird während der Zeit bis zur Ernennung eines Nachfolgers vom Leitenden Beamten wahrgenommen.

Amtsantritt (Wahl)	Name der Wehrbeauftragten	Stimmenanteil in %
3. April 1959	*Helmuth von Grolman*	88,2
8. November 1961	*Hellmuth Guido Heye*	(Wahl per Akklamation)
11. Dezember 1964	*Matthias Hoogen*	59,3
11. März 1970	*Fritz Rudolf Schultz*	53,7
19. März 1975	*Karl Wilhelm Berkhan*	90,1

Amtsantritt (Wahl)	Name der Wehrbeauftragten	Stimmenanteil in %
(Wiederwahl 1980)	*Karl Wilhelm Berkhan*	91,6
20. März 1985	*Willi Weiskirch*	84,5
27. April 1990	*Alfred Biehle*	52,3
28. April 1995	*Claire Marienfeld*	71,1
14. April 2000	*Willfried Penner*	77,8
12. Mai 2005	*Reinhold Robbe*	51,3
20. Mai 2010	*Hellmut Königshaus*	64,8

10. Haushalt und Diäten

Was sind „Diäten"?

Das Grundgesetz bestimmt in Artikel 48 Absatz 3, dass Abgeordnete einen Anspruch auf eine angemessene, ihre Unabhängigkeit sichernde Entschädigung haben. Der Betrag der Entschädigung muss der Bedeutung des besonderen Amts des Abgeordneten und der damit verbundenen Verantwortung und Belastung gerecht werden. Außerdem muss er auch den Rang berücksichtigen, der dem Mandat im Verfassungsgefüge zuteil wird. Darauf hat das Bundesverfassungsgericht seit seinem „Diäten-Urteil" vom 5. November 1975 (2 BvR 193/74) wiederholt hingewiesen. Der Bundesgesetzgeber hat diesen Vorgaben bei der Verabschiedung des Abgeordnetengesetzes im Jahre 1977 Rechnung getragen, indem er als Orientierungsgröße für die Entschädigung der Abgeordneten die Bezüge solcher Amtsinhaber wählte, die einer mit den Abgeordneten vergleichbaren Verantwortung und Belastung unterliegen. Als vergleichbar mit Abgeordneten, die Wahlkreise mit 160.000 bis 250.000 Wahlberechtigten vertreten, wurden (Ober-) Bürgermeister kleiner Städte und von Gemeinden mit 50 000 bis 100 000 Einwohnern angesehen. Als vergleichbar wurden ferner die einfachen Richter bei einem obersten Gerichtshof des Bundes angesehen, die bei der Ausübung ihres Amtes ähnlich wie Abgeordnete unabhängig und nur dem Gesetz unterworfen sind.

Die Jahresbezüge dieser Personengruppen wurden bisher nicht erreicht. Die Abgeordnetenentschädigung beträgt ab 1. Januar 2012 monatlich 7.960 € und ab 1. Januar 2013 monatlich 8.252 €. Die Abgeordneten erhalten keine jährlichen Sonderzahlungen. Ihre Abgeordnetenentschädigung ist einkommensteuerpflichtig.

Das Bundesverfassungsgericht hat in seinem „Diäten-Urteil" von 1975 ferner betont, dass das Parlament selbst über die Höhe seiner finanziellen Leistungen entscheiden muss. Ihm ist es nicht gestattet, diese verbindliche Entscheidung auf eine andere Stelle außerhalb des Bundestages wie etwa eine Expertenkommission zu übertragen. Das

Gericht hat außerdem geurteilt, dass die Entschädigung nicht an die Beamtenbesoldung gekoppelt werden darf. Aus diesen Gründen beschließt der Bundestag in einem transparenten, vor den Augen der Öffentlichkeit stattfindenden Verfahren im Plenum über die Höhe seiner Entschädigung. Dies ermöglicht dem Volk die wirksame Kontrolle seiner Vertreter. Grundlage für die Entscheidung ist eine Empfehlung des Bundestagspräsidenten, die sich an der Entwicklung der Bezugsgrößen orientiert.

Kostenpauschale

Weil ein Abgeordneter auch im Wahlkreis keinen Arbeitgeber hat (der ein Büro stellt, Reisekosten abdeckt und Kilometergeld bezahlt) und weil eine Einzelabrechnung aufwendiger wäre, gibt es die Kostenpauschale. Sie beträgt zurzeit (1. Januar 2003) 3.503,00 Euro und wird zum 1. Januar eines jeden Jahres entsprechend der Entwicklung der Lebenshaltungskosten angehoben. In vielen Fällen reicht die Pauschale nicht aus. Höhere Ausgaben werden jedoch nicht erstattet und sie können auch nicht steuerlich abgesetzt werden; denn für den Abgeordneten gibt es keine „Werbungskosten".

Reisekosten

Wenn ein Abgeordneter eine Dienstreise unternimmt, trägt der Bundestag die Kosten, nicht anders als ein Arbeitgeber, der seine Mitarbeiter auf Geschäftsreise schickt. Fahrten in Ausübung seines Mandats – z. B. im Wahlkreis – muss der Abgeordnete hingegen selbst aus der Kostenpauschale bezahlen. Eine Ausnahme gilt für Fahrten mit der Deutschen Bahn AG. Hier stellt der Bundestag eine Netzkarte zur Verfügung, die für das Mandat, nicht aber privat genutzt werden darf. Benutzt ein Abgeordneter im Inland für Mandatszwecke ein Flugzeug oder den Schlafwagen, so werden ihm solche Kosten nur gegen Nachweis im Einzelfall erstattet.

Kranken- und Pflegeversicherung

Hier haben Abgeordnete die Wahl zwischen zwei Modellen: Etwa 40 % der Abgeordneten sind Mitglied in der gesetzlichen Krankenversicherung. Bei ihnen trägt der Bundestag – wie ein Arbeitgeber bei seinen Arbeitnehmern – die Hälfte des Beitrages zur gesetzlichen

Kranken- und Pflegeversicherung. Von Leistungseinschnitten bei der gesetzlichen Kranken- und Pflegeversicherung ist diese Gruppe von Abgeordneten stets unmittelbar selbst betroffen.

Die übrigen Abgeordneten haben eine private Kranken- und Pflegeversicherung abgeschlossen, deren Beiträge sie selbst zahlen, die aber nur einen Teil des Risikos decken. Den Rest übernimmt die Beihilfe nach beamtenrechtlichen Maßstäben. Weil Reformen im Bereich der gesetzlichen Sicherungssysteme inzwischen stets wirkungsgleich auf die Beamten übertragen werden, sind auch diese Abgeordneten von Änderungen des Beihilferechts stets mitbetroffen.

Überbrückungsgeld („Sterbegeld")

Hinterbliebene von Abgeordneten haben Anspruch auf Überbrückungsgeld, das bisher einem doppelten Zweck diente: Zum einen – und in erster Linie – ist es eine fürsorgeähnliche Leistung, die den Hinterbliebenen die Umstellung auf die neuen Lebensverhältnisse finanziell erleichtern soll. Solche und ähnliche Leistungen gibt es bei Rentnern, Beamtenpensionären und auch die meisten Tarifverträge für Arbeitnehmer sehen sie vor.

Zum anderen diente das Überbrückungsgeld bisher auch zur Abdeckung von Bestattungskosten („Sterbegeld"). Weil dieses sogenannte Sterbegeld bei den in der gesetzlichen Krankenversicherung Versicherten künftig gänzlich entfallen wird, soll auch das Überbrückungsgeld für die Abgeordneten um 1.050,00 Euro gekürzt werden. Das entsprechende Änderungsgesetz ist bereits in den Bundestag eingebracht worden. Der vorgesehene Kürzungsbetrag entspricht exakt dem Betrag, um den auch die entsprechende Leistung der gesetzlichen Krankenversicherung in zwei Stufen reduziert worden ist.

Altersentschädigung

Die Altersentschädigung („Rente") ist Bestandteil der angemessenen, die Unabhängigkeit sichernden Entschädigung der Abgeordneten. Gäbe es die Altersversorgung nicht, hätten die Abgeordneten für die Zeit ihrer Zugehörigkeit zum Parlament eine Versorgungslücke. Denn sie sind weder in der gesetzlichen Rentenversicherung versichert, noch reicht die Abgeordnetenentschädigung aus, eine anderweitige Altersversorgung zu finanzieren.

Erst wer dem Bundestag acht Jahre (zwei Wahlperioden) angehört hat, hat Anspruch auf die Altersentschädigung. Wer früher aus dem Parlament ausscheidet, wird auf Antrag in der gesetzlichen Rentenversicherung nachversichert oder kann sich das Geld – unter Verzicht auf eine Rente für diese Zeit – in einer Summe auszahlen lassen.

Die Altersentschädigung ist – anders als noch die Rente – voll zu versteuern, und andere Bezüge aus öffentlichen Kassen wie auch die Rente aus der gesetzlichen Rentenversicherung werden auf sie angerechnet. Ferner haben Abgeordnete keinen Anspruch auf die staatlich geförderte „Riester-Rente".

Schon bei der Änderung des Abgeordnetengesetzes im Jahr 1995 hat es bei der Altersversorgung deutliche Einschnitte gegeben. Steigerungsraten und Höchstsatz sind gesenkt worden. Ein Abgeordneter mit einer durchschnittlichen Verweildauer im Parlament von 12 Jahren erhält nur noch 36 % der Entschädigung als Altersversorgung (bisher 51 %). Angesichts der bei den großen Alterssicherungssystemen (gesetzliche Rentenversicherung/Beamtenpension) zu erwartenden Veränderungen soll auch die Altersentschädigung der Abgeordneten vorbehaltlos überprüft werden. Der Bundestagspräsident und Parlamentarier aller Parteien haben dies bereits angekündigt.

Übergangsgeld

Das Übergangsgeld für Abgeordnete soll den beruflichen Wiedereinstieg absichern. Sein Zweck ist es, den Abgeordneten nach dem Ausscheiden aus dem Deutschen Bundestag eine Rückkehr in den angestammten Beruf oder die Aufnahme einer neuen Berufstätigkeit zu ermöglichen. Damit trägt das Übergangsgeld dazu bei, die Unabhängigkeit der Abgeordneten zu sichern. Diese sollen sich voll ihrem Mandat widmen und nicht aus wirtschaftlichen Gründen gezwungen sein, sich schon während der Mandatszeit Sorgen um ihre berufliche Existenz nach dem Ausscheiden aus dem Parlament zu machen.

Wer ein Bundestagsmandat annimmt, gibt für eine ungewisse Zeit seinen bis dahin ausgeübten Beruf auf. Die Mandatsausübung fällt dabei typischerweise in einen Lebensabschnitt, der bei anderen der

Förderung der eigenen beruflichen Karriere, dem Aufbau und der Expansion des eigenen Betriebes, einer Rechtsanwaltskanzlei oder einer Arztpraxis dient.

Ein Abgeordneter verzichtet hierauf, ohne zu wissen, ob er überhaupt wiedergewählt wird. Wenn nicht, kann er nur in seine vorherige Position zurückkehren. Existiert sein Betrieb aber nicht mehr, kann er nach dem Ausscheiden aus dem Bundestag weder Arbeitslosenunterstützung erhalten, noch gibt es für eine Umschulung Unterstützung durch die Arbeitsvermittlung. Auch wer vorher selbständig oder freiberuflich tätig war, muss häufig wieder ganz von vorne anfangen.

Für jedes Jahr der Parlamentszugehörigkeit wird ein Monat Übergangsgeld in Höhe der jeweils aktuellen Abgeordnetenentschädigung gezahlt, nach einer Wahlperiode, also für vier Monate, insgesamt längstens für achtzehn Monate. Ab dem zweiten Monat nach dem Ausscheiden werden alle sonstigen Einkünfte – auch solche aus privaten Quellen – auf das Übergangsgeld angerechnet.

Wie hoch waren die Diäten im Laufe der Geschichte des Bundestages?

Zeitabschnitt ab:	Entschädigung (steuerfrei)	Tagegeld	Unkostenersatz	Reisekostenersatz
1.9.1949	600 DM	450 DM	300 DM	600 DM
1.4.1951	600 DM	450 DM	300 DM	680 DM
1.6.1954	750 DM	450 DM	700 DM	480 DM
1.4.1958	1 100 DM	500 DM	600 DM	700 DM
1.6.1960	1 170 DM	500 DM	600 DM	700 DM
1.1.1961	1 270 DM	500 DM	600 DM	700 DM
1.1.1963	1 340 DM	500 DM	600 DM	780 DM
1.3.1963	1 360 DM	500 DM	600 DM	780 DM
1.1.1964	1 360 DM	1 000 DM	600 DM	780 DM
1.10.1964	1 470 DM	1 000 DM	600 DM	780 DM
1.1.1966	1 530 DM	1 000 DM	600 DM	780 DM
1.10.1966	1 590 DM	1 000 DM	600 DM	780 DM
1.1.1968	2 360 DM	1 000 DM	600 DM	780 DM

Zeitabschnitt ab:	Entschädigung (steuerfrei)	Tagegeld	Unkostenersatz	Reisekostenersatz
1.6.1968	2 360 DM	1 000 DM	600 DM	800 DM
1.7.1968	2 450 DM	1 000 DM	600 DM	800 DM
1.4.1969	2 570 DM	1 000 DM	600 DM	800 DM
1.1.1970	2 770 DM	1 000 DM	1 200 DM	900 DM
1.1.1971	2 970 DM	1 000 DM	1 200 DM	900 DM
1.1.1972	3 090 DM	1 000 DM	1 200 DM	900 DM
1.1.1973	3 270 DM	1 000 DM	1 200 DM	900 DM
1.1.1974	3 630 DM	1 500 DM	1 500 DM	1 050 DM
1.1.1975	3 850 DM	1 500 DM	1 500 DM	1 050 DM
1.1.1977	4 040 DM	1 500 DM	1 500 DM	1 050 DM
1.2.1977	4 250 DM	1 500 DM	1 500 DM	1 050 DM

Zeitabschnitt ab:	Entschädigung (steuerpflichtig)	Ab 1978: Kostenpauschale (steuerfrei)[12]
1.4.1977	7 500 DM	4 500 DM
1.7.1983	7 820 DM	4 700 DM
1.7.1984	8 000 DM	4 800 DM
1.7.1985	8 224 DM	4 915 DM
1.7.1986	8 454 DM	5 003 DM
1.7.1987	8 729 DM	5 078 DM
1.7.1988	9 013 DM	5 155 DM
1.7.1989	9 221 DM	5 274 DM
1.7.1990	9 664 DM	5 443 DM
1.7.1991	10 128 DM	5 765 DM
1.7.1992	10 366 DM	5 978 DM
1.10.1995	11 300 DM	5 978 DM
1.1.1996	11 300 DM	6 142 DM
1.1.1997	11 300 DM	6 251 DM
1.7.1997	11 825 DM	6 251 DM

12 Monatliche Pauschale; bei Fernbleiben von Sitzungen wird pro Sitzung ein bestimmter Betrag abgezogen. Bei dieser Aufstellung wurde davon ausgegangen, dass der Abgeordnete an allen Sitzungen teilgenommen hat.

Zeitabschnitt ab:	Entschädigung (steuerpflichtig)	Ab 1978: Kostenpauschale (steuerfrei)[12]
1.1.1998	11 825 DM	6 344 DM
1.4.1998	12 350 DM	6 344 DM
1.1.1999	12 875 DM	6 459 DM
1.7.2000	12 953 DM	6 520 DM
1.1.2001	13 200 DM	6 558 DM
1.1.2002	6 878 Euro	3 417 Euro
1.1.2003	7 009 Euro	3 503 Euro
1.1.2004	7 009 Euro	3 551 Euro
1.1.2005	7 009 Euro	3 589 Euro
1.1.2006	7 009 Euro	3 647 Euro
1.1.2007	7 009 Euro	3 720 Euro
1.1.2008	7 339 Euro	3 782 Euro
1.1.2009	7 668 Euro	3 868 Euro
1.1.2010	7 668 Euro	3 969 Euro

12 Monatliche Pauschale; bei Fernbleiben von Sitzungen wird pro Sitzung ein bestimmter Betrag abgezogen. Bei dieser Aufstellung wurde davon ausgegangen, dass der Abgeordnete an allen Sitzungen teilgenommen hat.

11. Reichstags- und Bundestagsgebäude

An welchen Orten tagte der Deutsche Bundestag bisher?

1.) Vom 7. September 1949 bis 27. Juni 1986 war regulär der „Alte Plenarsaal" in Bonn Sitz und Tagungsort des Deutschen Bundestages.
Ausnahmen waren:
- Am 29. Juli 1953 wurde der Große Sendesaal des Kölner Funkhauses des Nordwestdeutschen Rundfunks Ausweichstätte des Deutschen Bundestages wegen Umbaumaßnahmen im Bonner Plenarsaal.
- Am 19. und 20. Oktober 1955, am 10. und 11. Oktober 1956 sowie vom 1. bis 3. Oktober 1958 demonstrierte der Deutsche Bundestag –sehr zum Ärgernis der Sowjetischen Militäradministration in Ost-Berlin – seine Präsenz in Berlin und tagte dazu in der Technischen Universität in Berlin-Charlottenburg.
- Am 15. Oktober 1957 und am 7. April 1965 dient die Kongresshalle in Berlin als Tagungsort des Deutschen Bundestages, um in Berlin präsent zu sein.

2.) Vom 9. September 1986 bis zum 29. Oktober 1992 dient das neben dem „Alten Plenarsaal" in Bonn befindliche Wasserwerk am Rheinufer als Tagungsort wegen des Baues des „Neuen Plenarsaals" durch den Architekten *Günter Behnisch* beziehungsweise vom 24. November 1992 bis 10. September 1993 wegen der erforderlichen Reparatur der Lautsprecheranlage.

3.) Vom 30. Oktober 1992 bis zum 13. November 1992 und vom 22. September 1993 bis zum Umzug nach Berlin am 15. April 1999 dient der Neubau des Plenarsaal von Architekt *Günter Behnisch* als Tagungsort des Deutschen Bundestages.

4.) Am 4. Okt. 1990, am 20. Dez. 1990, am 14. Mai 1991, am 20. Mai 1992, am 30. Juni 1994 und am 1. Juli 1994 sowie am 10. Nov. 1994 dient das vom Architekten *Paul Baumgarten* um-

gebaute Reichstagsgebäude als Tagungsort des Deutschen Bundestages.
5.) Am 19. April 1999 sowie seit dem 8. Sept. 1999 ist das durch den Architekten *Norman Foster* umgebaute Reichstagsgebäude Tagungsstätte des Deutschen Bundestages.

Worin liegt die Symbolkraft des Reichstagsgebäudes begründet?

Die Geschichte des Reichstags ist mit der deutschen Geschichte eng verbunden. Die deutschen Kaiser haben den Reichstag nicht gemocht. Während der Weimarer Jahre entstand hier die erste parlamentarische Demokratie. Als diese 1933 unterging brannte der Reichstag. 1945 stand für die Rote Armee der „Kampf um den Reichstag" symbolisch für den Untergang der NS-Diktatur. Seit der Deutsche Bundestag im Reichstagsgebäude seinen Plenarsaal eingerichtet hat, knüpft er keinesfalls an die, zu Unrecht verteufelte Weimarer Republik an, setzt aber unverwechselbare Traditionen der „Bonner Republik" fort.

Welches sind die markanten Daten aus der Geschichte des Reichstagsgebäudes?

9. Juni 1884:	Kaiser *Wilhelm I. legt den* Grundstein für den Bau des Reichstagsgebäudes nach den Plänen des Architekten *Paul Wallot*
5. Dezember 1894:	Schlusssteinlegung durch Kaiser *Wilhelm II.*
23. Dezember 1916:	Anbringung der Inschrift „DEM DEUTSCHEN VOLKE"
9. November 1918:	*Philipp Scheidemann* ruft von einem Balkon der Westfassade des Reichstagsgebäude die Republik aus
27. Februar 1933:	Reichstagsbrand
30. April 1945:	Nach Zerstörung des Innern des Reichstagsgebäudes während der Endkämpfe um Berlin hissen Soldaten der Roten Armee die sowjetische Fahne
1948:	Enttrümmerung des Reichstagsgebäudes
23. Oktober 1954:	Die erste Sprengung der Reichstagskuppel scheitert
22. November 1954:	Beim zweiten Versuch der Sprengung der Kuppel stürzt das 400 Tonnen schwere Gewölbe innerhalb von 45 Sekunden in sich zusammen
26. Oktober 1955:	Der Bundestag beschließt die Wiederherstellung des zerstörten Reichstagsgebäudes

21. März 1971:	Nutzung des Reichstagsgebäudes durch den Deutschen Bundestag und Eröffnung der Ausstellung „Fragen an die deutsche Geschichte" anlässlich der 100. Wiederkehr der Reichsgründung
30. Mai 1973:	Offizielle Übergabe des vom Architekten *Paul Baumgarten* ohne Kuppel fertig gestellten Reichstagsgebäudes (mit Plenarsaal und 28 Sitzungsräumen) an den Deutschen Bundestag
20. Juni 1991:	Der Deutsche Bundestag beschließt mit 338 : 320 Stimmen Berlin als Sitz des Bundestages und der Bundesregierung
30. Oktober 1991:	Der Ältestenrat spricht sich mit 15 : 1 Stimmen für das Reichstagsgebäude als Sitz des Bundestages in Berlin aus
28. April 1994:	Der Ältestenrat beschließt, dass das Reichstagsgebäude wieder eine Kuppel erhalten soll
23. Juni bis 6. Juli 1995:	Realisierung der seit 1972 vorbereiteten Reichstagsverhüllung durch *Christo* und *Jeanne-Claude*. Anschließend Beginn der Umbaumaßnahmen nach den Plänen des britischen Architekten *Sir Norman Foster*
19. April 1999:	Übergabe des vom Architekten *Sir Norman Foster* umgebauten Reichstagsgebäudes an den Bundestag
6. September 1999:	Nach Umzug eines Großteils der Bundestagsverwaltung und der Abgeordnetenbüros im Juli und August 1999 beginnt, einen Tag vor dem 50-jährigen Bestehen des Deutschen Bundestages, die erste reguläre Sitzungswoche im neu hergerichteten Reichstagsgebäude

War die Verlegung eines Regierungssitzes neu in der Geschichte?

Für einen Regierungsumzug gibt es manche historische Vorbilder. Hier nur einige Beispiele: Der ägyptische Pharao *Echnaton* (1351–1334 v. Chr.) verlegte seinen Regierungssitz von Theben in die „Stadt des Horizonts" (Achet-Aton) bei Tell el-Amarna. Der römische Kaiser *Konstantin* (306- 324 römischer Kaiser; 324-337 byzantinischer Kaiser) verlegte 330 seinen Sitz von Rom nach Byzanz. Zar *Peter der Große* (1682-1725) erklärte 1712 statt Moskau Petersburg zur Hauptstadt. 1923 verlegte das türkische Parlament die Hauptstadt der Türkei von Istanbul nach Ankara in das anatolische Hinterland. 1950 Jahre verlegte der brasilianische Präsident *Juscelino Kubitschek* (1902-1976) den Sitz von Rio de Janeiro nach Brasilia. Pretoria entstand 1961 als Hauptstadt neu (das Parlament blieb in Kapstadt).

Doch der Umzug von Bonn nach Berlin unterschied sich insofern von allen hier aufgeführten Beispielen dadurch, dass die Regierungsgebäude größtenteils in die bereits bestehende Infrastruktur einer vitalen Stadt eingebunden werden mussten.

Warum wurde Wolfgang Thierse „Plenarbereichsleiter" genannt?

Seit der Deutsche Bundestag am 20. Juni 1991 beschlossen hatte, dass er nach Berlin umziehen und hier das Reichstagsgebäude für den Deutschen Bundestag nutzen würde, sorgten sich Leitungsgremien des Bundestages, dass der „Deutsche Bundestag", wenn er denn einmal im Reichstagsgebäude tagen würde, sehr schnell nur als „Reichstag" bezeichnet werden könnte. Nach langen Verhandlungen gab Bundestagspräsident *Wolfgang Thierse* am 18. März 1999 dazu folgende Presseerklärung heraus:

> „Am 19. April 1999 wird der Deutsche Bundestag seine erste Plenarsitzung im Reichstagsgebäude abhalten. Zur funktionalen Unterscheidung der verschiedenen Bundestagsgebäude in Berlin ist für den verwaltungsinternen Sprachgebrauch die Bezeichnung ›**Plenarbereich Reichstagsgebäude**‹ festgelegt worden.
> Der Ältestenrat bleibt bei seiner Feststellung, daß die Stadt Berlin, die sich sehr darum bemüht hat, Sitz des Deutschen Bundestages zu werden, in der öffentlichen Verkehrs- und Haltestellenbeschilderung den Deutschen Bundestag bei seinem verfassungsgemäßen Namen nennen soll."

Die Entscheidung, das Reichstagsgebäude als „Plenarbereich Reichstagsgebäude" zu bezeichnen, bot sich für Spötteleien an. Der Berliner Journalist *Lorenz Maroldt* stellte heraus, dass man sich nur noch mit folgender Formulierung von dem distanzieren könnte, was man eigentlich sagen möchte:

> „Redestelle des nicht mit dem Reichstag identischen Deutschen Bundestages in Reichstagshülle vor Fraktionsgebäuden des Reichstagsunabhängigen Deutschen Bundestages".

Wie umfangreich war das Umzugsgut, das von Bonn nach Berlin transportiert wurde?

Das Umzugsgut in der ersten Umzugsphase 1999 umfasste insgesamt 32.000 m²; darunter: 37 km Akten, 14.000 Stühle, über 1.000 Computer, 3.000 Kunstgegenstände. Der Umzug gilt als die größte logistische Herausforderung seit Gründung der Bundesrepublik Deutschland.

Im Mai/Juni 2004 wurden 58.000 m Bibliotheks-, Parlamentsarchiv- und Pressearchivbestände von Bonn nach Berlin transportiert.

Wie hoch waren die Baukosten für Bau und Umbauten des Reichstagsgebäudes seit 1894?

Wallot-Bau 1884-1894 (ohne die Aufwendungen für den Grunderwerb [8.135.000 Mark], Straßenanlagen und Bauleitung)	23 348 000	Mark
Baumgarten-Bau bis 1973 (einschließlich Außenanlagen)	110 100 000	D-Mark
Foster-Bau 1994-1999	600 000 000	D-Mark

Wie groß ist das Reichstagsgebäude von Norman Foster?

Abmessung des Reichstagsgebäudes	
Länge	135 m
Breite	96 m
Plenarsaal	1 200 m²
Bebauter Raum	360 000 m³
Höhe mit Kuppel ab Straßenniveau	54 m
Höhe der Dachterrasse ab Straßenniveau	30 m
Höhe der Aussichtsplattform in der Kuppel	47 m
Höhe der Kuppel von der Dachterrasse bis zur Kuppelspitze	24 m
Durchmesser der Kuppel	40 m
Gewicht der Kuppel	1200 t davon: 800 t Stahl 400 t Glas
Kuppelverglasung	3 000 m²

Ist das Reichstagsgebäude geschrumpft?

Einem Vergleich zwischen den offiziellen Angaben der Reichstagsverwaltung von 1928 und der Bundestagsverwaltung von 1999 über die Grundfläche des Reichstagsgebäudes zufolge, ist dieses im Laufe von 70 Jahren geschrumpft:

Abmessungen des Reichstagsgebäudes	Länge	Breite
1928	137,40 m	103,66 m
1999	135,00 m	96,00 m
Es fehlen:	2,40 m	7,66 m

Wie groß ist die Kuppel des Reichstagsgebäudes im Vergleich zu anderen Kuppelbauten?

Die Reichstagskuppel hat eine große Anziehungskraft, wie die Besucherzahlen eindrucksvoll belegen. An ihrer Größe mit einem Durchmesser von 40 Metern liegt es kaum; viele Kuppeln sind größer:

Kuppelbau	Durchmesser der Kuppel in Meter
Louisiana Superdome in New Orleans	210
Eden Project in Cornwall	125
Stockholm Globe Arena	110
Großmarkthalle in Leipzig	66
Jahrhunderthalle in Breslau	65
Markthalle in Basel	60
Santa Maria del Fiore in Florenz	45
Pantheon in Rom	43
Petersdom in der Vatikanstadt	42
Reichstagsgebäude in Berlin	**40**
Saint Paul's Cathedral in London	34
„Betonhalle" in Leipzig	32
Hagia Sophia in Istanbul	31
Frauenkirche in Dresden	26

Kuppelbau	Durchmesser der Kuppel in Meter
Isaakskathedrale in Sankt Petersburg	26
Kapitol in Washington	29
Planetarium in Jena	25

Wer stellte den Bundestagsadler her?

1953 fertigte der Kölner Bildhauer *Ludwig Gies* (1887-1966) für den Bonner Plenarsaal einen Adler aus Gips. In Zeiten des Wirtschaftswunders nannte der Volksmund den Adler bald „Fette Henne". Der Adler avancierte zum „Bundestagsadler", denn auch andere Verfassungsorgane – sogar die nur alle fünf Jahre einberufene Bundesversammlung – ließen sich eigene Adler gestalten, die mal dicker, mal dünner, mit mehr oder weniger Flügeln ausgestattet waren.

Wird im Reichstagsgebäude der Bundestagsadler von Ludwig Gies oder Norman Foster gezeigt?

Der Bundestagsadler von Gies zog vor dem Abriss des alten Bonner Plenarsaals 1986 mit in den neuen Plenarbereich im „Wasserwerk" um. Den Umzug des Bundestages von Bonn nach Berlin überlebte der Gipsadler nicht. Er wurde unsachgemäß gelagert. Für den Berliner Plenarsaal im Reichstagsgebäude wurde der *Gies*'sche Adler deswegen in den originalgetreuen Proportionen um ein Drittel größer als sein Bonner „Vorgänger" neu gefertigt, diesmal aus Aluminium. Gleichzeitig erhielt er rückseitig ein Pendant, das sich von der Vorderseite unterscheidet. Der Architekt für den Umbau des Reichstagsgebäudes in Berlin, *Norman Foster*, gestaltete in Abstimmung mit den *Gies*-Erben für den rückwärtigen Adler des Gies'schen Adlers an der Stirnwand des Plenarsaals einen etwas gestrafften „Berliner Adler". Dieser entspricht in seiner Kontur und Ausführung zwar dem Adler von *Gies*, hebt sich aber mit wenigen Details ab: Er lächelt, ist ein wenig schlanker und hat keine Krallen sowie einen abgestumpften Schnabel.

Der Bundestagsadler, in der Gestalt wie er sich seit 1999 im Berliner Plenarsaal präsentiert – nämlich auf der einen Seite vom *Gies*, auf der anderen Seite von *Foster* gestaltet –, hat eine Fläche von 58 m², ist 6,80 m hoch, 8,5 m breit, und wiegt 2,5 Tonnen.

Welche Räume stehen Abgeordneten und Bundestagsverwaltung in den drei Zweckbauten des Bundestages zur Verfügung?

Der Bundestag erhielt mit seinem Umzug drei große und großartige Zweckbauten. Das Jakob-Kaiser-Haus, das Paul-Löbe-Haus und das Marie-Elisabeth-Lüders-Haus.

	Jakob-Kaiser-Haus (JKH)	Paul-Löbe- Haus (PLH)	Marie-Elisabeth- Lüders-Haus (MELH)
Bruttogeschossfläche	152.000 m²	81.000 m²	65.000 m²
Hauptnutzfläche	53.000 m²	25.500 m²	34.000 m²
Bruttorauminhalt	728.000 m3	425.000 m3	325.000 m3
Anzahl der Büroräume	1.745 à 18 m²	1.000 à 19,2 m²	630 Räume à 18,7 m²
Darüber hinaus u.a.:			
Besprechungsräume	43		
Räume für das Bundestagspräsidium	25		
Serviceräume	150		
Sitzungssäle	2	21	1
Mahnmal			1
Sport- und Sozialbereiche			1
Ausstellungsräume			1
Fernsehstudio	1		
Parkplätze	260	270	
Restaurants	2	1	

Wie hoch sind die Besucherzahlen im Deutschen Bundestag?

Kaum zu glauben, aber seit der Bundestag von Bonn nach Berlin umgezogen ist, steigen die Besucherzahlen jährlich an! Wurde noch im Oktober 1953 für den Zeitraum von 1949 bis 1953 der Millionste Besucher im Bundestag begrüßt, hat sich das Reichstagsgebäude mit seiner Reichstagskuppel zu einem wahren Besuchermagnet entwickelt und zählt alleine pro Jahr fast eine Million Besucher. Nach dem Kölner Dom ist das Reichstagsgebäude das am meisten besuchte Gebäude in der Bundesrepublik Deutschland.

Jahr	Zahl der Besucher
1949-1952	920 000
1953	55 227
1954	557 703
1955	461 586
1956	409 178
1957	289 746
1958	258 930
1959	225 310
1960	193 715
1961	195 614
1962	214 649
1963	112 428
1964	117 715
1965	115 714
1966	107 131
1967	174 090
1968	164 512
1969	149 751
1970	173 586
1971	237 102
1972	207 889
1973	254 398
1974	235 456
1975	218 153
1976	232 168
1977	197 468
1978	201 375
1979	383 011
1980	173 973
1981	215 311

Jahr	Zahl der Besucher
1982	226 391
1983	249 473
1984	225 800
1985	254 440
1986	256 316
1987	180 043
1988	187 800
1989	269 347
1990	228 621
1991	220 606
1992	314 902
1993	263 486
1994	325 151
1995	285 220
1996	266 915
1997	270 662
1998	251 657
1999	337 782
2000	585 605
2001	606 697
2002	514 000
2003	590 000
2004	638 000
2005	940 072
2006	1 076 383
2007	1 005 812
2008	962 021
2009	1 065 670
2010	1 109 203
2011	1 004 967

Neben einer jährlichen Zählung der Besucher wurde über viele Jahre zu „Bonner Zeiten" auch ein „Jubiläumsbesucher" empfangen und zumeist mit einem Blumenstrauß und einem kleinen Geschenk überrascht.

Datum der Presseberichterstattung	Zahl der Besucher seit 1949 insgesamt
14.6.1952	600 000
6.10.1953	1 000 000
26.11.1954	2 000 000
17.10.1956	3 000 000
23.9.1966	5 000 000
11.7.1975	6 000 000
15.11.1979	7 000 000
3.2.1984	8 000 000
18.6.1988	9 000 000
24.2.1993	10 000 000
8.11.1996	11 000 000

„Bannmeile" oder „Befriedeter Bezirk"?

Bundestag und Bundesrat wurden durch das Bannmeilengesetz vom 6. August 1955, geändert durch Gesetz vom 28. Mai 1969, insofern geschützt, dass in einem festgelegten Bereich „öffentliche Versammlungen unter freiem Himmel und Aufzüge" verboten wurden. Die Bannmeile umfasste nahezu das gesamte Parlaments- und Regierungsviertel in Bonn sowie die meisten Vertretungen der Länder, Büros zahlreicher Journalisten und Agenturen, Bundespresseamt und etliche Botschaften. Das Bannmeilengesetz ließ Ausnahmen von dem Verbot zu, während mit der Schaffung des „befriedeten Bezirkes" in Berlin nach dem Umzug von Bonn nach Berlin durch das „Gesetz zur Neuregelung des Schutzes von Verfassungsorganen des Bundes" vom 11. August 1999 das Verhältnis von Ausnahme und Regel umgekehrt wurde.

Seit wann gibt es einen Andachtsraum im Bundestag?

Erst im Reichstagsgebäude von *Norman Foster* wurde ein Andachtsraum geschaffen. Auf Wunsch des Kunstbeirates des Deutschen Bundestages wurde dieser Andachtsraum, hergestellt von dem Künstler *Günther Uecker*, ausdrücklich so geschaffen, dass er von allen Weltreligionen genutzt werden kann. Durch die künstlerische Gestaltung wurden Elemente der sogenannten mosaischen Religionen Judentum, Christentum und Islam aufgenommen. Bisher wird der Raum jedoch offiziell nur zur „Christlichen Morgenandacht" genutzt. Sie findet jeweils vor den Plenarsitzungen am Donnerstag und Freitag um 8.30 Uhr statt und dauert 15 Minuten. Durch Lautsprecher wird mit einem Glockengeläut des Kölner Domes eingeladen. Nach einem Orgelspiel wird ein Lied aus dem Einheitsgesangbuch gesungen. Es wird ein Psalm gebetet und ein Text aus der Heiligen Schrift vorgelesen. Vor dem Segen wird das Vater Unser gebetet, danach wird ein zweites Lied angestimmt. Ein Orgelnachspiel beendet die Andacht.

Seit 1950 wird im Bundestag an Sitzungstagen vor Beginn der Plenarsitzungen eine „Christliche Morgenandacht" gehalten. In Bonn fand seit seiner Fertigstellung in Raum 2103 in der 21. Etage des Neuen Hochhauses, des sog. „Langen Eugen", die Morgenandacht statt; seit 1981 im sogenannten „Herrenruheraum", in der Nähe des Plenarsaals; als dieser einem Neubau weichen musste, wurde wiederum in einem Sitzungssaal im „Langen Eugen" die Morgenandacht gefeiert. Mit der Fertigstellung des neuen Plenarsaals fanden bis zum Umzug nach Berlin die Morgenfeiern im „Mehrzweckraum" neben dem Flügel für den Parlamentspräsidenten statt. Die jeweiligen Sitzungsräume wurden nach der Morgenandacht so hergerichtet, dass sie anschließend wieder für profane Zwecke genutzt werden konnten.

12. Bundestagsverwaltung und Bibliothek

Wie viele Menschen arbeiten im Bundestag?

Die Zahl der Menschen, die im Bundestag arbeiten, ist nahezu unübersehbar. Zunächst einmal sind dort die 598 Abgeordneten des Deutschen Bundestages; jeder Abgeordnete hat im Durchschnitt zwei bis drei Mitarbeiter; allein die beiden großen Fraktionen im Bundestag haben je fast 300 Fraktionsmitarbeiter; die Bundestagsverwaltung umfasst fast 2500 Angestellte und Beamte. Schließlich arbeiten in den Gebäuden unzählige Gebäudereiniger und Pförtner im Auftrage des Bundestages.

Welcher Staat verfügt über die größte Parlamentsbibliothek?

Im Ranking um die größte Parlamentsbibliothek schneidet die Library of Congress der Vereinigten Staaten mit 138 Millionen Titeln am besten ab; doch durch ihr besonderes Sammelziel ist sie streng genommen zugleich auch Nationalbibliothek. Nach der Bibliothek des japanischen Parlaments ist die Bibliothek des Deutschen Bundestages seit mehreren Jahrzehnten die drittgrößte Parlamentsbibliothek gewesen. Erst vor kurzem wurden die Bibliothek des italienischen Senats und des italienischen Parlaments zusammengelegt, so dass die Bundestagsbibliothek auf Platz vier gerutscht ist. Bei einem Vergleich der Bestände der Bibliotheken der Europäischen Parlamente können nur Annäherungswerte gegeben werden, die sich darüber hinaus nicht unmittelbarer miteinander vergleichen lassen, da bei der Gesamtzahl der Bände einige Bibliotheken die Bände der Zeitschriften (Periodika) mitgezählt haben, andere zählen die Anzahl der Zeitschriftentitel, wiederum andere zählen gar nicht. Die Angaben über die Bestände wurden im Jahre 2000 erhoben.

Land	Anzahl der Mandate im Parlament	Bibliotheksbestände	
		Bände	Zahl der Periodika
Dänemark	179	230000	
Deutschland	**614**	**1200000**	
Finnland	200	620 000	1 200
Frankreich	577	600 000	
Griechenland	300	1 200 000	30 000
Irland	166	100 000	120
Italien	630	1 000 000	5 000
Niederlande	150	100 000	600
Österreich	183	300000	800
Portugal	230	150 000	2 500
Spanien	350	235 000	1 500

Wo informiere ich mich, wenn ich mehr über den Bundestag wissen möchte?

Junge Menschen schauen oftmals ins Internet, um sich erste Informationen zu einem Thema zu beschaffen. Und selbstverständlich hat auch der Bundestag seit dem 15. Januar 1996 die eigene Internetseite (Homepage): www.bundestag.de Hier kann man sich über das gesamte Geschehen im Bundestag informieren. Pressemeldungen, Abgeordnetenbiographien, Angaben zu den Diäten, Verzeichnisse über Gremien und ihre Aufgaben und Mitglieder, Links zu den Bundestagsfraktionen usw. sind hier zusammengestellt. Auch Bücher, Broschüren und CD-ROMs können im Internet über ein Bestellformular bestellt werden oder stehen als kostenloser Download zur Verfügung. Darüber hinaus gibt es eine ganze Reihe von Büchern, die sich mit dem Bundestag befassen:
- **Amtliches Handbuch des Deutschen Bundestages** (es erscheint seit der 2. Wahlperiode als Druckausgabe und seit 2003 gleichzeitig als CD- ROM; seit 1982 wird es vom Parlamentsarchiv des Deutschen Bundestages herausgegeben).

- **Kürschners Volkshandbuch** Deutscher Bundestag (erscheint seit 1954 für den Bundestag und seit 1890 schon für den Reichstag in dem bekannten rot-weiß gestreiftem Außenumschlag).
- *Wolfgang Zeh/Hans-Peter Schneider* (Hrsg.): **Parlamentsrecht** und Parlamentspraxis in der Bundesrepublik Deutschland, Berlin/New York 1989.
- *Günter Pursch*: Das Parlamentarische Schimpf & Schmunzel Lexikon. Von „Abbruchunternehmen" bis „Zynismus" 1949-1991, München 1992.
- *Carl-Christian Kaiser/Wolfgang Kessel*: Deutscher Bundestag 1949–1999, München 1999.
- *Peter Schindler*: **Datenhandbuch** zur Geschichte des Deutschen Bundestages **1949 bis 1999**. Gesamtausgabe in drei Bänden. Eine Veröffentlichung der Wissenschaftlichen Dienste des Deutschen Bundestages. Baden-Baden 1999 (Volltext auf der Internetseite des Deutschen Bundestages: http://www.bundestag.de/dokumente/datenhandbuch/datenhandbuch_archiv/index.html)
- *Michael F. Feldkamp*: **Datenhandbuch** zur Geschichte des Deutschen Bundestages **1990 bis 2010**, Baden-Baden 2011 (Volltext auf der Internetseite des Deutschen Bundestages: http://www.bundestag.de/dokumente/datenhandbuch/index.html)
- *Wilhelm Schröder,* Parlamentarierportal (BIOPARL) – Biographien deutscher Parlamentarier 1848 bis heute (BIOPARL) http://www.bioparl.de
- **M.d.B.** – Volksvertretung im Wiederaufbau 1946–1961. Bundestagskandidaten und Mitglieder der westzonalen Vorparlamente. Eine biographische Dokumentation. Hrsg. von *Martin Schumacher* im Auftrag der Kommission für Geschichte des Parlamentarismus und der Politischen Parteien e. V. Düsseldorf 2000. http://www.kgparl.de/online-volksvertretung/online-mdb.html
- *Wolfgang Ismayr*: Der Deutsche Bundestag im politischen System der Bundesrepublik Deutschland, 3. Auflage, Wiesbaden 2012.
- **Biographisches Handbuch** der Mitglieder des Deutschen Bundestages 1949- 2002. Hrsg. von *Rudolf Vierhaus* und *Ludolf*

Herbst unter Mitarbeit von *Bruno Jahn*, 3 Bde., München 2002-2003.
- Der Deutsche Bundestag im Reichstagsgebäude. Hrsg. vom Deutschen Bundestag, 3. Auflage: Berlin 2007.
- *Michael F. Feldkamp* (Hrsg.): Der **Bundestagspräsident**. Amt – Funktionen – Personen. 17. Wahlperiode, 18. aktualisierte und überarbeitete Auflage, München 2011.
- *Susanne Linn/Hermann J. Schreiner:* So arbeitet der Deutsche Bundestag. Organisation und Arbeitsweise, die Gesetzgebung des Bundes (16. Wahlperiode), 21. Auflage: Rheinbreitbach 2008.
- **Zeitschrift für Parlamentsfragen** (ZParl; www.zparl.de) (erscheint seit 1970 vierteljährlich).

Register

Adenauer, Konrad 33, 89, 128, 151–154, 157–159
Althammer, Walter 162
Altmeier, Jakob 94
Annan, Kofi 147
Apel, Hans 170
Arndt, Adolf 169
Arnold, Karl 36, 116

Bartoszewski, Władysław 146
Barzel, Rainer 116, 121, 122, 198
Baumgarten, Paul 210, 212, 214
Bebel, August 88, 95
Becker, Helmuth 125
Becker, Max 123, 136
Behnisch, Günter 210
Behrens, Herbert 174
Behrisch, Arno 34
Berkhan, Karl Wilhelm 201, 202
Biehle, Alfred 202
Blachstein, Peter 94, 95
Bläss, Petra 125
Borm, William 128
Börnsen, Wolfgang 182
Brandt, Willy 39, 105, 117, 128, 197, 198
Brüning, Heinrich 115
Bucerius, Gerd 156
Bush, George 146
Bush, George W. 147

Carstens, Karl 115, 121
Chirac, Jaques 146

Christo 70, 212
Coppik, Manfred 71
Cronenberg, Dieter-Julius 125

Dehler, Thomas 123, 124, 156, 157
Dichgans, Hans 143
Dietrich, Marlene 178
Dittrich, Heidrun 174
Dulles, John Foster 159

Ebert, Friedrich 115
Echnaton 212
Ehlers, Hermann 112, 121, 154, 172
Erhard, Ludwig 33, 128
Eschmann, Fritz 170
Euler, August-Martin 156

Federspiel, Per 145
Feldkamp, Michael F. 224, 225
Fisch, Walter 169, 173
Fischer, Joschka (Joseph) 150, 151, 168, 169, 174–176
Foster, Sir Norman 211, 212, 214, 216, 217, 221
Fraenkel, Ernst 65
Fuchs, Anke 125
Funcke, Liselotte 124
Funk, Honor 91

Gansel, Norbert 163, 169
Gauck, Joachim 88, 89
Gebhardt, Fred 128
Geiger, Michaela 125

227

Geremek, Bronisław 146
Gerstenmaier, Eugen 113, 121, 122, 129, 175, 177
Gies, Ludwig 216
Globke, Hans 166
Goebbels, Joseph 157, 159, 161, 162
Goetzendorff, Günter 173
Gorbatschow, Michail 146
Göring-Eckardt, Katrin 126
Gottschalk, Thomas 144
Grandval, Gilbert 157
Green, Theodore Francis 145
Greve, Otto Heinrich 170
Grolman, Helmuth von 201
Groth, Annette 174
Guillaume, Günter 105
Gumbel, Karl 117
Gysi, Gregor 105

Haacke, Hans 70
Hänsel, Heike 174
Hansen, Karl-Heinz 71
Hassel, Kai-Uwe von 113, 121, 124
Hasselfeldt, Gerda 126
Havel, Václav 146
Hedler, Wolfgang 173
Heiland, Rudolf-Ernst 173
Hellwege, Heinrich 34
Heptulla, Najma 146
Herbst, Ludolf 225
Heuss, Theodor 35, 89
Heye, Hellmuth Guido 201
Heym, Stefan 127, 128
Hirsch, Burkhard 125

Hitler, Adolf 158, 159
Höcherl, Hermann 175
Höger, Inge 174
Hohmann, Martin 71
Hoinle, Marcus 140, 141
Hoogen, Matthias 201

Ismayr, Wolfgang 224

Jaeger, Richard 123, 124
Jahn, Bruno 225
Jeanne-Claude 70, 212
Jenninger, Philipp 117, 121–123, 150, 178
Juschtschenko, Viktor 147

Kaiser, Carl-Christian 224
Kaiser, Jakob 182, 217
Kastner, Susanne 126
Katsav, Moshe 147
Kertész, Imre 147
Kessel, Wolfgang 224
Kiesinger, Kurt-Georg 33, 39
Klein, Hans 125, 151
Kleinert, Hubert 171
Klose, Hans-Ulrich 125
Kohl, Helmut 33, 162, 164, 198, 199
Köhler, Erich 112, 121, 122, 153
Königshaus, Hellmut 202
Konstantin (röm Kaiser) 212
Krause, Rudolf Karl 71
Krone, Heinrich 117
Kubicki, Wolfgang 176
Kubitschek, Juscelino 212

Lammert, Norbert 110, 119, 120, 122, 126, 172, 182

Lamp, Helmut 91
Leber, Georg 124, 125
Leibbrand, Robert 65
Lettmayer, Martin 176
Linn, Susanne 225
Löbe, Paul 115, 127, 128, 182, 217
Loritz, Alfred 158, 173
Lüders, Marie-Elisabeth 128, 182, 217
Lührmann, Anna 89
Lüth, Heidemarie 167

Mandela, Nelson 146
Marienfeld, Claire 202
Maroldt, Lorenz 213
Martin, Joseph W. 145
Matthäus-Maier, Ingrid 170
McCloy, John J. 157
Meister, Siegfried 129
Mellies, Wilhelm 170
Meneses Vogel, German 174
Merkel, Angela 33, 39
Meyer, Ulrich 176
Mierscheid, Jakob Maria 182, 183
Mitterand, François 145
Mommer, Karl 124
Müller, Oskar 169, 173
Müller-Enbergs, Helmut 107
Müller-Hermann, Ernst 148

Napoleon Bonaparte 136
Neumann, Franz 173
Niebergall, Otto 169
Nixon, Richard Milhous 145

Nouripour, Omid 95

Oberländer, Theodor 33
Oellers, Fritz 153
Oesterle-Schwerin, Jutta 174
Ollenhauer, Erich 153

Patzelt, Werner 181
Pau, Petra 126
Paul, Hugo 170
Penner, Willfried 202
Perez, Shimon 147
Peter der Große (russ. Zar) 212
Pfeffermann, Gerhard O. 169, 171
Pferdmenges, Robert 128
Pohle, Kurt 129
Polyphem 140
Preusker, Victor-Emanuel 123
Probst, Maria 124
Pursch, Günter 224
Putin, Wladimir 146

Rathenau, Walther 115
Reagan, Ronald 145, 162, 163
Reents, Jürgen 173
Reich-Ranicki, Marcel 147
Reimann, Max 37, 169, 173
Renger, Annemarie 114, 121, 124, 125, 148, 151, 175
Renner, Heinz 152, 169, 173
Richter, Franz (alias Fritz Rössler) 26, 169, 173
Riesenhuber, Heinz 129
Rische, Friedrich 169, 172, 173
Robbe, Reinhold 202
Roth, Wolfgang 171
Rübezahl 140

Schäfer, Friedrich 170
Schäfer, Hermann 123
Schäuble, Wolfgang 176
Scheel, Walter 124
Scheer, Hermann 170
Scheidemann, Philipp 211
Schenk, Christian/Christina 91
Schilling, Gertrud 169
Schily, Otto 129, 168, 170
Schindler, Peter 224
Schlecht, Michael 174
Schmid, Carlo 123, 124, 182
Schmidt, Helmut 39, 169, 198, 199
Schmidt, Renate 125
Schmitt-Vockenhausen, Hermann 170
Schneider, Hans-Peter 224
Schneider, Ludwig 123
Schoettle, Erwin 124
Schönfelder, Adolph 127
Schreiner, Hermann J. 225
Schreiner, Ottmar 169–171
Schröder, Gerhard 39, 198
Schröder, Wilhelm 224
Schultz, Fritz Rudolf 201
Schumacher, Kurt 114, 151–153, 173
Schumacher, Martin 224
Seib, Marion 91
Seiters, Rudolf 125
Semprún, Jorge 147
Seuffert, Walter 173
Solms, Hermann Otto 125, 126
Sperling, Dietrich 183

Spranger, Carl-Dieter 162
Stark, Anton 170
Stern, Fritz R. 145
Stoltenberg, Gerhard 164
Stratmann[-Mertens], Eckhard 169, 174
Strauß, Franz Josef 117, 153, 160, 170
Strebl, Mattias 91
Streicher, Julius 168
Stresemann, Gustav 115
Ströbele, Hans-Christian 170
Struck, Peter 193
Stücklen, Richard 88, 116, 121, 124, 125, 150, 151, 174
Süssmuth, Rita 117, 121–123

Thiele, Grete 170
Thierse, Wolfgang 118, 122, 126, 176, 213
Trossmann, Hans 122
Tumay, Muhlis 145
Tych, Feliks 147

Uecker, Günther 221
Ulrich, Carl 88
Unruh, Trude 71, 170

Veil, Simone 147
Vesper, Walter 173
Vierhaus, Rudolf 224
Vollmer, Antje 125, 126

Wallmann, Walter 163
Wallot, Paul 139, 211, 214
Wehner, Herbert 128, 169–171, 173
Weiskirch, Willi 202

Weizmann, Ezer 146
Weizsäcker, Richard von 124, 125
Westphal, Heinz 125
Wiesel, Elie 146
Wilhelm I. (dt. Kaiser) 211
Wilhelm II. (dt. Kaiser) 211
Windelen, Heinrich 125
Wittrock, Karl 172, 173
Wolff, geb. Cohen, Jeanette 95
Wollner, Friedhelm 183
Woodburn, Arthur 145
Wüppesahl, Thomas 71
Wurbs, Richard 124, 125
Zeh, Wolfgang 224
Zetkin, Clara 127
Zimmermann, Friedrich 163